高等师范院校化学教学论丛书

化学实验教学论

苗深花　韩庆奎　主编

科学出版社
北　京

内 容 简 介

本书是“高等师范院校化学教学论丛书”之一，是以《国家中长期教育改革和发展规划纲要(2010-2020年)》对教师的素质提出的要求为依据，以基础教育课程改革理念为指导，为适应基础教育课程改革和化学教师职前教育而编写的师范类专业课程教材。全书共有四篇12章，主要包括中学化学实验教学理论、化学实验教学的设计、中学化学实验教学的实施、化学实验室的安全、化学实验基本操作、气体的制备和性质实验、中学化学定量与测定实验研究、有机物反应的实验、研究性学习实验研究、现代信息技术在化学实验教学中的应用、自主设计性实验的教学、中学化学实验室建设与管理等内容。

本书不仅可作为高等师范院校化学实验教学论课程的教材，也可作为化学课程与教学论专业研究生与教育硕士进行实验设计与研究的参考书及中学化学教师进行实验研究的参考书。

图书在版编目(CIP)数据

化学实验教学论 / 苗深花，韩庆奎主编. —北京：科学出版社，2012.9
高等师范院校化学教学论丛书
ISBN 978-7-03-035440-2

I. ①化… II. ①苗… ②韩… III. ①中学化学课－化学实验－教学研究－师范大学－教材 IV. ①G633.82

中国版本图书馆CIP数据核字(2012)第204462号

责任编辑：谭宏宇 丛洪杰 / 责任校对：鲁 素
责任印制：刘 学 / 封面设计：殷 靓

科学出版社出版
北京东黄城根北街16号
邮政编码：100717
http://www.sciencep.com
广东虎彩云印刷有限公司印刷
科学出版社编务公司排版制作
科学出版社发行 各地新华书店经销
*
2012年9月第 一 版 开本：B5 (720 × 1000)
2023年6月第六次印刷 印张：18 1/4
字数：344 000

定价：48.00 元

(如有印装质量问题，我社负责调换)

《化学实验教学论》编委会

主　编　苗深花　韩庆奎

副主编　李景红　孙玉红　耿凤华

成晓琳　冯一民

前　言

《国家中长期教育改革和发展规划纲要(2010-2020 年)》对教师的素质提出了更新更高的要求，同时也向教师教育提出了新的挑战。如何提高基础教育师资的培养质量，如何培养具有创新精神、探究能力和实践能力的师资，是高等师范院校教师教育的重要目标。高素质的人才培养需要高素质的师资，而高素质师资的培养需要创新性的教材和教法。为此，我们在参考兄弟院校不同版本教材的基础上，结合我们多年的教学实践和积累，编写了这本体现探究性、创新性的教师教育教材《化学实验教学论》。

《化学实验教学论》是本着在掌握实验基础知识和基本技能的基础上，培养探究、创新性中学化学教师，完成高等师范院校化学实验教学研究课程的培养目标而编写的。其最大特点是实验研究与实验教学研究结合，教材与教法、学法相融合，自主探究与合作互动相结合。学生通过自主与合作查阅资料、设计实验教学研究方案、进行实验探究等过程，培养和训练他们的实验教学技能和能力，以及探究与创新的精神。

本书包括四篇。第一篇“中学化学实验教学概述”，含有 4 章内容。分别阐述了中学化学实验教学理论、化学实验教学的设计、中学化学实验教学的实施、化学实验室的安全等内容。目的是使学生掌握化学实验教学研究的基础知识和基本理论，为更好地进行化学实验教学研究的具体实施打下理论基础。

第二篇“中学化学基础实验研究”。从化学实验教学研究和中学化学实验类型的角度，分为化学实验基本操作、气体的制备和性质实验、中学化学定量与测定实验研究、有机物反应的实验 4 章共 16 个实验。每一实验分别从实验和教学两个方面进行研究。目的是训练学生化学实验研究和实验教学研究的基本技能，训练和培养实验探究、创新的技能和能力，以及创新意识。这 16 个实验具有典型性和代表性，选择时既关注了中学化学实验的不同类型，又关注了是否有探究、创新的潜力；既注意了实验的基础性，又注意了时代性；既考虑了传统实验，又考虑了基础教育化学课程改革后新的中学化学实验；既注意了演示实验，又注意了学生实验和研究性学习实验。

第三篇“综合实践活动实验研究”。分为研究性学习实验研究、现代信息技术在化学实验教学中的应用和自主设计性实验的教学 3 章内容。实验选取了紧密联系社会、生活实际的有关内容，以学生自主设计与体验为核心，培养学生综合分析问题与解决问题、实验设计与研究的能力、使用现代教育技术在化学实验中的应用能力，以及通过学生独立设计实验与演示等实施全面考查学生的实验学习。

第四篇“中学化学实验室的建设与管理”。主要介绍现代化的中学化学实验室的建设和管理，目的是方便中学化学实验室的建设与规范管理，使中学化学实验室的建设与管理符合基础教育化学课程改革的要求，跟上时代的发展。其中“附录”部分主要是提供一些常用的化学试剂、指示剂的配制方法、物理数据等，目的是方便中学化学教师及实验员进行化学实验准备。

在实验教学中，让学生经历“预习(包括方案设计)→师生讨论→自主探究与实验→备课→写微型教案和实验报告→演示讲解”等程序完成平时的实验学习；“抽取题目→查阅资料→设计实验方案→自己准备实验→进行实验考评”等过程完成期末实验考试。并通过教材、教师的引导，自主收集资料、设计实验方案和实验教学方案，自主进行实验探究和实验教学研究，通过师生的讨论、交流全面构建每一实验和实验教学的意义，真正体现了学生在实验教学中的主体作用。学生在获得实验和实验教学技能与能力的同时，培养了探究的精神与能力。

本书由苗深花、韩庆奎任主编，李景红、孙玉红、耿凤华、成晓琳、冯一民任副主编。编写人员承担的任务分别是：曲阜师范大学的苗深花(前言、第 2 章、第 11 章、第四篇及实验 21、23)，曲阜师范大学的韩庆奎(实验 5、6、7、11)，聊城大学的李景红(第 3 章、实验 3、4)，潍坊学院的冯一民(第 1 章)，济宁学院的孙玉红(第 4 章、实验 17、18、20、22)，河南商丘师院的耿凤华(实验 8、9、10、12)，菏泽学院的成晓琳(第 5 章)，曲阜师范大学的王婷(实验 15、16、19)，曲阜师范大学的朱金华(实验 24、25)，曲阜师范大学的秦凤(实验 13、14)，曲阜师范大学的李言信(实验 26)。全书由苗深花和韩庆奎策划、拟定实验编写大纲、编写实验案例，苗深花统稿、改稿。研究生刘全敏、杨兴兴参与了部分校对工作。

本书在成稿过程中，参阅了本学科领域的大量专著、教材及文章，吸收了诸多专家及同行的有益之处，在此表示诚挚的谢意。

鉴于作者水平和时间有限，书中不妥之处在所难免，恳请读者批评指正。

编　者

2012 年 3 月

于曲阜师范大学化学与化工学院

目　录

前言

第一篇　中学化学实验教学概述

第 1 章　中学化学实验教学理论 ······ 3
1.1　化学实验教学新理念 ······ 3
1.2　中学化学实验的教学功能和作用 ······ 5
1.3　中学化学实验的内容和类型 ······ 8
1.4　中学化学实验教学的基本要求 ······ 11
第 2 章　化学实验教学的设计 ······ 19
2.1　化学实验设计 ······ 19
2.2　化学实验教学目标的设计 ······ 25
2.3　化学实验教学内容的设计 ······ 29
2.4　化学实验教学方式的设计 ······ 29
2.5　化学实验教学组织形式的设计 ······ 30
第 3 章　中学化学实验教学的实施 ······ 31
3.1　演示实验 ······ 31
3.2　学生实验 ······ 35
3.3　化学综合实践活动实验 ······ 37
3.4　中学化学实验教学改进与创新 ······ 38
3.5　化学实验教学的评价 ······ 41
第 4 章　化学实验室的安全 ······ 45
4.1　实验室的安全守则 ······ 45
4.2　实验室常见事故的预防与事故处理 ······ 46
4.3　安全用电常识 ······ 48
4.4　消防安全 ······ 49
4.5　实验室“三废”处理及综合运用 ······ 50

第二篇　中学化学基础实验研究

第 5 章　化学实验基本操作 ······ 55
实验 1　简单玻璃管的加工技术 ······ 55

实验 2 常用仪器的规范操作练习 …… 61
第 6 章 气体的制备和性质实验 …… 78
实验 3 氧气、氨气、甲烷的制备和性质实验 …… 78
实验 4 氢气、二氧化碳、硫化氢的制备和性质 …… 87
实验 5 氯化氢、氯气、一氧化碳气体的制备和性质实验 …… 96
第 7 章 中学化学定量与测定实验研究 …… 107
实验 6 硝酸钾溶解度的测定 …… 107
实验 7 阿伏伽德罗常数的测定 …… 115
实验 8 硫酸铜晶体结晶水含量的测定 …… 125
实验 9 比较食物中维生素 C 的含量 …… 130
实验 10 食醋中乙酸含量的测定 …… 137
实验 11 反应条件对化学反应速率的影响 …… 146
实验 12 乙醇分子结构的测定 …… 156
第 8 章 有机物反应的实验 …… 162
实验 13 纤维素的水解和酯化 …… 162
实验 14 乙酸乙酯的合成 …… 170
实验 15 石油的催化裂化 …… 175
实验 16 乙醛的制备和性质 …… 179

第三篇 综合实践活动实验研究

第 9 章 研究性学习实验研究 …… 189
实验 17 空气中甲醛气体含量的简易测定 …… 189
实验 18 用铝、稀硫酸、烧碱为原料制取氢氧化铝 …… 194
实验 19 叶绿体色素的提取和分离 …… 199
实验 20 自制植物酸碱指示剂及其变色范围的测试 …… 206
实验 21 大米酿酒 …… 211
实验 22 水样硬度的测定 …… 217
实验 23 污水中化学耗氧量(COD)的测定 …… 223
第 10 章 现代信息技术在化学实验教学中的应用 …… 229
实验 24 传感器在化学实验中的应用 …… 229
实验 25 计算机模拟实验教学 …… 237
实验 26 投影实验设计 …… 242
第 11 章 自主设计性实验的教学 …… 251
11.1 自主设计性实验案例 …… 251

11.2 自主设计实验的实施 …… 254
11.3 实验成绩的评定 …… 254

第四篇 中学化学实验室的建设与管理

第 12 章 中学化学实验室建设与管理 …… 259
12.1 中学化学实验室建设 …… 259
12.2 化学实验室的科学管理 …… 265
附录 …… 274
一、化学常用指示剂的配置 …… 274
二、常用试纸的制备 …… 275
三、常用酸、碱、盐溶液的配制 …… 276
四、常用洗液的配制及其使用 …… 278
五、常用干燥剂的性能和适应范围 …… 278
六、可燃性气体或蒸气和空气或氧气的混合物爆炸极限 …… 280
七、特种试剂的配制 …… 280

第一篇　中学化学实验教学概述

化学实验对学生学习化学、提高化学教学质量、落实化学教学的培养目标具有其他化学教学内容或形式所不可替代的作用。作为一名中学化学教师，除了要具备丰富的化学知识、熟练掌握化学实验的操作技能外，还要掌握有关的化学实验教学理论，学会实验设计和实验教学设计，探索实验教学的规律，深入开展中学化学实验教学研究，挖掘和发挥化学实验的教学功能，提高中学化学的教学质量。具体包含以下几个方面：①关注中学化学实验教学改革的新理念，认识中学化学实验教学的功能与作用；②熟悉中学化学实验的内容和类型，明确中学化学实验教学的基本要求；③掌握中学化学实验教学的基本技能和方法，掌握实验设计及改进的要求、步骤和方法；④学会采用多样的评价方式来评价学生对实验的学习结果；⑤关注中学化学实验室的安全问题，学会常见事故的预防与事故处理。

第1章 中学化学实验教学理论

1.1 化学实验教学新理念

化学实验是化学教育永恒的主题，化学学科的形成和发展无不与化学实验有着密切的联系，化学实验是化学教学的重要组成部分。多年来，我国化学教育一直非常重视化学实验在化学教学中的作用。化学新课程改革的全面推进，带来了课程理念、课程目标、课程内容、课程实施、课程评价等方面全方位的革新，化学实验教学也有了非常大的变化和发展。化学教师必须改革原有的化学实验教学观念，以新课程的要求为导向，以新视角来认识化学实验，以新理念来实施化学实验教学，以发展的眼光来探讨化学实验在新课程中的发展。那么在新课程中化学实验教学理念有哪些变化？归纳起来有以下几个方面。

1.1.1 实施多维度的科学素养教育

新课程标准中的科学素养目标选取了六大要素，分别为知识与技能、过程与方法、情感态度与价值观。其特点是从观念、知识技能和做人、做事的素养上来框定。

1. 知识与技能

在化学实验教学中，科学素养教育目标的核心是把学习化学实验基础知识、化学实验基本技能作为培养科学素养的基本构成，其内在的特点为：第一，重视学习化学实验知识的同时理解科学的本质，“突出化学与生活、社会和技术的密切联系，逐步认识和感受化学实验对日常生活和社会发展的重要影响”。第二，扩展了化学实验技能的训练范围，不仅要训练实验技能，而且要训练科学探究的技能和培养探究的能力。

从化学实验课程的技能构成来看，要学习的探究技能主要有四类：第一类是收集和处理信息的技能，如提出问题，探讨并明确问题所在，查阅并收集资料、证据以及调查研究等；第二类是从事探究的实验技能，如制订计划、建立假说和模型、设计实验，以及比较差异点、分类概括、分析评价等；第三类是实验操作的技能，如使用仪器、制作及安装装置、观察测量、控制实验条件、记录数据等；第四类是表达和交流的技能，如提问、讨论、解释数据、制作图表、归纳定义以及描述、交流、推测等。此外，新课程标准也进一步加强了对学习化学实验技能的要求。

2. 过程与方法

课程标准要求教师通过有目的地引导学生参与“科学探究过程”，使他们受到科学方法的训练，通过学习和运用科学方法，探究、解决问题，达到培养学生探究能力及科学素养的目的。

3. 情感态度与价值观

课程标准提出培养学生的合作精神和社会责任感，使他们懂得实验化学的价值，形成科学的世界观。从非智力因素的培养方式和习得过程分析，需要通过化学实验教学培养学生对化学实验乃至化学学科的好奇心、探究欲、科学兴趣以及实事求是的态度来达到培养情感态度的目标；而培养科学价值观重要的是培养学生的辩证唯物主义物质观、科学精神以及科学的自然观、认识科学的社会作用、发展价值等。

1.1.2 化学实验课程内容设置的新理念

1. 从重学术性转向重科学普及性

从学生的生活经验和社会发展的现实中选取新的实验教学素材，特别重视实验教学内容的革新，一方面是降低了对化学概念、原理的要求，另一方面则重视扩展知识面，重视加强化学与技术、社会、生活之间的联系，体现出学以致用、理论联系实际和进行体验性学习的特点。例如，新课程就增加了“怎样防止自行车棚锈蚀?”、“制造潜艇、宇宙飞船的合金材料”等一类有益于扩展学生认识视野、丰富价值观教育内容的阅读性材料。

2. 从重知识的系统性严密性转向重培养学生的好奇心和探究意识

化学实验课程非常重视加强化学实验与生产生活、实际应用、新发明、新成就以及与化学史实的联系，增加了学习情景素材，探究型、动手型实验，课题研究，调查活动等学习内容，如“空气中二氧化碳的含量会改变吗?”以及“调查或收集有关酸雨对生态环境和建筑物危害的资料”等。其教学预期和愿景就是要求教师要提高对培养学生好奇心和探究意识的重视，学习过程中的探究使学生能够轻松愉快地学习化学实验内容。

3. 从重学科学习发展到重跨学科学习

新课程强调加强学科间的联系，增加跨学科综合学习的内容，主要通过三种途径来实现这些要求：其一是在课程内容中纳入与 STS 相关的综合性内容，如人口、环境、能源、资源、健康等问题；其二是加强学科间以及化学与社会科学间的交叉联系，如化学与物理学、化学与生物学、化学与地理学之间的联系，以及化学与社会、化学与现代技术之间的联系；其三是加强实践学习活动，如观察、调查研究、主题讨论、辩论、兴趣实验探究、科普活动等。

1.1.3　化学实验课程教学实施的新理念

化学实验课程以探究、体验探究过程和培养探究能力为核心，化学实验课程的实施过程有其内在的规律性，一般要体现出以下三方面的教学理念和教学要求。

1. 充分体现探究理念

科学探究是指科学家在探索科学问题时，为获取证据和解释而采用的研究途径。化学实验教学中的“科学探究”则主要是指仿效科学探究而为学生设置的教育实践性活动过程，它的目的是用体会科学发现的过程，让学生学习获取化学知识、领悟科学的思想观念、了解科学家研究化学问题的途径。因此，探究本身也是一种研究性学习活动，它以“问题”为中心，具有尝试性、研究性和实践性的特征。新课程所提出的科学探究能力包括八个要素：提出问题、猜想与假设、制订计划、进行实验、收集证据、解释与结论、反思与评价、表达与交流，而关键则是培养学生提出问题、收集资料的能力，以及猜测、解决问题和进行交流的能力。

2. 体验探究过程和训练科学方法

探究过程是指为完成特定探究任务而设定的、由一系列具体探究环节构成的实践途径。历史上曾有杜威提出的“智慧五步法”、萨奇曼的“情景探究教学”、美国科学促进会提出的“科学过程技能”训练模式，其中又以探究教学的早期倡导者美国生物学家、科学教育家施瓦布(Schwab)所提出的探究教学过程模式影响较大，其构成如下：①提出或明确要解决的问题；②收集适合问题解决的资料；③提出假设；④验证假设；⑤导出结论。

3. 改变学习方式——倡导轻松愉快学化学

课程标准提出的改变学习方式、轻松愉快学化学的观念新颖且有价值。为此，需要在化学实验教学设计中采用丰富多样的教学途径和灵活多样的教学方法，在实验实施过程中可以从以下四个方面进行教学设计。第一，注意从宏观到微观、从定性到定量、从变化到应用、从功能到价值的角度来加强学科间的联系和跨学科学习；第二，选择生动活泼的情景素材应用于教学之中，让学生实际体验探究学习的过程；第三，实施形式多样的探究实践活动，如调查研究、实地考察、趣味实验表演等；第四，运用化学史、现代化学发展成就图片、多媒体手段等。

1.2　中学化学实验的教学功能和作用

化学实验对激发学生的学习兴趣，帮助他们形成化学概念，巩固化学知识，获得化学实验技能，培养实事求是、严肃认真的科学态度和训练科学方法具有重要的意义，在培养学生观察能力和实验能力方面具有不可代替的作用。因此，加强化学实验教学是提高化学教学质量的重要一环。

1. 化学实验有助于化学概念的形成和巩固

化学概念是化学知识中最基本的内容，对中学生来说，采用化学实验这一直观手段易于形成化学概念。学生学习化学一般总是从感知具体的化学物质和化学现象开始，经过从已知到未知、由表及里、由感性到理性的认识过程逐步到把握有关的理论概括，然后形成概念。例如，在初中化学里为了让学生形成氧化还原的概念，首先从氧气反应生成氧化物来形成氧化反应的初步概念；在学习氢气的化学性质时，通过氢气还原氧化铜实验，让学生看到由于氢气夺取了氧化铜中的氧而生成水的现象来巩固氧化反应概念，又通过氧化铜失去氧变成游离态的铜来说明还原反应的概念，最后形成氧化还原的初步概念。这种认识过程使学生获得的知识系统牢固，并能潜移默化地促进学生科学思维方法的形成。

2. 化学实验有利于学生深入领会化学定律和化学原理

化学定律和化学原理是化学知识中最重要的部分，它们是在实验事实的基础上经过理论思维推导出来的。例如，在学习质量守恒定律时，让学生先观察磷燃烧和氢氧化钠溶液与硫酸铜溶液反应的实验现象得出初步结论，然后进一步说明：更多的实验证明，参加化学反应的各物质的质量总和，总是等于反应后生成的各物质的质量总和；引出质量守恒定律后，通过对反应前后原子种类没有改变和原子个数也没有增减的分析，使学生从本质上理解质量守恒定律，从而完成由感性到理性的认识飞跃。又如，在学习电离理论时，先让学生观察各类有关物质导电与否的实验现象，使其获得充分的感性认识，然后引导学生对这些物质的结构和它们在溶于水或熔化状态下发生的变化进行分析，并把金属由于存在自由电子而导电和电解质溶液由于存在自由移动的阴阳离子而导电进行对比，通过分析、推理，使学生深刻地理解溶液的导电现象进而理解电离理论。

3. 化学实验能帮助学生检验和巩固化学知识

心理学研究表明，在学习活动中，如果多种感官同时参与，可以提高大脑皮层的兴奋性，促进暂时联系的形成；如果仅有一种感官连续地进行活动，大脑皮层容易产生内抑制，降低学习效率。化学实验过程中，学生通过眼看、耳听、手触、鼻嗅、脑想，有利于充分发挥其各种感官在理解化学知识、巩固化学知识中的联合作用，使获得的知识更准确、更牢固。

化学实验习题、实验设计、实验测验、实验复习等形式，都是检验、考核学生理解和掌握化学知识的一种有效方式。例如，通过制取氯气和氯气的一系列性质实验的综合实验设计，可以检验学生对氯及其化合物有关知识的掌握情况；通过实验方案的实施(仪器安装、动手操作、现象分析和结论的得出等过程)又进一步巩固所学知识。

4. 化学实验可以培养学生的观察能力和思维能力

观察是认识事物的开始，实验离不开观察。实验对象的各种外部属性(如颜色、大小、形状和气味等)，实验过程中产生的各种化学现象(如颜色变化、沉淀的生成、发光、发热等)，都需要用感官通过观察来认识，离开了观察，感性认识就无从获得。对于一些代表性物质的性质实验，一般都要做全面而系统的观察。例如，金属钠与水反应的实验，要求学生观察钠浮在水面上，熔成小球，四处游动，发出“嗞嗞”的响声，水溶液中滴入酚酞后变成红色等现象。有些实验由于教学需要，要求进行重点观察。例如，初中电解质溶液导电实验，要求重点观察灯泡是否发亮，以证明溶液是否导电，而不引导学生观察电极上产生气泡或电极上有沉淀物等现象。

观察和实验都离不开思维。在观察物质发生变化和各种化学现象时，就会自觉或不自觉地与已学过的知识和已有的经验联系起来，这就是一个思维活动过程。而要把观察得到的感性认识上升到理性思维，就更离不开思维活动了。实验不是简单的照方抓药或操作的简单重复，学生对每一实验都需要明确目的要求、实验原理、实验步骤、实验条件和注意事项，而所有这些都离不开思维。所以，化学实验有助于学生观察能力和思维能力的培养。

5. 化学实验是培养学生实验操作技能的唯一手段

化学实验操作技能属于动作技能。课程标准中把化学实验操作技能的教学要求分为练习、初步学会和学会三个层次。无论哪个层次的要求都只有通过亲自动手操作和多次练习才能完成，这是其他教学形式所不能代替的。仪器的使用、药品的取用、仪器的装配与连接以及称量、加热、振荡、搅拌、过滤、蒸发等基本操作都有一定的方法和规范。对于初学者来说，要学会和掌握一定的实验技能，都要经过模仿→独立操作→熟练操作的过程。所以，化学实验是培养学生操作技能的唯一手段。

6. 化学实验有助于培养科学态度和训练科学方法

中学化学实验重演人类已经认识的客观规律，体现了科学家发现、发明和创造的研究过程，让学生认真地进行化学实验，是培养他们具有科学家特有素质的重要途径，有利于培养学生认真负责、团结合作、严谨求实、锐意进取的科学态度。

化学实验本身就是科学研究的一种重要方法。通过实验教学，能使学生学会观察、测定、实验条件控制、实验记录、数据分析和处理等化学科学方法，这些科学方法是学生获得化学知识的重要工具和手段。所以，化学实验是对学生进行科学方法训练的有效途径。

7. 化学实验能激发学生的认识兴趣并调动学生的学习积极性

认识兴趣是学习动机中最现实、最活跃的成分。化学实验中各种生动、鲜明的化学现象，可以引起学生对化学的直接兴趣，使他们积极主动地观察实验，获得丰富的感性知识。学生亲自动手进行实验操作，使化学变化重现出来，这又有助于培养他们的实验操作兴趣。而对化学实验现象产生原因的探究，更有利于培养学生稳定的探究性兴趣和概括性兴趣，从而调动学生学习的主动性和积极性，促进学生认真努力地学习。

8. 化学实验有利于进行辩证唯物主义思想的教育

化学的研究对象是各种物质以及物质之间、物质与现象之间、现象与现象之间、物质变化与外界条件之间的相互联系和物质变化与能量之间的关系，而所有这些几乎都要通过化学变化才能显现出来。所以，化学实验可以使学生受到最为生动的、最为实际的世界的物质性、物质和运动的不可分性、物质之间的相互联系性、对立统一、量变引起质变、内因与外因等辩证唯物主义的基本规律和观点的教育。

1.3 中学化学实验的内容和类型

中学化学实验的内容和类型丰富多样，不同内容和类型的实验对学生的学习具有不同的作用，必须科学、合理地编排才能达到实验教学的目的。

1.3.1 中学化学实验的内容

中学化学实验的内容很多，也很广泛。在教学中选用的实验要以中学化学教学目标为依据，服从学科体系的需要为前提，一般来说，选择教学实验时，应遵循以下原则：

(1) 有助于培养和发展学生的实验操作技能；

(2) 有助于促进学生对化学事实和原理的理解；

(3) 有助于巩固所学知识，强化联想能力；

(4) 安全并便于操作，有利于培养科学方法；

(5) 在规定的时间内能够完成，并能得出清晰的结论。

当然，为了特殊的教学实践需要，也可以专门选择或设计一些特定的实验，而不受上述原则的限制。

根据实验对学生学习化学基础知识以及掌握实验技能方面所起的作用，中学化学实验内容大致上可以概括为以下五个方面。

1. 化学基本操作实验

化学实验基本操作技能是进行各类化学实验的基本功，它对保证实验的顺利进行起着重要的作用。实验基本操作的内容主要有：药品的取用、称量、溶解、振荡、搅拌、加热、过滤、蒸发、结晶、气体的收集、溶液的配制等。实验基本操作要从一开始就严格要求，突出操作的规范化，并且贯穿于整个实验教学的全过程。

2. 元素及其化合物的制备和性质实验

这类实验为学生学习元素及其化合物的性质提供生动直观的感性材料，为形成具体的或抽象的物质知识打下基础。由于元素化合物知识是中学化学教学内容的主体部分，这类实验的选择要求实验现象必须鲜明、准确、生动，为学生提供强有力的刺激，加深学生对物质性质的理解和记忆。

3. 揭示基本概念和原理实质的实验

这类实验的主要目的是为学生理解和掌握抽象的化学概念和原理提供具体的感性认识材料，在此基础上，引导学生通过抽象思维达到对概念和原理实质的理性认识。它不仅有助于学生接受抽象的化学概念和原理，而且有利于培养学生运用科学方法进行科学思维的能力。实验装置和操作则力求简便易行，有利于突出重点，解释概念和原理的实质。

4. 结合生产和生活实际应用的实验

这类实验能较好地揭示化学反应原理在生产和生活实际中的具体应用，帮助学生认识在生产和生活实际中实现化学反应所需要的典型设备、生产流程，以及实验条件控制对实现化学反应的重要性。这类实验不宜追求“全面模拟”生产过程，而要紧密结合化学反应原理，突出重点装置，回避不必要的技术细节。

5. 让学生进行独立设计的实验

这类实验与上述四种实验不同，它没有现成的实验步骤和方法，学生要根据实验提出的问题独立运用已有的知识去设计实验方案，然后通过实验、观察、分析实验现象，获得问题的答案。这类实验对培养学生的创新精神和实验能力是十分有益的。

1.3.2 中学化学实验的类型

按照不同的标准，可以把中学化学实验分成不同的类型。根据实验教学的主体和形式，可以划分为演示实验和学生实验两种类型。

1. 演示实验

演示实验是教师(或学生)进行表演和示范操作，并引导学生进行观察和思考的实验。它是化学教学中广泛应用的、简洁生动的一种教学形式。

演示实验可用于各种教学环节，在教学活动中的作用是多方面的。一般来说，演示实验的主要作用是为学生理解化学概念和认识具体化学物质提供生动的感性认识材料，在此基础上培养和发展学生的观察能力和思维能力以及正确规范的实验操作方法。因此，教材中的演示实验应以化学知识体系为主体，紧密结合教材内容，同时注意实验技能由易到难的顺序进行编排。

近年来，随着计算机多媒体技术的发展和教学手段的改进，把某些学生难以直接观察清楚的、细微的反应现象，利用多媒体的技术和方法演示出来，逐步形成了教师演示实验的一种新形式——数字实验室和手持技术。利用这些现代的教学手段，实验的现象和结果以更加生动和形象的形式表现出来，学生直接感知对象，印象更加深刻。通常，能够直接让学生观察清楚的演示实验，一般不需要多媒体的技术方法。

2. 学生实验

学生实验是由学生亲自动手来完成的实验。它是培养学生实验能力的主要形式。学生实验通常又分为边讲边实验、分组实验、实验习题和化学综合实践活动四种形式。

1) 边讲边实验

这是配合新知识的学习在实验室完成的实验。它是在教师的指导下，由学生亲自动手完成实验，在操作中通过观察和思考来获得新知识的一种实验形式，又称随堂实验。它能使学生看清楚实验中非常细微的现象，这一点是教师演示实验无法相比的，因而更能引起学生的观察和思考兴趣，有利于培养他们的观察能力、思维能力和科学态度。这种实验也为学生提供了更多的操作练习的机会，有利于培养和巩固操作技能。

2) 分组实验

分组实验是在学生学完一单元或一章以后，在教师的组织和指导下，利用整堂课的时间，在实验室里独立运用自己获得的知识，进行实验操作，通过对实验现象的观察、记录和分析，获得正确结论的教学形式。分组实验对巩固和加深学生已学过的知识，培养实验操作技能，提高观察、思维、独立工作能力和严谨求实的科学态度、工作作风有着重要的作用。学生实验的主要目的不应是验证和巩固已学过的知识，而应该着眼于学生实验能力的培养。

3) 实验习题

实验习题是学生综合运用所学知识和实验技能，采用实验方法来解答有关物质的制取、鉴别及性质的习题。实验习题只给学生提出题目而不提供现成的实验材料，要求学生在实验之前独立设计制订出解答习题的实验方案。实验习题突出了学生的主体性，有利于学生实验能力和创造性思维能力的培养。

4) 化学综合实践活动

化学综合实践活动是学生综合运用已有的化学知识、实验技能，主要围绕研究性学习、社区服务与社会实践、劳动与技术教育等领域，通过实践活动来解决化学问题的一种教学组织形式。其主要环节包括查阅资料、设计方案、活动与评价等，一般由学生独立来完成，必要时教师可以给予相应的指导。化学综合实践活动对培养学生的实践能力、创新精神和探究能力，以及科学方法和科学态度方面具有积极且重要的作用。

1.4　中学化学实验教学的基本要求

中学化学实验有别于科学研究中的化学实验和大学的化学实验。中学化学实验主要具有重复性实践的性质；实验的手段、仪器一般都比较简单，条件要求不高，但要求结果科学、现象鲜明、成功率高；以中学生为教学对象，与中学化学教学内容紧密相连，是中学化学教学的重要内容和重要手段。

中学化学实验的特点决定了其一般要求是：科学、准确、不误导学生；有教育价值，能有效地促进化学知识、技能、能力、方法、情感等化学教学目标的实现；实验现象直观、鲜明，能被学生接受和理解；复现性好，成功率高；简洁、安全、卫生等。

1.4.1　演示实验基本要求

演示实验是化学教学中使用方便、应用最广、效果好的一种教学实验，可用于各种教学场合。如果用于一个单元和一堂课的考试，演示实验可以集中学生注意力，激发学生的学习兴趣；用在化学概念、化学理论教学方面，可为学生提供感性认识材料；用于学生提出问题，可以考核学生观察、记忆和运用化学知识的能力；用于实验假设，有助于学生进行推断、作出结论、解决化学问题；用于化学问题解决时，可启发学生的解题思路。通过演示实验，让学生掌握正确、规范的实验操作和实验的方法，受到良好实验习惯和严肃认真的科学态度的熏陶和感染。因此，教师要充分利用演示实验功能，努力提高演示质量，做好演示实验。

另外，中学化学演示实验的对象是中学生，强烈的好奇心和形象思维是他们这个年龄阶段重要的心理特征。演示实验是教师通过宏观的化学现象说明微观化学变化，帮助学生形成化学概念，学习物质知识的重要途径；它也是教师示范，学生学习实验操作、实验方法的重要手段。因此，中学化学演示实验的性质、功能和教学对象决定了中学化学演示实验应具有下列基本要求。

1. 演示目的要明确

每一个演示实验都服务于特定的教学内容，因而都有特定的演示目的、观察目的，一个演示实验要说明什么样的问题，帮助学生建立什么样的化学概念，揭示什么样的化学原理，要给学生什么样的操作，培养什么样的能力，以及由此要求学生观察实验的哪些方面，这些都要求化学教师心中有数，这样才能达到应有的演示目的。

例如，铝与氧化铁反应的演示实验。实验的目的是要说明铝不仅具有强的还原性，而且反应过程中放出大量热量，因而可以把高熔点的金属从它们的氧化物中置换出来。由此而来的观察目的就是不仅要观察反应的剧烈情况、反应后的生成物，而且要注意观察稍纵即逝的红色熔融物的掉落，而不能因反应现象剧烈而忽视。而这些只有演示者具有明确的目的后，才能有针对性地指引学生观察。

2. 实验要安全可靠、保证成功

保证演示实验的安全与成功才能达到演示的目的。而实验的成功与否取决于演示者对实验成功关键的掌握以及演示者的实验操作技能、实验的仪器与药品是否达到应有的要求等。这就要求教师演示前要对实验有充分的认识、充分的准备和十分的把握。坚持课前做好预备实验，把可能导致实验失败的各种因素在演示前解决。

例如，在倾倒 CO_2 气体验证 CO_2 的密度比空气大的实验中，常因形成湍流，有一部分 CO_2 未倒入容器，导致实验失败。掌握这一成败关键后，我们可以用玻璃片盖住 CO_2 集气瓶口的 3/4，或用硬纸板把集气瓶口与点燃的蜡烛隔开，然后慢慢倾倒，即可保证实验成功。

3. 操作要规范，现象要清晰

示范是演示实验的功能之一，教师每一步操作都是学生模仿的对象。实验操作的熟练与规范关系到实验的成败和日后学生的操作。因此，教师对每一个演示实验的操作都应熟练有序、规范准确、干净利落。从单向操作到成套装置都应给学生以示范作用，并能加以强化。

提供丰富、生动的直观感性化学事物和现象，帮助学生学习物质知识并形成化学概念是演示实验的另一重要功能。因此，提供清晰可见的实验现象是对演示实验的一项重要要求。清晰可见就是要让每一位学生都能看清楚。因此，演示实验时教师应从以下方面注意。

(1) 演示的台面应高于学生坐立的高度，能让最后一排的学生看见。台面上不摆与演示无关的物品，以免挡住学生视线和分散注意。

(2) 教师站立的位置及手臂不要挡住学生的视线。

(3) 观察有颜色而现象又不太明显的物质，应根据情况采用白色或黑色的衬板。

(4) 对于现象变化不太明显的实验可采用对照实验或设法将现象放大。

(5) 对于一些无现象变化或现象变化不明显的反应的实验，可将实验的变化转化成可见或更鲜明的现象。例如，氢氧化钠与二氧化碳的反应，无现象变化，可利用放入盛装二氧化碳气体的烧瓶中的瘪的气球，加入少量氢氧化钠振荡后，气球变大这一转换现象加以说明。

(6) 对于实验现象不太明显的实验，在易拿动的情况下，尽可能拿到学生中去走动，让学生观看，对不易拿动的情况，可让少数有代表性的学生上台观看。

4. 引导学生主动参与

学生是演示实验认识的主体。演示实验的过程不应是学生被动观察、接受的过程，而应是学生主动参与、积极地看与想的过程。因此，引导学生主动参与是实现演示实验功能最基本的要求和条件。要从目的、需要出发，充分利用实验本身的魅力和学生的好奇与探究心理，来激发学生的兴趣与动机，引导学生主动参与。

5. 指引观察与思维引导相结合

演示实验既然要为学生提供预定的实验现象，就必须有目的、有针对性地引导学生观察；演示实验的操作示范，目的是为学生提供可模仿学习的清晰表象，因而也就离不开示范的操作与说明。学生对现象的观察与操作的学习更离不开积极的思维。实验证明：在观察过程中，参与积极的思维活动，可以增进学生对事物的理解。这些都要求演示者在演示过程中不失时机地引导学生观察与思考。

6. 推理判断，得出结论

演示的最终结果是要获得一定的结论。如何从宏观可见的实验现象得出物质变化的微观本质？这就要求教师引导学生认真分析实验现象，从现象到本质引导学生进行科学抽象，推理判断，得出结论。这一过程也是培养学生逻辑思维能力和科学方法的重要过程。教师应在“引导”学生进行“推理”上下工夫，不应直述演示实验的结论。

1.4.2　学生实验教学基本要求

随着化学课程改革和实验教学的深入发展，学生实验的内容与范围也在扩大。学生实验包括随堂实验(也称边讲边实验)、分组实验(也称实验课)、实验习题、化学综合实践活动(也称研究性学习实验和家庭小实验)等。前三种实验紧密结合学生所学化学知识、技能的内容，是对新的知识和技能学习的促进、训练与巩固，后两种实验是对所学知识、技能的拓展与延伸。这几种学生实验在化学教学中具有不同的作用，对它们的教学也有不同的基本要求。

1. 随堂实验

随堂实验是在化学课堂教学中，为配合新知识的学习，由学生亲自动手完成的实验，是学生实验、教师实验、教师讲解、师生共同讨论相结合的课堂教学方式。

随堂实验的任务与演示实验一致，但效果比演示实验好。具有观察现象更清晰、亲自动手实验、认识理解更深刻、记忆知识更牢固的优点，还可以培养实验操作技能、观察与实验等多种能力。因此，在条件允许时应多采用随堂实验。在下列条件下，尽可能将演示实验改为随堂实验：

(1) 实验现象不明显，教师演示时难以观察清楚的；

(2) 仪器、药品、操作简单，学生能独立完成的；

(3) 实验安全、实验时间不长，不影响教学任务完成的；

(4) 属于重点知识或对训练实验技能、培养能力方面有特殊作用的。

随堂实验由于是课堂上配合教学内容的实验，因而有以下基本要求。

(1) 精选实验内容。选择随堂实验内容时，必须紧密配合课堂教学内容；实验内容不必太多，能正确处理好实验、讨论、讲解在课堂时间分配上的关系；选择的实验应符合前述将演示实验改为随堂实验的条件。

(2) 课前做好实验准备工作。对拟做的实验应预试，对于药品的用量、实验时间的长短、实验成败的关键要做到心中有数；要逐一检查好分发到各桌的仪器、药品，看是否备足，是否满足多种实验方案的需要并符合实验要求。

(3) 做好课中实验的组织、指导工作。这是实现随堂实验教学目的的重要环节。首先，应严格要求实验纪律，未经教师允许，不得随意动用仪器和药品，但也不能以此来束缚实验过程中学生的手脚；其次，实验前应让学生明确实验目的、实验内容、操作与观察要求、注意事项等；一堂课如有多个实验，可一次性布置，一次性实验完；应尽量将实验组织为探究性实验，让学生通过实验探究发现知识和规律。实验过程中教师加强巡回指导，没有特殊情况教师一般不向全班讲话，以免打乱或中断学生的实验操作和思路；应有充足时间，保证多数学生能完成实验；实验完成后应结合教学内容组织学生汇报、讨论，得出结论。让实验、讨论、讲授有机结合，完成知识内容的学习。

2. 分组实验

学生分组实验一般是在一个单元(一章或一节)学习结束后，为了巩固所学知识，根据课本上规定的(或教师指定)实验、在教师组织和指导下，学生专门到实验室进行的实验。一般是 2 到 4 人一组，协同完成实验。有条件的学校应尽量采取一人一组，独立完成实验。分组实验是学生对化学知识的验证和应用，是认知的第二次飞跃，它对所学知识起着运用、巩固、检验和加深的作用，有利于学生实验操作技能的系统培养和熟练，有利于培养学生以实验能力为主的各种能力、科学态度和方法等。

为了提高学生实验的效果，对分组实验课应有以下基本要求。

1）做好实验课前的准备工作

实验课前，教师应研究好实验，明确做好实验的目的、要求和实验成败的关键，明确做好该实验的知识、技能基础，明确完成实验可能有的方法、步骤等；实验前，教师还应准备和检查好实验所需的仪器和药品，并逐一预做实验，以免学生在实验过程中因药品、仪器有问题而措手不及；实验前教师应布置学生预习实验，保证学生有预习的时间，在研究好实验的基础上，有针对性地提出预习的要求，并要求写出简要的实验提纲，实验课时进行检查，确保有效的预习。

2）做好实验的组织、指导工作

学生进实验室后教师力争不占用多的时间讲解。教师可通过适当地提问，来了解预习的情况，强调实验成败的关键和注意事项。教师一般在黑板上不应板书具体的实验步骤、实验操作，只板书实验内容就可以了，以免学生依据黑板上的步骤机械地进行实验，助长不预习的坏习惯。实验过程中，一般要求不看教材的实验步骤，独立地完成实验。

实验过程中，教师要把时间和经历放在对学生的巡回指导上。指导学生认真观察与思考，提示观测要点，适时启发提问，激发求异思维；指导学生讨论解决实验中出现的问题；指导学生做好观察、记录；指导学生进行规范操作；及时发现实验过程中的创造性思维和创造性活动，以及实验过程中普遍性的问题；指导学生养成良好的化学实验习惯，如节约水、节约药品、节约电，爱护环境，仪器药品整洁等。在实验过程中，应全面指导与个别指导相结合，重点在个别的分散指导，一般没有特殊情况都不应向全班讲话，以免打断学生各自的实验。

3）做好实验小结

分组实验的小结工作不能忽视。实验小结是学生全面建构实验意义的重要一环。学生实验要素的多维性、操作的复杂性，决定了实验结果的多变性，因而需要通过小结来统一认识，建构每一实验全面的意义。实验小结还可以通过总结各组实验的情况，达到学习先进、改正不足、激励做好实验的目的。实验小结一般可通过小组汇报、交流、讨论与教师讲解相结合的方式进行。教师在小组汇报、交流和巡视指导中收集有关实验信息的基础上，应重点指出实验中存在的问题或实验反常现象的原因以及补救措施，也可通过亲自演示实验来统一认识；重点强调实验的成败关键和重要结论；总结实验规律，表扬实验效果、纪律好的组别等。

4）完成好实验报告

实验报告是学生自我总结、将实践上升为理论、进一步认识所做实验、巩固知识的重要环节，是学生通过实验了解掌握哪些内容、存在哪些问题、得出哪些结论等的报告。因此，学生一定要认真写出实验报告。

3. 实验习题

实验习题是必须用实验方法来解答的习题。作为一种实验，是学生综合运用所学的化学知识和实验技能，通过自己分析设计实验方案、进行实验操作等来解答有关化学问题的探究性实验。在化学课程标准实验教科书中，实验习题以“实验探究”的形式出现。实验习题只是给实验题目，不提供解答问题的方法、步骤。学生在实验前必须在收集足够资料的基础上，独立进行实验方案的设计，探索最佳实验方案，并预测实验结果。因此，实验习题在培养综合运用化学知识、技能去解决化学问题的实践能力、创新精神和探究能力，以及科学方法和科学态度方面具有积极且重要的作用。

实验习题课具有一定的难度，为了保证实验习题课的良好效果，应做好如下工作。

1) 明确要求

对于实验习题，学生应明确必须通过自己设计实验方案来解答习题，实验设计方案的结构、基本要求，以及实验设计方案的优选可以参考相关内容进行。

2) 做好准备

课前，教师应根据学生的知识水平和能力，估计学生可能提出的各种实验设计方案，并亲自预做可能方案的实验，掌握相应的实验条件和成败关键，依据可能的实验方案准备好所需的仪器和药品。学生应在明确实验课题的基础上，收集各种与解答实验习题有关的资料，独立设计并筛选出最佳实验方案。学生设计的实验方案应于课前交教师审阅，教师应逐一分析、评阅，肯定好的方案，对有问题的方案提出修改意见。只要实验设计方案符合基本要求，就应允许学生按个人(或小组)方案进行。应鼓励学生敢于求异、创新。

3) 加强对实验方案设计的指导

学生对实验方案的独立设计，有一个循序渐进的过程，因此，教师对实验设计方案的指导也应有一个由全面到重点的过程。教师对学生实验方案设计的指导，一般包括：指导学生收集有关解题资料；指导学生联系和运用已有知识解题；指导学生从问题的性质、原理着手选择实验的方法、试剂、装置、条件及操作，推断实验的结果；指导和鼓励学生的创新思维；指导学生筛选最佳实验方案。

4) 加强对实验过程的指导

实验开始前，教师在批阅学生实验方案的基础上，让个别有创新或方法简单、效果好、又安全的方案组介绍他们的实验方案，并组织评析，供大家参考或调整实验方案。实验习题课上，学生根据自己设计或调整的实验方案独立进行实验。教师则应在学生实验方案批阅的基础上，做到心中有数，在总体上巡视指导下，有重点、有针对性地进行巡视观察和指导，帮助学生分析、解决实验中出现的问题，帮助学生纠正实验中的错误，使学生按计划完成实验方案。在规定时间内不能完成实验的，课后应继续完成。

5) 组织学生交流、总结

实验课内，教师应留出一定的时间组织学生交流、讨论、总结。有计划、有目的地让实验效果好、实验预期目标达到较好的组，或不能达到实验目的、实验过程中发现问题的组，汇报他们的实验过程和结果，然后组织学生讨论、评议，最后师生总结，统一认识。实验结束后，认真完成各自具有特色的实验报告。

4. 研究性学习实验与家庭小实验

研究性学习实验和家庭小实验都是类似科学研究的探索性实验，是学生综合运用所学知识解决实际问题，体验科学研究过程，培养科学素质、实践能力和创新精神、创新能力的重要实践活动。在化学课程标准实验教科书中研究性学习实验常以“实验探究”的形式出现。

研究性学习实验是学生进行研究性学习的实验，是学生在老师的指导下，自己从学习、生活和自然、社会现象中选择和确定实验课题(也可由教师指定)、设计实验方案，自主进行实验，通过实验探究解决问题的探究性实验活动。家庭小实验是学生在家里进行的实验探究性活动，其实验课题一般较小，是与日常生活紧密联系的实用性课题，且简单易行，能在家中就地取材解决实验用品问题。

这两种实验同实验习题一样，都是学生自己设计实验方案，自主进行实验探究解决问题。所不同的是在实验课题上，研究性学习实验和家庭小实验主要选自日常生活、生产实际；在实验的时间、地点上没有实验习题要求那么严，而家庭小实验一般以个人进行。

这两种实验的教学要求，除了与实验习题一样，加强对实验设计方案的指导外，还应注意以下几点。

1) 认真选择实验课题

实验课题应紧贴学生的学习、生活和社会生产实际，应是学生身边熟悉的问题，尤其是家庭小实验应与学生生活息息相关。例如，不同水果、蔬菜中维生素 C 的含量的比较、室内甲醛气体含量的简易测定做研究性学习实验；检测鸡蛋壳的主要成分、自制甜酒作家庭小实验等。实验课题还应不脱离学生的知识和技能水平、认知能力，应是学生经过努力能做到的。

2) 加强讨论、交流、评估工作

这两种实验都是分散进行的，给实验过程中教师指导带来不便，因此，实验前组内充分讨论确定实验方案，组间交流实验设计方案；实验后组间汇报交流实验过程、结果和体验，教师进行评价等，都非常有益于实验的开展和学生对实验意义的全面建构。每次实验后，教师对学生的实验报告、实验成果组织展览，并进行评价，将进一步激励学生的实验探究。

参 考 文 献

毕华林. 2005. 高中化学新课程教学论. 北京: 高等教育出版社.
成广兴. 2001. 化学教学概论. 东营: 中国石油大学(华东)出版社.
李广洲, 陆真. 2006. 化学教学论实验. 北京: 科学出版社.
刘知新. 2009. 化学教学论. 北京: 高等教育出版社.
王克勤. 2006. 化学教学论. 北京: 科学出版社.
文庆城. 2003. 化学实验教学研究. 北京: 科学出版社.
吴俊明. 2002. 新课程理念与初中化学课程改革. 长春: 东北师范大学出版社.

第 2 章　化学实验教学的设计

未来的中学化学教师要指导学生通过化学实验进行探究性学习和研究性学习活动，就必须学会化学实验设计及其教学设计。在平时注意拓宽实验教学的视野，着重培养自己的实验设计及探究意识，经历实验设计的探究过程，发展实验设计探究的能力。为此，我们重点介绍化学实验设计的含义、功能、类型、内容、基本原则、设计步骤和方法，以及中学化学实验教学的目标、内容和组织形式等内容，使本科生或研究生学到实验设计的基本知识和技能。

2.1　化学实验设计

2.1.1　化学实验设计的含义及功能

化学实验设计是指实验者在实施化学实验之前，根据一定的化学实验目的和要求，运用有关的化学知识和技能，对实验的仪器、装置、步骤和方法所进行的一种规划和尝试。化学实验设计是化学实验准备阶段的一项十分重要的工作，具有较强的综合性、灵活性和创造性。

化学实验设计在培养学生的科学素质、促进学生的全面发展等方面具有不可替代的作用，有其本身独特而重要的教育功能。

第一，化学实验设计可以激发学生对化学的学习兴趣。学生根据自己所学的化学知识，独立地或在教师启发下，设计出各种实验方案，成功地解决化学问题，从而产生成功后的喜悦，激发起更大的学习热情，成为进一步学习的强劲动力。

第二，化学实验设计可以充分发挥学生在实验教学中的主体作用，促使学生做实验教学的主人，避免被动地进行实验。

第三，化学实验设计可以培养学生运用知识的研究能力和创造能力。设计化学实验方案需要学生灵活地和创造性地运用所学的化学基础知识和基本技能，因而可以培养他们解决化学问题的能力和创造能力。

第四，化学实验设计能较好地培养学生的科学态度和科学思维，以及各种科学方法(如实验、测定、假说等)的训练，形成严肃认真、一丝不苟、实事求是的创新精神和创新能力。

第五，化学实验设计也是培养化学教师实验研究能力的重要途径和方法。教师根据教学内容的特点和教学过程的需要，改进教材原有实验、设计新实验，不仅有利于学生掌握教学内容，顺利完成教学任务，而且能提高教师的教学水平和教学能力。

2.1.2　化学实验设计的类型和内容

1. 化学实验设计的类型

根据不同的分类标准，化学实验设计可以划分成不同的类型。本章主要介绍以下几种类型。

1) 根据实验在化学教学认识过程中的作用来分类

(1) 验证性实验设计。由于这类实验的目的主要是检验化学假说和理论，又多采取学生实验或边讲边实验的形式，因此，在设计这类实验时，要注意效果明显、操作简单、节约时间、安全可靠、说服力强。

(2) 探索性实验设计。由于这类实验是在课堂教学中配合其他化学知识的教授进行的，采取的又多是边讲边实验或演示实验的形式，因此，在设计这类实验时，应注意效果明显、易操作、时间短、安全可靠。

(3) 创新性实验设计。这类实验的目的主要是综合运用所学的化学知识和技能，解决一些化学实验习题或实际问题。因此，在引导学生进行实验设计时，要注意灵活性和综合性，尽可能设计多种方案，并加以比较，进行优选。

2) 根据化学实验的工具来分类

(1) 化学实验仪器、装置和药品的改进或替代。这主要是由于中学化学课本中的一些实验因装置过于繁杂、操作不太简便或可见度较低而影响化学教学效果，因此需要改进方案，重新设计。此外，由于中学受到种种条件的限制，常会发生缺少某些仪器、药品或仪器、药品较贵重不易获得的情况，因而需要自制一些仪器或利用代用品或采用微型实验，所以也需要对实验重新设计。

(2) 化学实验方法的改进。由于课本上的实验方法并不一定适合教学的要求或实验效果不理想，因此，教师需要改进实验步骤、实验方法，重新设计实验方案。

3) 根据化学实验内容来分类

(1) 物质的组成、结构和性质实验设计。

(2) 有关化学定律、化学基本概念和化学反应原理的实验设计。

(3) 物质的制备实验设计。

(4) 物质的分离、提纯、鉴别实验设计。

4) 根据仪器的规格来分类

(1) 常规化学实验的设计。

(2) 微型化学实验的设计。

2. 化学实验设计的内容

一个相对完整的化学实验方案所涉及的方方面面，即为化学实验设计的内容，主要包括：实验题目、实验目的、实验原理、实验用品(药品、仪器、装置、设备)及规格、实验装置、实验步骤和操作方法、注意事项、实验现象记录及结论。

例如，题目为“设计实验制取水煤气，并证明水煤气具有还原性和可燃性”

1) 实验目的

(1) 了解制取水煤气的实验装置和方法。

(2) 掌握制取水煤气的实验原理。

(3) 掌握水煤气具有还原性和可燃性的化学性质。

(4) 学会实验装置的设计方法。

2) 实验原理

将水蒸气通过灼热的焦炭，即可制得水煤气(H_2和 CO)，使所产生的水煤气通过灼热的氧化铁粉末，并将尾气点燃可证明水煤气具有还原性和可燃性。化学方程式如下

$$H_2O(气) + C \xlongequal{高温} H_2 + CO$$

$$3CO + Fe_2O_3 \xlongequal{高温} 2Fe + 3CO_2$$

$$3H_2 + Fe_2O_3 \xlongequal{高温} 3H_2O + 2Fe$$

$$2CO + O_2 \xlongequal{点燃} 2CO_2$$

$$2H_2 + O_2 \xlongequal{点燃} 2H_2O$$

3) 药品

水，焦炭，$CaCl_2$(干燥剂)，Fe_2O_3，澄清石灰水。

4) 仪器装置

仪器装置如图 2-1、图 2-2 所示。

5) 实验步骤

(1) 按图 2-1、图 2-2 连接仪器，并检查装置的气密性。

(2) 在烧瓶内装入 100mL 水，在反应管 A 中装入 2g 焦炭，反应管 B 中装入 2g Fe_2O_3。焦炭要碎成粒状，疏松地堆在 A 管中部，B 管应选细长的玻璃管，使 Fe_2O_3 粉末疏松地平铺在 B 管中部。

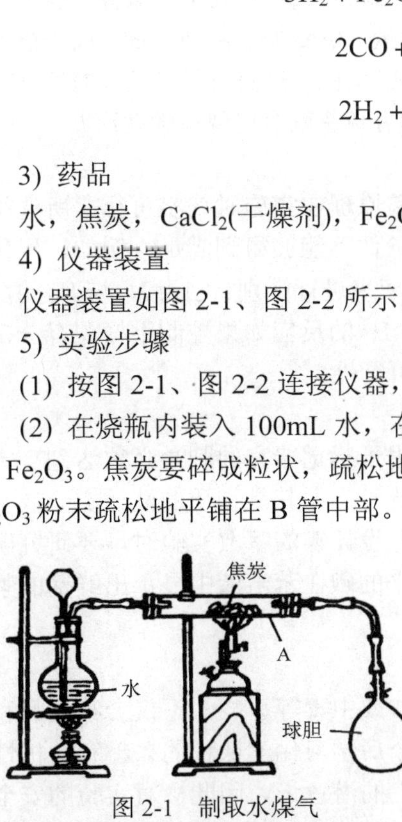

图 2-1　制取水煤气

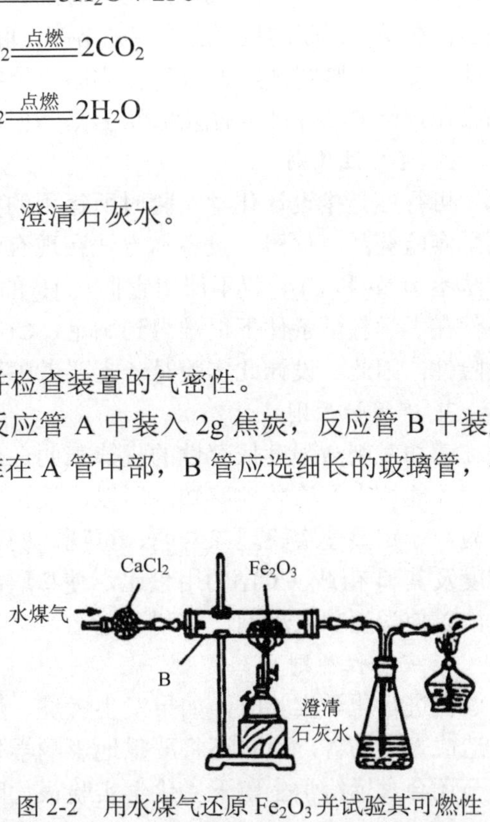

图 2-2　用水煤气还原 Fe_2O_3 并试验其可燃性

(3) 加热制取水煤气，并将水煤气收集在球胆或储气瓶中。

(4) 用水煤气还原 Fe_2O_3，并点燃尾气。

6) 注意事项

(1) 应先点燃酒精灯加热烧瓶，使产生的水蒸气排掉 A 管中的空气后，再点燃喷灯加热焦炭。这是为了防止水煤气中混有空气时受热发生爆炸。

(2) 一氧化碳有毒，不能排入空气中。所以点燃尾气一是为了证明水煤气的可燃性，二是为了防止一氧化碳进入空气造成污染。

(3) 反应结束时，应先使导管离开锥形瓶中的液面再停止通气和加热，以防止倒吸。

2.1.3 化学实验设计的基本原则

1. 科学性原则

科学性原则是化学实验设计的首要原则。所谓科学性，首先是指实验原理、实验操作程序和方法的正确性，即其必须与化学理论知识和化学实验方法相一致。例如，关于 S^{2-}、SO_3^{2-} 的检验的实验设计，在试剂选择上不宜选用硝酸等具有氧化性的酸；在操作程序的设计上，应先溶解、取少量，然后加入鉴别试剂，而不能溶解后就直接加入鉴别试剂等。其次，实验设计要具有科学思想和科学方法的教育因素。如果在设计中没有科学的态度和方法，往往稍有疏忽就会出现科学性错误。

2. 可行性原则

可行性是指设计化学实验时所运用的实验原理在实施时切实可行，所选用的化学实验药品、仪器、设备和方法在现有的条件下能够得到满足。例如，用化学方法鉴别 N_2 和 Cl_2，就不能用它们与 H_2 的反应来进行区别。因为 N_2 与 H_2 的反应条件在中学教学条件下很难得到满足，Cl_2 与 H_2 的反应如果控制不好，有一定的危险性。因此，设计此实验时一定要考虑到可行性。

3. 直观性原则

感知对刺激强度依存性的规律表明，作用于感觉器官的刺激必须达到一定的程度才能被人们清楚地感知。所以，设计实验时，尤其是物质的性质实验或鉴别实验，一定要使实验现象鲜明、直观。例如，设计碘的萃取实验时，要研究碘水浓度及其和苯(或 CCl_4)的用量比，使萃取出来的碘在苯溶液中显示出鲜艳的紫红色，以使学生印象深刻，有利于记忆。

4. 安全性原则

在进行化学实验时，如果发生燃烧、爆炸或中毒等事故，不仅会给教师和学生造成人身伤害，而且还将严重地影响学生今后学习化学课程的兴趣和积极性，甚至还会永远给学生留下“化学实验很危险”的潜意识，因此，对实验的安全性必须给予足够的重视。设计实验时应尽量避免使用有毒药品和具有一定危险性的实验装置及操作手段。

5. 简约性原则

简约性是指要尽可能采用简单的实验装置，用较少的实验步骤和实验药品，在较短的时间内来完成实验。更具体地说，就是装置简单、操作简便、现象明显、节约药品、节约时间、安全可靠、不产生污染，整个实验过程没有过多的干扰，学生将精力集中在操作、观察、探究上。

6. 综合性和实践性原则

化学实验设计应兼顾其他学科知识的综合利用、素质和各种能力的综合培养、智力因素与非智力因素的综合运用等。化学实验设计应运用于化学实验教学和化学科学研究中，要亲自动手进行实验操作，在做中想，在做中学，不断完善自己的研究设计；要因地制宜，因时制宜。

2.1.4　化学实验设计的步骤和方法

1. 化学实验设计的基本步骤

化学实验设计的基本步骤大致包括以下六个环节。

1) 选题

选题是实验设计的关键环节(当然，有些题目是给定的，如实验习题)。恰当地选定题目是任何一项科研工作的起点。题目选择的好坏有时会直接关系到实验的成败，而创新性题目的提出，对实验设计又会起到决定性的作用。这就要求所选题目既要有一定的独创性和新颖性，又要考虑各种主客观条件，使该题目有开展的可能性。同时，所选题目必须是化学教学实践和社会生产、生活中需要解决的问题，或者是随着教学改革的深入而不断发展、不断充实的题目。

2) 确定实验目的

在着手进行实验设计之前，首先应该明确该化学实验要达到什么目的。无论是化学科学研究中的实验，还是化学教学中的实验，都必须有明确的实验目的。化学实验目的的确定通常根据新课程目标从以下几个方面来考虑：一是让学生了解什么？(如了解实验方法、实验装置等)；二是让学生掌握什么？(如掌握实验原理、物质的化学性质、实验关键、基本操作等)；三是让学生学会什么？(如学会实验方法、实验操作方法等)；四是让学生探究什么？(如探究实验方法、实验装置等)；五是提高学生的什么能力？(如提高实验能力、设计能力、探究能力等)；六是通过实验过程有何体验，等等。

3) 查阅、收集文献资料

在选定题目和确定实验目的之后，就要系统地查阅前人对该题目做过的工作，这样既可以从中学习实验设计的科学构思和方法，使自己的实验设计建立在较为先进的基础上，又可以利用和借鉴前人已有的成果，避免重复劳动，少走弯路。我们不能事事仅凭经验，特别到了今天，科学发展到“知识爆炸”阶段，充分利用现有情报，学习和吸取人类已经获得的知识成果，及时地学习和吸收各种形式的间接经验和资料显得尤为重要。

4) 明确指导化学实验设计的理论

在确定了化学实验目的并获得有关的文献、资料后，还不能马上进行实验设计，而是要先弄清指导化学实验设计的理论是什么，然后在这种理论指导下再去设计化学实验方案。在这里，指导理论是将化学实验目的与实验设计二者联系起来的基础。没有这一步，就不能很好地从化学实验目的过渡到实验方案的设计上，即使做了实验设计，也会因缺乏理论根据而使实验不能达到预期的目的。明确了指导理论，实验设计就有了根据，有了方向。化学实验者就可以根据这些理论进一步做出逻辑推理，预测可能遇到的困难，事先考虑好如何创设条件去克服它，还要估计到可能取得的实验结果，等等。

5) 制订化学实验设计的初步方案

当前面的工作已做好，而且已经取得与实验相关的资料，就可以综合运用自己所学知识与所掌握的资料，来初步确定实验进行的方法和步骤。应当注意的是，即使是初步的实验设计方案，也应当是遵循前述几条基本原则。

6) 验证并修订实验设计方案

实验设计的初步方案确定后，还应该进行验证和修改的工作。毕竟实验设计的初步方案未必就是最合理、最完美、最简便的。此时，我们应当按照初步设计的方案进行尝试操作，看该方案是否可行，能否达到预期的目的；尤其是当实验设计的初步方案并非一种时，可以通过尝试操作来比较几种不同的方案，以确定哪一种是最佳的。在尝试操作的过程中，如果发现其中的某一环节不太合理或者是错误的，就要及时进行修订，从而使方案达到最优。这一步的工作对教师特别重要。

2. 化学实验设计的方法

进行化学实验设计是一项复杂而又细致的工作。这项准备工作做得如何，关键在于要对该项化学实验所涉及的一系列具体问题进行认真的分析和周密的思考。其方法如下。

(1) 对化学实验所涉及的化学原理、参加化学反应的各种物质的性质要有较全面、较深入的了解和认识。要尽可能估计到在什么样的实验条件下，可能有什么样的化学反应以及产生什么样的实验结果。在此基础上再做细致而具体的思考，确定在怎样的实验条件下，才能使有关化学反应朝着实现化学目的的方向发展。

(2) 按照化学反应原理，根据化学反应物和生成物的性质、实验条件的控制、发生反应时可能产生的能量变化，来预选实验方法和手段。甚至对选用仪器的规格、仪器的连接安装方式都要仔细考虑。然后，确定实验操作的程序和步骤，并在思想上进行“实验”，头脑中要考虑好每一步应怎样操作，操作方法上应注意些什么，怎样进行观察，如何使实验过程中的每一环节、每项操作都成为有目的、有计划的具体活动，并构成一个有序联系的整体。

(3) 化学实验主体要对自身的化学知识基础和理论水平、实验操作水平、现代化测量手段掌握的情况等也应做出全面的、切合实际的评价，充分估计自己是否有能力胜任该项实验研究。明确自己的不足，找到弥补的办法，努力予以补救。

(4) 对化学实验过程中可能遇到的困难和克服的办法，都要尽量做好思想准备。甚至在一开始就可以做出两套或多套不同的实验方案，设计几种不同的实验路线去完成同一个实验目的的实验方案，运用理论思维，在头脑中对它们进行“实验”，对它们各方面的情况做出周密分析，并加以比较，从中确定一个较理想的观念模型，然后着手完成化学实验设计的书面材料。

2.2　化学实验教学目标的设计

化学实验教学目标是化学实验教学的出发点和最终归宿。化学实验教学目标的设计，主要分为化学实验教学目标的内容、化学实验教学目标的水平及化学实验教学目标的表述三个方面。

1. 化学实验教学目标的内容

根据科学素养的构成要素，可以将化学实验教学目标划分为 3 个维度(图 2-3)。

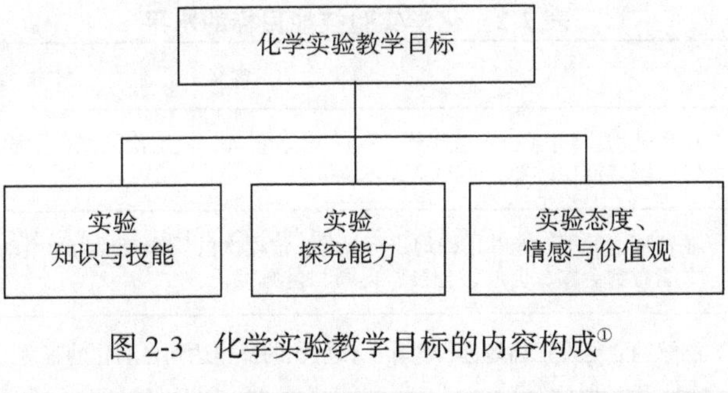

图 2-3　化学实验教学目标的内容构成[①]

化学实验知识包括化学实验事实知识、化学实验仪器和药品知识、化学实验

① 郑长龙. 化学实验教学新视野. 北京：高等教育出版社, 2003: 61

安全知识；化学实验技能包括实验方案设计技能、基本操作技能、仪器和药品的选择技能、综合运用技能。

化学实验探究能力是指学生在化学实验学习中运用实验来探究物质及其变化的本质和规律的一种能力。它是科学探究能力在化学实验教学中的具体化，是化学教学中学生科学素养发展程度的重要体现和标志。

化学实验态度是指学生在化学实验中对实验活动的一种内在反应倾向，它是通过学生的外显行为表现出来的。实验情感是学生在化学实验中所形成的一种对实验活动的感情指向或情绪体验。这种感情指向或情绪体验，既可能是积极的，又可能是消极的。实验价值观是学生在实验教学活动中所形成的对实验价值最基本的看法。

2. 化学实验教学目标水平

化学实验知识目标的水平见表2-1。

表2-1 化学实验知识目标的水平

水平	含义	对应的行为动词
了解	再认和回忆知识，识别、辨认事实和证据等；举出例子，描述对象的基本特征等	知道、记住、认识、了解、说出、列举、描述、找到等
理解	把握内在逻辑关系，与已有知识建立联系，进行解释、区分和扩展，提供证据，收集、整理信息	看懂、辨认、识别、区分、能表示、比较、理解、解释、说明、判断、预期、分类、归纳、概述等
应用	在新情境中使用抽象的概念、原理、原则，进行总结、推广，建立不同情境下的合理联系等	评价、优选、使用、解决、检验、证明、应用、设计等

化学实验技能目标的水平见表2-2。

表2-2 化学实验技能目标的水平

水平	含义
初步学习	在教师指导(讲解或示范操作)下进行实验操作。该层次的操作主要表现为机械模仿，规范性与协调性比较差，参与意识不强
初步学会	在教师指导下，能够正确地进行操作。该层次的操作表现为学生动作基本规范、协调，基本能做到会拿、会放、会接、会调、会测
学会	能够独立地、正确地进行操作。该层次的操作达到自动化的程度

化学实验探究能力目标的构成要素和目标水平见表2-3。

表 2-3　化学实验探究能力目标的构成要素和目标水平

构成要素	目标水平
发现问题和提出实验问题能力	能从生活经验和已有化学知识中，经过启发或独立发现有实验探究价值的问题；能用口头或书面的形式比较清楚地表达所发现的问题
猜想与假设能力	能主动地或在他人的启发下，对化学实验问题的可能结论大胆提出猜想或假设。能对假设所依据的事实或证据的可靠性进行初步的论证
实验设计能力	能根据所要解决的化学实验问题，独立或与他人合作，设计简单的化学实验方案；能对实验方案的可行性进行初步的论证
控制实验条件能力	在实验中，能进行简单的实验条件控制
收集证据能力	能运用多种方式和方法对化学物质及其变化进行观察和记录；能将观察与思考相结合；能对所获得的证据运用化学用语、表格、线图等进行处理
得出结论能力	能运用比较、分类、归纳和概括等方法得出结论，或对猜想与假设进行解释
讨论与交流能力、反思与评价能力	能对结论的可靠性进行简单评价；能对自己在化学实验活动中的表现进行反思。能较为规范地独立撰写化学实验报告，并主动与他人讨论和交流化学实验探究的结果

化学实验态度、情感与价值观目标见表 2-4。

表 2-4　化学实验态度、情感与价值观目标

对生活和自然界中的化学现象有好奇心，并试图通过简单的化学实验来探究其中的道理
能体验到化学实验探究活动的乐趣和活动成功的喜悦
能积极参与化学实验操作活动，并善于与他人合作，主动交流各种化学实验信息
能客观、准确地观察和记录化学实验现象，实事求是地完成化学实验报告
有过提出具有新意的化学实验设计方案的体验，并主动地进行可行性论证
在化学实验中能注意节约和合理使用药品，注意保持实验仪器的干净和实验台面的整洁
能从可持续发展的角度认识化学实验绿色化和爱护环境的重要性
能感受化学实验在仪器、装置、现象等方面存在的化学美

3. 化学实验教学目标的表述

一个规范的教学目标包含 4 个基本要素：主体、行为、条件和标准。

化学实验教学目标陈述的主体应该是学生而不是教师。

【案例 2-1】化学实验教学目标的陈述方式

方式 1：“初步学习观察……”、“能解释……”、“能设计……”、“能体验到……”。

方式 2：“培养学生的科学态度”、“激发学生的实验兴趣”。

方式 1 的陈述主体是学生，方式 2 的陈述主体是教师。应使用方式 1。

行为是指通过学习以后，学生能做什么，或者有什么心理感受和体验。一般用动宾短语来描述学生的行为。动词表明对学生的要求，宾语说明学习的内容。例如，能解释钠与水反应现象的本质。

条件是指影响学生产生学习结果的特定限制或范围，主要说明学生在何种情境下完成指定的学习目标。

【案例 2-2】化学实验教学目标的比较

目标 1：通过对镁条的观察和简单实验，体验化学实验在研究物质性质上的作用。

目标 2：能在教师指导下，初步学习根据实验目的来选择实验药品和仪器，并能安全操作。

目标 3：通过溶液的导电性实验，了解化合物可以分为电解质和非电解质。

上述目标 1 和目标 2 中条件表述清楚明确；目标 3 中条件表述不明确，因为与电解质、非电解质概念有关的实验还应有熔融状态下的导电实验，只有溶液导电性实验是不能建立上述概念的。

标准又称“行为程度”，是指目标达成的最低表现水平，用以衡量学生学习结果的达成度。

【案例 2-3】化学实验教学目标的标准陈述

目标 1：全体学生能够正确画出实验室制取氧气的装置图。

目标 2：90%的学生能设计出一种以上鉴别铁粉、铝粉和石墨粉的实验方案。

标准是学生学习达到目标的最低标准。对行为标准的陈述应该具有可检测性。上述目标均清楚地表达了学生学习达到的程度。

【案例 2-4】“燃烧的条件”实验教学目标

实验 1：用镊子分别夹取蘸有乙醇、水的小棉球，放在酒精灯火焰上片刻，观察实验现象。

实验 2：分别点燃两支小蜡烛，将其中的一支蜡烛用透明的玻璃杯罩住，尽可能使玻璃杯口与桌面不留有空隙，观察实验现象。

实验 3：用镊子分别夹取一根小木条和一小块煤，在酒精灯上点燃，比较点燃的难易程度。

这三个实验的教学目标见表 2-5。

表 2-5 “燃烧的条件”实验教学目标

目标类型	具体目标
实验知识	知道发生燃烧的物质具有可燃性 知道燃烧离不开空气 知道达到燃烧的最低温度时，才能燃烧
实验探究能力	在教师指导下能够完成上述 3 个实验 认识上述 3 个实验所用的“实验条件的控制”方法 思考各组实验中产生不同实验现象的原因
实验态度、过程情感与价值观	体会运用“实验条件的控制”方法进行实验探究 说出完成上述实验、得出结论后的感受

2.3　化学实验教学内容的设计

化学实验教学目标的落实和教育教学功能的发挥，都必须通过具体的化学实验教学内容来实现。做好化学实验教学内容的设计，应着重考虑两个方面：一是要明确化学实验教学内容的选择依据；二是要设计化学实验教学内容的呈现方式。

1. 化学实验教学内容的选择依据

化学实验是中学化学教学内容的基础和核心，是培养学生创新精神和实践能力的重要途径。所以，中学化学实验教学，既要使学生掌握具体的实验知识，又应将实验作为研究和学习化学的方法教给学生，使学生能够利用实验来解决问题。

中学化学实验内容的选取应遵循以下基本原则：①体现以实验为基础的化学教学观；②选择贴近生活、贴近社会的课题；③体现绿色化学思想；④注重实验的趣味性；⑤体现实验手段的现代化。

2. 化学实验教学内容的呈现方式

化学实验教学内容的呈现方式主要从以下 4 个方面来考虑：①观察与思考结合；②知识技能与实验探究活动相结合；③采取人性化的实验内容陈述方式；④加强课程资源建设。

2.4　化学实验教学方式的设计

化学实验教学方式是指教师为促进学生顺利、有效地开展化学实验学习活动、完成化学实验学习任务而采取的各种教学行为。教学方式是由一系列教学行为组成的，如果把“教学行为”比作“元素”，那么，“教学方式”则是由这些基本“元素”所组成的“物质”。同一种元素可以组成不同的物质。因而，同一种教学行为可以成为不同教学方式的构成要素。

【案例 2-5】CO_2 的密度与空气密度的比较

教学方式 1　被动接受式

教师行为　讲述：CO_2 的密度是 $1.997g \cdot L^{-1}$；空气的密度是 $1.318g \cdot L^{-1}$。

学生行为　听讲、记录、比较。

教学方式 2　主动接受式

教师行为　讲述：CO_2 的密度是 $1.997g \cdot L^{-1}$；空气的密度是 $1.318g \cdot L^{-1}$。

提问：为什么进入久未开启的菜窖之前要点燃一支蜡烛？

学生行为　听讲、记录、比较、解释。

教学方式 3　引导探究式

教师行为　演示：向装有两支燃着的、处于不同高度的蜡烛的烧杯中倾倒

CO_2。问学生哪一支蜡烛先熄灭？为什么？等学生回答完毕，再给出 CO_2 的密度是 1.997g · L^{-1}，空气的密度是 1.318g · L^{-1}。

学生行为　　听讲、观察、比较、解释、记录。

教学方式 4　自主探究式

教师行为　　请学生猜测 CO_2 密度的大小，并作出假设：如果 CO_2 的密度比空气大，那么，CO_2 气体应该在空气下面；如果 CO_2 的密度比空气小，那么，CO_2 气体应该在空气上面。请学生设计实验，验证假设。

学生行为　　猜测、假设、设计实验、验证。

在上述 4 种教学方式中，学生的行为是不同的。行为不同，意味着学生主体性发挥程度的不同，学生的感受、体验和所获得的知识也不相同。“被动接受式”学生只能获得“CO_2 的密度比空气的密度大”这一化学学科的基础知识；“自主探究式”学生不仅能获得“CO_2 的密度比空气的密度大”这一化学学科的基础知识，还能初步学会“假说”这一科学方法，并能运用假说法来解决简单的化学问题。

2.5　化学实验教学组织形式的设计

演示实验、学生实验、边讲边实验及化学综合性实践活动等是组织化学实验教学所采用的主要具体形式。每种形式都具有特定的功能和优势。在实际的教学中，究竟采用哪一种形式，要根据教学目标、实验内容本身的特点和学校的具体情况而定。演示实验和学生实验是根据化学教学中实验操作者的不同而进行的一种人为的划分。化学新课程中并没用刻意进行这样的分类。教师可以根据所在学校和学生的特点，来决定某一个实验是采用演示实验还是采用学生实验。化学新课程虽然淡化演示实验和学生实验的分类，但是倡导“学生亲自动手完成实验”。

参 考 文 献

毕华林，傅尚奎，韩庆奎. 1998. 化学实验教学研究. 青岛：青岛海洋大学出版社.
范杰. 2001. 化学实验论. 太原：山西科学技术出版社.
刘知新，梁慧姝，郑长龙. 1996. 化学实验论. 南宁：广西教育出版社.
马建峰. 2006. 化学实验教学论. 北京：科学出版社.
王克勤，马建峰，李万领. 2002. 培养学生化学实验设计能力的教学策略和方法. 中学化学教学参考，(3): 1-3.
文庆城. 2003. 化学实验教学研究. 北京：科学出版社.
郑长龙. 2003. 化学实验教学新视野. 北京：高等教育出版社.

第3章　中学化学实验教学的实施

实验教学是化学教学的重要组成部分，承载着多重教育价值和功能，在化学教学中有着不可缺少和替代的作用。2010年修订的《义务教育化学课程标准》中变化相对较大的就是化学实验和探究学习部分，进一步强调了化学课程目标是以提升学生科学素养为主旨，增添了一些实验教学内容，加强了实验教学要求。因而，可以说化学实验教学质量决定着化学教育教学质量，实验教学的有效实施是发挥实验教学功能的关键环节。

随着基础教育课程改革的实施和深化，化学实验教学的内容与实施形式也在不断改革和优化。化学教学实验按实验主体与性质来分，主要有以教师做为主的演示实验、以学生做为主的学生实验和综合实践活动实验三类，每一类型实验都发挥着不同的教育功能，有着不同的实施策略和实施步骤。

3.1　演 示 实 验

3.1.1　演示实验教学的实施策略

成功的演示实验教学需要教师事先精心准备和筹划，需要根据不同的实验条件和环境采取有效的实验教学策略。

(1) 实验目的明确，要求具体。教师必须清楚演示实验在具体教学中的作用和功能，然后制订详细的实施计划，对学生的要求要具体，如学生在实验过程中应该观察什么、重点观察什么，还应有针对性地指导学生实验观察的方法。学生只有带着任务参与到演示实验中才不至于只会“看热闹”而丢了“门道”。

(2) 采用探究性的演示实验模式。演示实验一般分为验证性演示实验和探究性演示实验。验证性演示实验教学模式是：先介绍化学事实—教师演示实验—观察实验现象—验证化学事实。而探究性演示实验模式：先提出问题—猜想假设—设计实验方案—教师演示实验—观察实验现象—收集数据—验证假设—得出结论。

(3) 精心准备，课前预做。演示实验应提前两周准备，但这不仅是实验员的工作，教师也必须预做实验，检验实验效果，如果实验效果不理想，应分析原因，改进或重新设计实验，创造性地使用和设计实验仪器。在没条件做实验的情况下，教师应从生活中寻找可以利用的实验资料或替代性材料，完成相关的实验教学任务。

在课前，教师应再一次检查实验仪器是否齐全，一些关键仪器应多备一份，所有仪器都应洗刷干净，干燥好需要干燥的仪器；实验药品准备充裕。新教师更应仔细检查，进一步演练实验操作，虚拟课堂情境，练习边演示边讲解和指导学生观察演示实验的教学过程，预想所有可能的意外和应对措施，确保演示实验成功。

(4) 实验装置简洁美观、现象明显。现象应鲜明清晰、操作直观，便于学生观察，实验装置应尽量简单美观。对现象不明显、成功难度大或生成有毒物质的实验，可用多媒体演示或投影仪放大实验现象。对试管实验中生成的沉淀、气体、颜色变化等现象，教师应从讲台走到教室后面让同学观察，也可让学生相互传递“试管”观察，给每个同学提供观察实验的平等机会。

(5) 物品整洁，排列有序。根据需要把实验物品有序地排列整齐放在实验台上，放置原则是方便取用、安全，不至于在操作过程中将药品、仪器打翻，同时还要让教室内任何座位的同学都能看清楚演示实验的操作。用完的仪器药品应及时归位，实验废物及时倒入盛放废物的大烧杯中，把火柴梗熄灭后放入大烧杯，燃着的酒精灯应及时用灯盖盖灭。

(6) 实验操作规范、娴熟。作为课堂教学的组织者，教师对实验的理解、设计、操作等一举一动都会对学生产生潜移默化的影响，良好的实验习惯、娴熟规范的实验操作不但省时且有利于学生保持实验兴趣，还关系着实验成败和学生实验操作技能的掌握。因此，教师必须认真训练实验操作技能，对常规实验仪器和基本操作达到熟能生巧的水平。

(7) 实验描述语与指导观察语要适时、及时、准确、简练。教师演示实验不但要求操作技能规范、娴熟，还要适时、及时地用简练的语言准确描述实验过程，以促进学生对实验操作的准确认识，增强演示实验的示范功能。对过程复杂、用时稍长的实验，学生的精力往往会随着实验时间而转移，关键的实验现象往往稍纵即逝，学生易错过观察的最佳时机，因此，教师应用简单明了的指导观察语及时、适时地提示学生观察实验的操作程序和实验现象，指导学生观察方法，及时提示学生观察重点和一些稍纵即逝或不太明显的实验现象等。教师指导语要具有启发性，以引起学生从实验现象到原因的推断与思考。

(8) 控制节奏，把握时间。演示实验与相关教学环节紧密组合在一起构成完整的课堂教学，同时它又是一个独立的教学环节，有时间限制。演示实验用时与具体实验内容有关。用时过长的实验，学生注意力易转移，往往错失观察实验时机，也会因用时超过预计而影响课堂教学的正常进度；用时过短、实验现象稍纵即逝，学生来不及进入状态，就难以认真、全面地观察实验现象。课前教师应做好充分准备，在整体上控制演示实验的节奏，给学生提供适当的观察机会和任务。

(9) 深刻剖析实验现象，深化实验总结。实验教学的根本目的是教会学生思考、教会学生由表及里的实验现象分析、认识实验反应的本质、学会化学研究方法等，因此，演示实验教学必须做到观察与思考同步，实验与思考并进，启发引导学生自觉探究实验现象与化学本质的关系。有些鲜明的实验现象并不是该实验本质的反映，而有些不太鲜明或稍纵即逝的现象反而是实验反应的本质，因此，应让学生在实验过程中思考实验现象与本质的关系，总结实验结论，引导学生深刻剖析现象中深层次的化学本质，得出正确的实验结论，启迪学生对实验结论的深化思考和迁移应用，延伸演示实验的教学价值。

3.1.2　演示实验教学的实施过程

1. 根据演示实验的开展过程区分

根据演示实验的开展过程可以分为四个程序。

(1) 介绍仪器与药品。演示实验中第一次使用的仪器，如氧气、氢气、氯气等气体制备演示实验中使用的硬质试管、启普发生器、分液漏斗、干燥管等仪器，必须分别介绍它们的构造和特点，使用范围和方法、规范操作、注意事项等都应讲解清楚，以引起学生注意，加深印象。所用药品的颜色状态、气味、保存及在该实验中的作用，都应在实验前交代清楚。若教师采用一些日常用品代替实验仪器、药品所做的创新性设计演示实验，也应该详细介绍使用原理等。

(2) 连接仪器和实验操作。连接仪器、添加药品、开始实验操作，这个过程主要向学生展示实验操作技能，学生通过观摩教师的演示操作熟悉相关仪器的连接方法和操作要领。例如，氧气实验室制法，将整个实验解剖为：组装仪器顺序(遵循由下而上、从左到右的原则)、单孔橡皮塞的配装与打孔、安装导管技能、检查气密性技能、粉末状固体药品取用与装入试管的技能、将试管固定在铁架台上的技能和排水集气法的操作技能。教师必须解剖示范，一举一动都必须规范、准确、协调。这类演示实验，在教师演示后，可让学生上台参与演示操作，操作制备型实验应重点突出这个程序。

(3) 观察并描述现象。在观察描述现象的过程中，学生往往只抓住部分鲜明的特征，忽略了不显眼、瞬息即逝的现象，为培养学生仔细、周密地观察事物的能力，可以采取小组观察讨论法，小组成员相互提示、补充，以小组为单位报告实验现象，这样就可以促进学生的观察能力。

(4) 分析现象得出结论。透过现象看本质这是演示实验的最终目的。引导学生分析现象与本质的联系，得出结论。

2. 根据演示实验的时序区分

根据演示实验的时序分为三个环节：实验前、实验中、实验后，每个环节都有不同的要求。

1) 实验前

上课前将实验所需的仪器、药品等实验材料用安全实验提篮带到教室内，尽量放在比较安全的地方。在课堂教学过程中需要做演示实验时，首先摆放实验仪器。把需要的实验仪器、药品等材料按照安全、使用方便的原则整齐地摆放在讲桌(或者实验台)上，对于试剂瓶、酒精灯等实验仪器必须轻拿轻放。

给学生说明演示实验的主要目的，简要地介绍实验仪器、药品，然后开始安装、连接实验装置(或准备使用的仪器)。

2) 实验中

教师按实验步骤做实验，操作要准确、迅速、规范。讲、演紧密配合并及时提醒学生观察。讲解要有针对性、有序性和灵活性，要把握好实验的层次和时机。讲解应详略得当，总结要简明扼要，引导学生认识化学现象的发生和变化过程。对一些仪器的使用方法或难度较大的实验操作方法教师应特别放慢速度示范演示，并强调注意事项，调控课堂氛围，争取让每一个学生都能清楚地看到实验操作过程和出现的现象，并适时启发学生思考。

3) 实验后

启发、引导学生汇总并分析实验现象，得出实验结论。引导学生将实验结论延伸应用或者对同类实验进行对比，从个别实验归纳到一般结论或者从一般实验结论演绎、推断个别实验现象等。

实验完毕，拆卸实验仪器，把仪器、药品放回实验提篮。把实验后的废液倒入废液缸内，将废渣等按照绿色化学原则收集处理，而不能乱丢、乱放、乱倒，安全处理实验废物，防止安全隐患。要保持演示桌面的干净、整洁。

3.1.3 演示实验教学中应该注意的问题

(1) 确保实验成功、直面实验失败。演示实验的成败对课堂教学效果有着很大的影响，成功的演示实验能直接促进课堂教学目标的达成，而实验失败能在很大程度上减弱学生的化学学习兴趣并挫伤他们的实验自信心，因此，教师必须事前做好一切准备，确保实验成功。

(2) 时刻注意安全。演示实验必须确保安全，不允许有任何可能伤害师生的事故发生。否则，不但有害师生的身心健康，而且会造成学生对化学实验的恐惧心理，进而导致失去学习化学的兴趣和信心。因此，教师在选择、准备和演示实验时，必须树立安全第一的思想。

3.2 学 生 实 验

学生实验是由学生亲自动手完成的实验。随着化学课程改革和实验教学的深入发展，学生实验的内容与范围也在扩大。学生实验包括随堂实验、学生分组实验、实验习题、研究性学习实验和家庭小实验等。这里重点介绍学生分组实验的教学。

3.2.1 学生分组实验的实施策略

(1) 创造条件，完成实验教学任务。教师应结合具体的教学内容，积极创造条件，通过多种途径，安排和组织学生完成课标规定的化学实验项目。

对于实验条件有限的学校，教师应注意收集日常生活用品和生活资料，应用于实验，以此弥补实验仪器和药品的不足。对于一些实验装置要求不严格的实验，可以使用某些物品作为实验替代仪器。分组配备给学生，实现学生分组探究实验，以达到更佳效果。

有些实验项目可以让学生参与实验准备，给学生布置收集日常生活用品和选择生活资料的任务，因为其来源丰富，完全能满足学生实验的需要，每个学生也会因为参与了实验“准备”而对自己收集的“仪器、药品”格外熟悉和珍惜，实验态度也会格外认真和主动。

(2) 分组策略。如果实验条件允许，尽量采取一人一组，给每个学生提供平等、充分的动手实验机会。如果学校实验室条件无法满足一人一组，要根据学生学习基础、性格特点对学生进行分组，尽量使小组人数少一些，小组同学能起到互补、互助与互促作用，以便最大限度地发挥实验教学的功能。

(3) 指导学生预习。提前 1~2 周时间给学生布置预习任务，并指导学生预习实验的方法，如查找与实验相关文献、资料的方法，设计实验方案，把一些实验操作步骤、实验观察要点和结果的记录做成表格，理清思路，方便记录等。有条件的学校可以开通网络实验平台，给学生提供实验或实验操作录像，促进学生熟悉实验流程，为开展实验做好充分准备。

(4) 教师合作，增大师生比，加强实验指导。一般一个班级一位化学教师，开展实验指导一位教师指导四五十人，特别是一人一组的情况下，很难完成指导任务。可以与其他化学教师合作完成，相互协助，保证 2~3 名教师指导一个班，才能在实验过程中严格要求学生，指导才能更及时、更细致，实验秩序才能更稳定，才能最大限度地防止实验课流于形式。

(5) 创建轻松、民主、严谨的实验课堂氛围。轻松、民主、严谨的实验课堂氛围能让学生在愉快的学习氛围中轻松、高效地学习，民主、平等的师生关系能促进学生实验的主动性、思维的独立性和创新性，严格的要求能使得学生形成良好的实验习惯和科学的实验品质。

(6) 尽量采用微型化、半微量化实验。这样可以大量节约实验用品和常规仪器，不但实验成本大大降低，而且能很大程度上减少实验药品的用量，减少环境污染。

(7) 做好实验结束工作。实验完毕，教师应对实验情况做好全面总结，包括知识理解、技能掌握、态度与情感等多方面，既要肯定成绩与优点，又要指出问题与不足，提出希望与要求，还要提出实验报告与作业方面的要求，以强化和延伸实验教学效果。

3.2.2 学生分组实验的实施过程

第一步，检查学生预习情况。提问或让学生复述预习的相关内容，要求做到阅读实验说明，理解实验目的，明了实验步骤和注意事项，准备好实验报告。对于实验习题，应提出实验方案和需用的仪器和药品等。在这一过程中学生可以相互弥补预习的不足，进一步熟悉实验内容。

第二步，教师讲解与示范演示。教师讲解实验的具体要求、对第一次使用的仪器或遇到的实验操作进行演示操作，强调注意事项，尤其涉及实验成败关键步骤的操作或安全问题的内容，更应重点强调。

第三步，学生做实验、教师巡回指导。严格要求学生规范实验操作、按要求取用药品用量，教师仔细观察学生的每一个操作，发现问题及时指导，如果是集体性的问题，应该面对集体讲解或纠正；耐心给学生提供咨询和建议，在学生遇到困惑时给予启发、鼓励与帮助，如果遇到与预期现象或结果不一致也难以找到原因时，教师应以实践者的身份参与到学生中去，一起探究原因。对实验失败的学生给予启发、指导和鼓励。

第四步，做好实验总结与评价。教师指导学生记录实验现象，分析与总结，整理实验结果，提问或者让学生报告实验现象。然后，评价这次实验，先让学生自评、互评，最后，教师给予总体评价与总结，肯定优点、给予鼓励与表扬，指出不足，提出新的要求。最后布置实验报告填写任务，必须严格要求学生以实事求是的科学态度对待实验过程和结果。

第五步，实验结束。应指导学生拆卸实验装置、集中收集实验废物、洗刷实验仪器，打扫实验室卫生。

3.2.3　学生分组实验实施中要注意的问题

(1) 每次上实验课时，要检查实验用品是否齐全，桌上的实验用品应摆放整齐有序。做实验时，必须按照规定的步骤和方法进行，注意安全，并实事求是地做好记录。

(2) 实验完毕后，按照要求拆卸实验装置，把仪器中的废物倒入废液缸里，把要回收的物质倒在指定的容器里，然后把仪器洗涤干净，放回原处，以培养学生的环保意识。经老师检查，认可后方可离开实验室。

(3) 时刻注意安全，发现隐患及时排除或报告。学生多实验药品用量大，实验室空间小，通风条件差，学生操作技能不熟练、不规范甚至违规操作，特别是强酸类、强碱类的洒落和有毒性气体的生成等都可能造成安全事故，应时刻警惕，防止师生受到伤害。

3.3　化学综合实践活动实验

3.3.1　化学综合实践活动实验的含义

化学综合实践活动是指在教师引导下，以学生为核心的一种自主进行活动和体验过程的综合性学习活动，是基于学生的经验，密切联系学生自身生活和社会实际，体现对知识的综合应用的实践性课程。综合实践活动是国家规定的必修课，它包括研究性学习、社区服务与社会实践、劳动与技术教育等领域，并渗透信息技术教育。

在当今生活生产中，几乎所有领域都离不开化学知识及其产品，因此，以实验为基础的化学在综合实践活动的问题解决中担任着重要角色。化学知识运用于综合实践活动的一种主要形式是实验探究，我们把这类实验称为“化学综合实践活动实验”。这类实验是以学生为主体，有目的、有计划、有组织地指导学生开展，通过他们的亲身体验和学习，促进学生科学素养全面提高的一种实验教学组织形式。它强调“实验、自主、体验、开放、整合”，化学综合实践活动实验具有的特点是：目标的预设性和生成性、主题的社会性与开放性、内容的综合性与实践性、学生活动的自主性与灵活性等。

3.3.2　综合实践活动实验的实施

综合实践活动实验只是综合实践活动的一个环节，是实践的一部分。一般分为4个阶段。

1. 选题阶段

学生是综合实践活动的主角，教师应指导学生选择综合实践活动主题的方法和策略，在学生需要帮助时为学生出谋划策，为学生的自主探究创造条件。选题的过程也是锻炼学生、提高学生能力的过程。教师创设问题情境，激发他们的灵感，但是不能剥夺他们思考的权利、给他们提供现成的题目。教师应善于倾听学生，给学生表达自己想法的机会，可以带领学生到广阔的社会中进行观察，发现生活中的问题，鼓励学生自主选择，亲身体验，引导他们去选择研究有助于他们发展的积极健康的课题。

2. 准备阶段

确定好研究主题后，教师指导学生制订研究方案。研究方案应包括从哪些维度展开课题研究、大约需用的时间、小组人员的分工、需要哪些文献资料，据此制订研究方案，列出所需的主要仪器和药品等。学生对课题做了大体规划以后，教师要及时与学生交流，讨论研究方案和实验设计方案的科学性和可行，并修改完善。然后，学生准备实验所需的材料(主要包括仪器、药品和相关资料等)。教师(包括化学教师和其他相关学科的教师，甚至相关的专业人员)都应给予热心帮助，提供咨询、观察、启发和指导以及提供相关的实验用品与资料。要求学生进一步明确实验目的和要求、熟悉实验步骤和注意事项。

3. 实验阶段

这是综合实践活动的中心环节，学生实验可能不成功，也可能浅尝辄止，如不能获得理想的实验效果，教师应引导学生拓宽研究思路，修正实验方案，进一步实验。在整个活动过程中并非是完全按照预定计划进行，在实验过程中以及与相关内容的研究中会不断生成新的主题、新的实验设计，这就需要教师有敏锐的洞察力，善于捕捉和灵活引导学生利用。

4. 总结与点评阶段

实验完毕，教师应引导学生对实验结果或现象做进一步分析研究，把实验现象与结果还原到研究主题中挖掘其社会意义和价值，鼓励学生通过多种方式进行反思，要求每个同学都进行自我总结，给出自己的观点，分享个人的体验和收获，总结经验教训，提高认识，形成技能技巧。

3.4 中学化学实验教学改进与创新

中学化学实验的研究改进与创新是中学化学教师和中学化学研究工作者的一个科学研究课题。中学化学实验研究内容包括对中学化学教材中实验的研究、改进，对新实验、实验习题的设计，化学实验的电化教学技术研究等。

在中学化学实验中，有些实验效果不佳，需要从装置、方法、材料等几个方面进行改进，以取得较好的实验效果；有些为了说明化学原理，需要补充一些实验、设计出新的实验方法和装置，或者将原来复杂的装置和方法进行重新设计，创造出一套新的装置和方法；还有些实验需要进行多方面研究，以获得最佳的实验现象，这都属于中学化学实验研究改进的方法。

3.4.1　实验教学改进与创新的原则

教师在实验改进与创新过程中必须遵守科学性、实用性、可行性、绿色化、趣味性、简易性、综合化等基本原则，创新性地运用教材和生活材料创造实验教学条件从而完成实验教学任务。

近年来，化学教学实验改进与创新的主要特点体现在“追求实验现象鲜明、实验污染小、实验安全性高、实验微型化与设计的综合化”等方面。教师应树立化学教学实验的探究性、绿色化、生活化、微型化和趣味性等教育教学理念，给学生创造轻松愉快的学习氛围，争取为每一个学生提供平等的实验机会(在实验教学中分层次设计和实施)，实验教学应增强科学研究方法、科学态度和科学品质的教育。

3.4.2　实验教学改进与创新的方法、策略

1. 演示实验改进与创新

(1) 增添或调整演示实验内容。根据教学实际需要、学校实验教学条件和地区可利用的实验资源特点，调整或者添加一些教育价值较高、贴近日常生活、趣味性强、具有学校或地区特色的演示实验内容。

(2) 改进与创新演示实验仪器与装置。分析、研究原有实验仪器、装置的缺点和不足，改进实验装置，创新设计实验仪器和装置等，都可以提高演示实验的教学效果。对一些有毒实验的反应装置进行改造，减少有害物质在实验过程中对师生和环境的影响，把实验装置组合成封闭的、可以转化或吸收有害物质的整套装置。

实验条件有限的学校，可采用生活用品替代实验仪器，或者制作一些简易实验装置。例如，用废弃的饮料瓶和小药瓶作反应容器，用贝壳和鸡蛋壳代替碳酸钙，用食用碱代替碳酸钠等，培养学生的实践能力和资源建设的意识。

对一些条件较好的学校，应积极开展改进、创新教师演示实验和学生实验的活动，创造条件让学生接触一些先进的实验仪器和设备，努力提高实验条件和实

验手段的现代化水平。

(3) 优化实验设计。对一些实验成功率低、操作复杂、难度大或者污染性较强的实验进行优化设计，从实验流程、操作方法和实验现象等方面进行优化改进和创新。

(4) 改进与创新演示实验教学方式。演示实验一般由教师演示，学生观察，对一些合适的实验内容也可以让学生参与演示，并对学生演示出现的问题进行分析和评价来促进学生对实验的注意和主动学习。

(5) 应用电化教学手段。对一些难做、难成功、现象不明显、有毒的实验可利用多媒体课件演示、放映实验录像等方式完成演示实验。但是使用多媒体等演示实验都不可以代替常规实验。例如，可以模拟微观粒子运动，模拟实验变化过程，录制实验，再现实验，模拟错误操作等。对于一些容易出现错误而错误操作又可引起危险的实验，教师不宜直接把错误操作演示给学生看，无论怎样解释往往都也比较抽象，学生只能死记。通过计算机多媒体模拟这些不宜课堂演示的实验，学生能很容易地理解错误的操作带来的危害。

2. 学生实验教学的改进与创新

1) 改进与创新学生实验内容

对教材所列学生实验一些难成功、实验损耗大、毒性大的内容进行调整，选择学校与地方资源有优势的相关实验内容，进一步贴近学生生活，增强学生对实验的兴趣和主动性。在时间、条件允许的学校增添一些特色实验内容。

2) 改进与创新学生实验的仪器与装置

对于学生实验，尤其是初中生实验操作不熟练，实验仪器的使用与损耗较大，因此，尽量采用一些价格便宜、安全且不宜损坏的实验仪器。而这类仪器很多可以从生活材料中获取一些替代品，鼓励学生收集，教师指导学生创造性地制作一些仪器，解决一些生活中的化学问题，能够极大地激发学生学习化学的积极性和主动性。

学生实验仪器药品使用量大，对一些有毒性或者易燃、易爆的实验，会进一步增加危险性。也可以将常规实验仪器进行微型化、半微型化设计，既可以大幅度节省试剂，又可以减少实验仪器的损耗，防止环境污染，避免危险等。

3) 优化学生实验教学设计与实施方案

对学生实验设计应做多种教学设计，从中进行比较选择最适合本校本班学生特点的方案。合理分组，实现小组成员的默契配合、能力互补等优化组合可以提高小组的合作水平。可根据学生知识水平的差异及实验技能不同，搭配分组；且在组内进行合理分工，如装配仪器、领取药品、实验记录等。由于课本实验步骤多以文字描述形式为主，学生需要理解、整理后才能具体操作，影响实验的速度和质量。为了使实验步骤简单、直观、具有可操作性，老师可鼓励学生将实验步骤进行加工、整理。例如，采用图示式或列表式等，把复杂的实验操作程序变得简单有序。

3.5　化学实验教学的评价

化学实验教学评价是指在一定的化学实验教学评价观的指导下，根据一定的化学实验教学目标，运用与之相适应的教学评价手段，通过评价者之间的“协商”，对化学实验教学效果作出价值判断并达成共识的一种过程。

评价体系是导向和指挥棒，实验教学评价直接决定着实验教学的实施与质量。先进的实验教学评价理念，全面、合理的评价内容和科学的评价方式是实验教学顺利实施和教学质量的保证。

3.5.1　化学实验教学评价的理念

实验教学评价是实验教学的重要组成部分，应强化评价的诊断与发展、激励功能，过程评价与结果评价并重；评价标准的制定应清晰、完备，以保证评价的信度与公平性；定性评价与定量评价有效结合，能给学生提供充分展示的机会，并符合学生心理发展不同阶段的特征；评价的方式多样化，评价的主体多元化；评价结果能为学生的学习提供大量的反馈信息，增强学习自信心和学习主动性，能让教师据此作出决策以改进教学。

3.5.2　化学实验教学评价的方式

中学实验教学承载着学生在实验过程中学习活动的多重信息，除了可观测和测量的显性表现之外，还有着隐性的学习结果与无法测量和描述的内在体验。因此，一般主张用质性评价进行实验教学评价，积极倡导活动表现评价、档案袋评价等多种过程性评价方式，关注学生个性的发展，激励每一个学生走向成功。

(1) 活动表现评价。活动表现评价是在学生完成一系列任务(如实验、辩论、调查、设计等)的过程中进行的。通过观察、记录和分析学生在各项学习活动中的表现，对学生的参与意识、合作精神、实验操作技能、探究能力、分析问题的思路、知识的理解和应用水平以及表达交流技能等进行评价。活动表现评价的对象可以是个人或团体，评价的内容既包括学生的活动过程又包括学生的活动结果。活动表现评价要有明确的评价目标，应体现综合性、实践性和开放性，力求在真实的活动情景和过程中对学生在知识与技能、过程与方法、情感态度与价值观等方面的进步与发展进行全面评价。

(2) 学习档案评价。学习档案评价是促进学生发展的一种有效评价方式，给他们表现自己学习进步的机会。学生在学习档案中可收录自己参加实验学习活动的重要资料，如实验设计方案、探究活动的过程记录、实验现象的原始记录与结果分析，实验过程中体验和感受反思，有关的学习信息和资料、学习方法和策略的总结、自我评价和他人评价的结果等。教师应鼓励学生根据学习档案进行反省和自我评价，将学习档案评价与实验活动整合起来。

通过化学实验教学的档案袋评价，有助于教师和家长了解学生的化学实验学习情况，并对学生的成长和进步的快慢、大小做出较为恰当的判断，从而帮助学生制订进一步发展的计划；同时，学生通过自己的化学实验学习档案可以反思自己的化学实验学习的情况，进行自我评价。一个相对完整和规范的化学实验学习档案袋应由前言、目录、内容、时间、反思与交流六部分构成。

实验评价的形式也可以是书面、口头、实验操作等相结合的形式。此外，部分实验内容也可以通过纸笔测验来测评。

3.5.3 化学实验教学评价的内容与形式

实验教学评价的主要内容是化学实验教学中学生在知识与技能、过程与方法、情感态度与价值观等科学素养的各个方面的发展情况。

实验教学评价，从实验设计、实验过程、实验操作、实验报告、交流讨论、合作意识以及实验态度等方面进行评价。以仪器操作、药品取用、观察记录、实验耗时、结果分析、实验安全、合作精神、实验探究能力、实验态度、物品节约情况、考勤纪律、清洁卫生等方面作为平时评价的小指标体系，对学生进行综合评价。观察、分析学生在实验活动或实验考查中的表现，可以了解、评价学生参与实验的积极性，实验技能的掌握情况，观察、描述和分析实验现象的能力，实验习惯与科学态度，等等。

化学实验考核是实验教学评价的重要手段。只有全面地进行化学实验考核，才能使其最有效地促进化学实验教学质量的提高。全面的化学实验考核应该包括下列十个方面。①知识准备情况：对实验的化学原理、装置原理、操作原理、实验方法知识、有关的元素化合物和试剂知识、仪器知识以及其他重要的有关知识的了解和掌握程度；②实验方案的准备情况：自行设计实验方案的科学性、周密性和可行性，或者对既定方案的熟悉、理解程度；③使用仪器、试剂的技能水平；④实验操作技能水平；⑤实验现象的观察测量、判断和描述情况；⑥在实验过程中发现、分析和解决问题的情况；⑦对实验观测结果进行整理、加工、解释和讨论的情况；⑧实验结果的质和量、速度、结论的正确性等；⑨实验兴趣、参与和投入程度、探索精神和实事求是的态度等；⑩良好实验习惯的形成：遵守实验纪律和实验规范情况，工作的条理性、合作、安全、卫生、环境保护和环境整洁等方面的表现。

化学实验考核的形式有 3 种：①口头考核：以提问或者让学生报告、描述实验的过程、现象、结果的方式进行；②书面考核：以书面测验或者提交实验方案、预习报告、实验报告等书面作业方式进行；③操作考核：以观察、记录学生实验操作情况的方式进行。

3.5.4 化学实验教学评价的实施步骤

实验教学评价应始于实验教学设计，贯穿于实验准备、实验教学整个过程。具体过程包括以下六方面。

(1) 制定评价目标。评价目标与教学的目标有着对应关系，但是实验评价目标的制定还应考虑实验过程中的生成性目标。评价目标应根据实践情况、分层次制定。

(2) 确定评价内容。根据具体的实验内容和实验形式确定实验评价的内容。

(3) 选择评价方式。根据实验类型和实验实施形式来选择评价方式。

(4) 编制评价标准。根据评价目标，编制相对稳定的评价标准，制成表格形式，应用于学生实验过程中。

(5) 实施评价。在课前、课中、课后不同阶段不同内容记录学生的表现或成长记录，收集学生的实验表现与实验结果等相关资料。在学生的实验活动中，应根据评价标准中的每项内容，分别由学生本人、同学和教师进行评定，给出相应的分数等级，并进行综合评定。应采取即时评价，即时反馈学生在实验中的表现及实验结果，即使在演示实验中，学生对实验现象观察的主动性、全面性、准确性、创新性及对实验现象解释与思考的深刻性等都应该作为对学生考核的内容。

(6) 解释实验评价结果。教师给出恰当的评语或分数，对学生的化学学习状况做出客观的总评，对学生表现优秀的方面进行肯定，并指出学生实验中存在的问题，给予鼓励和帮助。

参考文献

郭元祥. 2004. 综合实践活动课程实施过程中的若干问题及策略. 全球教育展望, 198(2): 39-43.
李广洲, 陆真. 2010. 化学教学论实验. 北京：科学出版社.
陆建源. 2010. 新课标下化学分组实验教学策略的研究. 化学教育, (6): 23-27.
文庆城. 2003. 化学实验教学研究. 北京：科学出版社.
熊言林. 2004. 化学教学论实验. 合肥：安徽人民出版社.
张华. 2011. 综合实践活动课程：理念与框架. 教育发展研究, (1): 44-47.

郑长龙，周仕东. 2003a. 化学实验教学评价的新发展——化学实验教学中的档案袋评价方法. 中学化学教学参考，(11): 31-33.
郑长龙，周仕东. 2003b. 化学实验教学评价观的发展. 化学教学参考，(8-9): 6-9.
中华人民共和国教育部. 2003. 普通高中化学课程标准(实验). 北京：人民教育出版社.
中华人民共和国教育部. 2012. 全日制义务教育化学课程标准(修订版). 北京：北京师范大学出版社.

第 4 章　化学实验室的安全

化学实验室的安全是保证实验顺利进行的重要前提条件，所以必须重视，不能麻痹大意。首先，在化学实验时，一定要严格遵守安全守则，以防失火、爆炸、中毒及其他事故的发生。其次，还要掌握基本救护措施，如遇意外事故发生，能够及时处理和简单自救。此外，为保证实验室及周围环境不受污染，还要对实验室的“三废”进行及时有效的处理。

4.1　实验室的安全守则

(1) 实验前预习实验内容，了解实验原理、操作及注意事项。

(2) 了解实验室的环境，熟悉水、电、气阀门，急救箱和消防用品的放置地点以及使用方法，了解废液池的存放地点。

(3) 实验中有异常状况，应立即停止实验并及时报告老师，妥善处理，切勿私自变更实验程序；打翻药品试剂及器皿时，应及时清理。

(4) 避免用湿的手和物品接触电源；水、电、煤气(液化气)一旦使用完毕，应立即关闭开关和电闸；点燃的火柴用后立即熄灭，不得乱扔。

(5) 严禁在实验室内饮食、吸烟，不能把餐具带进实验室；使用移液管时用洗耳球吸，不要用嘴直接吸；实验时穿实验服，不得穿拖鞋，不能戴隐形眼镜，留有长发者，戴帽套将头发卷入套内或以橡皮圈束于脑后，以防止引发危险或污染实验，实验完毕洗净双手。

(6) 钾、钠和白磷等暴露在空气中易燃烧，钾、钠应保存在煤油中，白磷可保存在水中，取用时要用镊子；一些有机溶剂(如乙醚、乙醇、丙酮、苯等)极易引燃，使用时必须远离明火，用毕立即盖紧瓶塞。

(7) 混有空气的不纯气体(如 H_2、CO 等)遇火易爆炸，操作时勿接近明火，点燃气体之前，必须先验纯；某些强氧化剂(如氯酸钾、硝酸钾、高锰酸钾等)或其混合物不能研磨，否则将引起爆炸；各种化学药品及试剂不能随意混合，以免发生意外事故。

(8) 倾注药剂或加热液体时，要规范操作，以防溅出，尤其是具有强腐蚀性的浓酸、浓碱，要避免溅到眼睛、皮肤或衣服上；稀释浓硫酸时，应将其慢慢倒入水中，以防迸溅。

(9) 闻气味时不要俯向容器，应面部远离容器，用手把逸出容器的气流慢慢地扇向自己的鼻孔；对于产生有毒、有害气体(如 H_2S、HF、Cl_2、CO、NO_2、Br_2 等)的实验，必须在通风橱内进行。

(10) 有毒药品(如重铬酸钾、钡盐、铅盐、砷的化合物、汞的化合物、氰化物等)不得进入口内或接触伤口，剩余的废液要回收处理，不能倒入下水道；用剩的有毒药品要及时归还给教师进行保存。

(11) 金属汞易挥发(瓶中要加一层水保护)，并能通过呼吸进入人体内，逐渐积累会引起慢性中毒。取用汞时，应该在盛水的搪瓷盘上方操作；做金属汞的实验应特别小心，不得把汞洒落在桌上或地上，一旦洒落，必须尽可能收集起来，并用硫粉盖在洒落的地方，使汞转变成不挥发的硫化汞。

(12) 洗涤后的试管等容器应放在规定的地方(如试管架上)干燥，严禁用手甩干，以防未洗净容器中的酸、碱等液体伤害别人或损坏衣物。

4.2　实验室常见事故的预防与事故处理

4.2.1　实验室常见事故及原因

(1) 烫伤：由于操作不慎，接触高温玻璃仪器或液体造成。

(2) 玻璃割伤：安装仪器时用力过猛或违反操作规程，使玻璃仪器破损而划伤皮肤。

(3) 化学品灼伤：强腐蚀性物质(如浓酸、浓碱、液溴、苯酚等)不慎溅在皮肤上或溅到眼里引起的灼伤。

(4) 吸入刺激性或有毒气体：用鼻闻鉴别化学物质时方法不正确；制取有毒气体时，有毒尾气未被充分吸收；实验室未安装通风设备或通风效果不好。

(5) 毒物进入口内：用嘴直接吸移液管；在实验室饮食，用被药品污染的手拿取食物等。

(6) 体表吸收有毒物：接触有毒物质时没有戴防护手套。

(7) 起火与爆炸：使用易燃物时不小心；药品用量过大或错误使用，造成剧烈反应。

4.2.2　实验室常见事故的预防与事故处理

1. *烫伤*

预防措施：不要俯视加热的液体；浓缩溶液时，特别是有晶体出现之后，要不停地搅拌，尽可能戴上保护眼镜；不要用手去拿刚加热过的玻璃仪器，可使用坩埚钳或垫毛巾；使用高温液体或对液体加热时，液体不得盛装过满，不要随意移动；加热盛有液体的试管，使用电烙铁时，都应严格按操作规程进行操作。

救护方法：轻度烫伤可涂擦饱和 $NaHCO_3$ 溶液或将 $NaHCO_3$ 粉调成糊状敷于伤处，也可抹獾油或烫伤膏、京万红等药膏。注意不要用冷水洗涤伤处，不要弄破水泡，以防感染。伤势严重时，应立即就医。

2. 玻璃割伤

预防措施：从胶塞中装卸玻璃管等物时，可用湿布包裹，并滴加少量水润滑，手要持管的前端，用力大小要适当。

救护方法：伤处不能用手抚摸，伤口较小且无碎玻璃时，可敷止血消炎药并用纱布包扎或使用创可贴；如果伤口内有碎玻璃，要小心取出后，再进行上药、包扎处理；如果伤口较大，要用手或止血带压迫伤口进行止血，并迅速送往医院救治。

3. 化学品灼伤

预防措施：使用酸、碱、强氧化性溶液等试剂时，必须按操作规程进行；操作时可戴防酸、碱手套和保护镜加以防护。

救护方法：可先用大量水冲洗。酸烧伤时先用饱和 $NaHCO_3$ 溶液(或稀氨水、肥皂水)洗，然后用水冲洗，最后涂敷碳酸氢钠软膏；碱烧伤时先用 1%~2%乙酸溶液或饱和硼酸溶液洗，然后用水冲洗，涂凡士林或烫伤药膏；如果酸溅入眼内，用大量水冲洗后，用 3%$NaHCO_3$ 溶液洗眼；碱溅入眼内，立即用 1%硼酸溶液冲洗，严重时立即就医。有条件的实验室应安装洗眼器。

4. 吸入刺激性或有毒气体

预防措施：用鼻闻鉴别化学物质时一定要采用正确方法；安装有毒尾气吸收装置和通风设备；制备有毒气体时，一定要在通风橱内进行。

救护方法：吸入氯、氯化氢气体时，可吸入少量乙醇和乙醚的混合蒸气使之解毒；吸入硫化氢或一氧化碳气体而感到不适时，应立即到室外呼吸新鲜空气；但应注意氯、溴中毒不可进行人工呼吸，一氧化碳中毒不可使用兴奋剂，不可用冷水泼。

5. 毒物进入口内

预防措施：不要用嘴直接吸移液管；在实验室中不要饮食。

救护方法：毒物入口时，要迅速吐出；如果已咽下，用手指伸入咽喉处进行催吐；也可服促吐剂(30g 硫酸镁溶于一杯水)、肥皂液或蓖麻油促使呕吐，严重时要送往医院抢救。

6. 体表吸收有毒物

预防措施：接触有毒物质时戴上塑料或橡胶手套，如果手套有破洞，要及时更换。

救护方法：如果有毒物质接触皮肤，应立即用大量水冲洗，然后用肥皂水清洗。要避免用有机溶剂清洗，因为有机溶剂多数情况下只能加速吸收。

7. 起火与爆炸

预防措施：严格遵守药品的使用规则和管理办法；认真检查仪器质量和气路；做可燃性气体实验时要通风，避免明火；有爆炸物生成时要及时处理。

救护方法：爆炸发生时，应冷静、镇定，根据爆炸原因迅速分析是否有可能再次发生爆炸，并及时排除爆炸的隐患；爆炸中如果生成有毒物质，应根据需要将有关人员疏散撤离。如果爆炸引发起火、创伤、烧伤、中毒等要立即分别处理。

4.3　安全用电常识

很多化学实验都需要使用电器，所以掌握基本的用电安全知识是非常必要的。

4.3.1　实验室安全用电安全常识

(1) 要定期检查供电线路安全状况。开关和熔断器是否装在火线上(零线上不能安装开关和保险丝)，开关和熔断器及电器周围是否存有易燃物，供电线路是否有供电隐患等。

(2) 了解实验室中电源总闸所在的位置，以利于迅速切断电源。

(3) 电器设备应有良好的绝缘装置，金属外壳应接地。

(4) 不得带电安装或修理电器设备；不能用电笔试高压电。

(5) 操作电器时，手必须干燥，以防触电。

(6) 禁止不接插头就将裸头导线直接插入插座中用电。

(7) 仪器设备使用的电源(交流电还是直流电、三相电还是单相电)、电压要符合要求。

(8) 防止设备超负荷工作，使用符合规定安培数的保险丝，不能用铜丝代替保险丝。

(9) 电器在使用时，人员不能离开电器并注意电器运行状况，一旦有异常情况，立即关机停止使用。

(10) 实验结束时，先切断电源，然后拆除电路；不要用拉电线的方法拔掉电源插头。

4.3.2　用电事故现场救护

(1) 如果有人触电，立即关掉电源开关，或用绝缘体切断电源，迅速让受害者脱离电源。如果用钢丝钳剪断电线时，一定要用带绝缘护套的钢丝钳，并分别剪断火线和零线，同时剪断火线和零线会造成短路。

(2) 如果触电者心跳停止，要立即进行抢救，做人工呼吸和人工心脏挤压来维持血液循环，同时送医院抢救。

(3) 发生电器火灾，首先切断电源，尽快拉闸断电后再用灭火器灭火。如果需要在不断电情况下争分夺秒控制火情，就要使用不导电的灭火剂来扑灭火焰，注意不能用水或泡沫灭火器来灭火，而要用干粉、二氧化碳等灭火器灭火。

4.4　消 防 安 全

化学实验室存放着较多的易燃、易爆、有毒的化学药品，如果实验过程中不慎起火，应根据具体情况采取必要而有效的灭火措施。因为物质燃烧需要空气和一定的温度，所以灭火的原则是降温或将燃烧的物质与空气隔绝。

4.4.1　化学实验室常采用的灭火措施和方法

(1) 在加热时着火，应立即停止加热，切断电源，将一切易燃易爆物移至远处。

(2) 电器设备起火，先切断电源，再用二氧化碳或四氯化碳灭火器灭火，也可使用干粉灭火器或 1211 灭火器灭火，不要使用泡沫灭火器以免触电。

(3) 实验人员衣服着火，不要惊慌乱跑，应赶快将衣服脱下或用石棉布覆盖着火处，也可卧倒打滚，以起到灭火的作用。

(4) 火较小时，用湿布、石棉布或砂子等覆盖燃烧物，即可灭火。火势大时可用灭火器灭火。活泼金属如钠、钾、镁、铝以及白磷等着火，宜用干砂覆盖灭火，不宜用水、泡沫灭火器以及四氯化碳等灭火。有机溶剂着火，切勿用水灭火，应使用二氧化碳灭火器、沙子或干粉灭火器等灭火。

(5) 火灾发生时，要冷静，及时拨打“119”报火警并安全疏散。

4.4.2　灭火器常识

1. 使用方法

(1) 拔下保险销；

(2) 一手握紧喷管，另一手捏紧压把；

(3) 喷嘴对准火焰根部扫射。

2. 常用灭火器种类、灭火原理及其使用范围(表 4-1)

表 4-1 常用灭火器种类、灭火原理及其使用范围

名称	灭火原理	使用范围
泡沫灭火器	此种灭火器是由 $Al_2(SO_4)_3$ 和 $NaHCO_3$ 溶液作用产生大量的 $Al(OH)_3$ 和 CO_2 泡沫，泡沫把燃烧物质覆盖与空气隔绝而灭火	用于一般失火及油类着火。因为泡沫能导电，所以不能用于电器设备着火
四氯化碳灭火器	此种灭火器内装液态 CCl_4。CCl_4 沸点低，相对密度大，不会被引燃。所以，把 CCl_4 喷射到燃烧物的表面后 CCl_4 迅速气化，覆盖在燃烧物上而灭火	用于电器设备及汽油、丙酮等着火
1211 灭火器	此种灭火器内装 1211(CF_2ClBr)液化气，用装在筒内的氮气压力将 1211 灭火剂喷射出灭火，灭火效果好	用于油类、有机溶剂、精密仪器、高压电器设备着火
二氧化碳灭火器	内装液态 CO_2 把燃烧物质与空气隔绝而灭火	用于电器设备失火及忌水的物质着火
干粉灭火器	内装 $NaHCO_3$ 等物质和适量的润滑剂、防潮剂。此种灭火器喷出的粉末能覆盖在燃烧物上，形成阻止燃烧的隔离层，同时它受热分解出 CO_2，能起到中断燃烧的作用，因此灭火速度快	用于油类、电器设备、可燃气体及遇水燃烧等物质的着火

4.5 实验室“三废”处理及综合运用

实验室中所产生的有毒气体、液体和固体，称为实验室的“三废”。如果“三废”不经处理而直接排出会污染空气、水源、生态与环境，损害人体健康，而且“三废”中的贵重成分和有用成分未能回收，在经济上也造成一定的损失，因此，实验室的“三废”需经一定的处理才能排弃或利用。

4.5.1 废气处理

1. 液体法

适用于极易溶于某种液体的气体。例如，将酸性气体 Cl_2(尾气)通入浓 NaOH 溶液中吸收。对于极易溶于水的气体可采用水吸收法，如 HCl、NH_3 就是通过导管和与之相连的倒置的漏斗通入水中而吸收掉的。

2. 燃烧法

适用于可燃烧的气体。如 CO、H_2S、CH_4、C_2H_2、C_2H_4 等气体都可采用这种方法进行处理。如果实验中产生的气体量太少不足以点燃时，可将气体通入到持续点燃的火源中。

3. 袋封法

适用于各种气体的尾气处理。《高中化学》(第二册)在“CO 还原 Fe_2O_3”的演示实验中采用的就是这种方法，即将没有参加反应的 CO 和反应中产生的 CO_2 通入到一个密封的塑料袋中，实验结束后再将气体处理掉，不过这种方法因为塑料袋的体积限制而使所处理的尾气量较少。

4. 固体法

适用于极易被某种固体吸收的气体，如酸性的气体 Cl_2、CO_2、SO_2、NO_2 等，可用碱石灰来吸收。

4.5.2　废液处理

实验室中的废液不能直接冲入下水道，必须倒入废液缸内，经处理后再排放。

(1) 一般的酸碱废液在中和后可排放。

(2) 含有重金属离子或汞盐的废液，可加碱调至 pH 为 8~10 后，再加硫化钠处理，使其毒害成分转变成难溶于水的氢氧化物或硫化物沉淀，分离后埋入指定地点。

(3) 铬酸洗液尽量少用或不用，用过的废液可加入 $FeSO_4$，使 CrO_4^{2-} 还原为无毒的 Cr^{3+} 后，按普通重金属离子废液处理。

4.5.3　废渣处理

无毒废渣可在指定地点深埋，有毒废渣必须交有关专业部门进行处理。

实验室的“三废”中也包括实验产物，能够进行综合利用。前一实验的产物可作为后续一些实验的反应物，如“粗盐提纯”实验中得到的氯化钠可用在“配置溶液”实验中。实验室“三废”的综合利用是实验室管理的重要内容之一，有待于进一步研究和实施。

参 考 文 献

古凤才，肖衍繁. 2000. 基础化学实验教程. 北京：科学出版社.
马建峰. 2006. 化学实验教学论. 北京：科学出版社.
王秋长，赵鸿喜，张守民，等. 2003. 基础化学实验. 北京：科学出版社.
王希通. 1990. 化学实验教学研究. 北京：高等教育出版社.
郑长龙. 2002. 化学实验教学论. 北京：高等教育出版社.
中学化学实验教学编写组. 1998. 中学化学实验教学. 石家庄：河北教育出版社.

第二篇　中学化学基础实验研究

中学化学基础实验是学生掌握实验基础知识和基本技能，锻炼实验基本能力的重要内容。本部分选入了 16 个中学化学基础性实验。在中学化学教学中，“通过典型的化学实验事实来帮助学生认识物质的性质及其变化的本质和规律”是很重要的。对于那些将要从事中学化学教学工作的大学生乃至研究生来说，这些实验的规范化演示操作是其教学技能的必要组成部分。在这些实验中，要求实验者以中学化学教师的身份按照中学化学课堂演示实验的要求去完成实验，熟悉并掌握这些重点、难点实验的规范化操作及典型实验仪器装置的安装和使用，体会中学化学实验教学的特点和一般规律。进而在此基础上研究仪器和试剂的选用、装置和方法的改进、实验方案的设计与选择，切实培养自己的实验教学及研究能力。

第 5 章　化学实验基本操作

实验 1　简单玻璃管的加工技术

[实验目的]

(1) 了解酒精喷灯的构造原理，掌握调试和使用方法。

(2) 通过制作各种角度的弯管、尖嘴管等操作，掌握玻璃管简单加工的技术。

(3) 初步体验实验研究过程中自主探究与合作交流的好处。

[问题研讨]

(1) 常用的酒精喷灯有几种类型？各自的工作原理是什么？

(2) 向座式喷灯灯体中注入酒精时既不要注入过满又不要过少，还不准漏气，为什么？

(3) 使用挂式喷灯时，为什么有时会出现“火雨”现象？应如何避免？

(4) 点燃和熄灭喷灯时应注意什么？为什么？

(5) 断、弯、拉玻璃管各应注意什么问题？

(6) 玻璃管加工过程中有哪些不安全因素？如何避免？

[实验方案设计]

本实验是所有实验的基础。学会简单的玻璃管加工技术是本实验的重点，实验设计都应围绕这个问题进行。

(1) 参照[相关资料链接]1 学习酒精喷灯的使用。

(2) 参照[相关资料链接]2 学习玻璃管的断、弯、拉技能。

(3) 每人选择各种角度的弯管、尖嘴管、玻璃燃烧匙等进行加工操作实验。

[教学策略设计]

(1) 课前：布置预习。让学生课前预习酒精喷灯的构造原理，熟悉使用方法，了解玻璃管简单加工的技术，做到实验前胸有成竹。

(2) 课初：熟悉方案。师生讨论问题研讨中的问题，使他们进一步明确实验原理、操作要点，强调实验操作过程中的注意事项和违反操作规范和程序可能引起的危害。

(3) 课中：规范操作。学生 2 人一组，密切配合，规范操作，真实记录，根据教师的授课要求，完成相关内容的学习。

(4) 课尾：分析评价。分析实验过程中出现的各种问题，学生汇报交流实验现象和实验结论，并进行评价。

(5) 课后：总结反思。根据要求写出实验报告。

[实验操作过程]

(1) 根据自己设计的方案进行实验操作。

(2) 实验过程中，要规范操作和遵守实验注意事项，可以 2 人合作进行。

[实验教学反思]

1. 实验报告

(1) 总结玻璃管的断、弯、拉的操作要点和注意事项；

(2) 自己在本次实验中的成功经验或失败教训；

(3) 对本实验的改进或其他创新性想法。

2. 教师对学习者的总体表现进行评价(一般放在下次实验之前)

教师从学习态度、方案设计、实验操作技能、实验结果、实验报告等方面进行总结，对实验过程中出现的问题进行分析。

[相关资料链接]

1. 酒精喷灯的类型、构造和使用

1) 酒精喷灯的类型和构造

常用的酒精喷灯有座式和挂式两种，其构造分别见图 5-1、图 5-2。

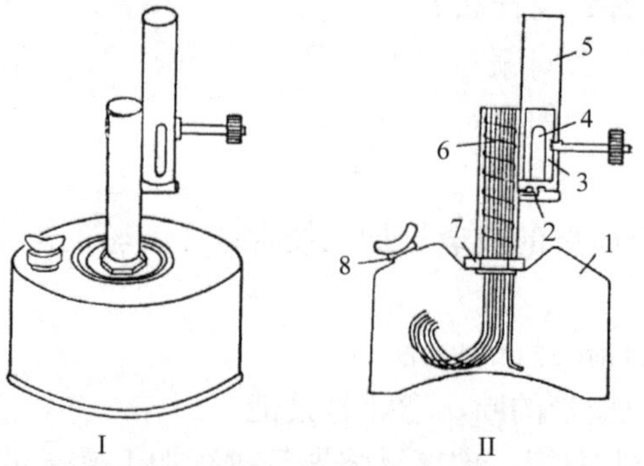

图 5-1　座式酒精喷灯

1-灯身；2-喷口；3-空气调节器；4-空气入孔；5-灯管；6-灯芯管；7-预热盘；8-酒精加入口

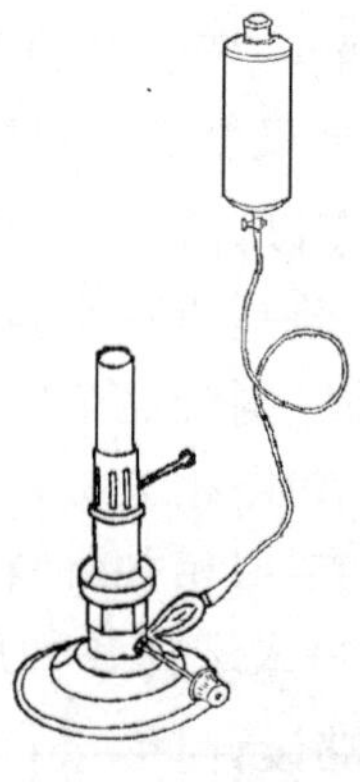

图 5-2　挂式酒精喷灯

2) 座式酒精喷灯的调试和使用

(1) 拧开灯身上酒精加入孔的螺旋盖，通过漏斗注入酒精至灯壶总容量(约 350mL)的 1/4~2/3。不得注满，也不可过少(若加入过多，在点火时容易喷出未气化的酒精；若加入过少，容易烧焦灯芯)。加完酒精后，应将螺旋盖拧紧，保证不漏气。

(2) 将喷灯放在石棉网或石棉板上，往预热盘内注入酒精并点燃。待灯芯管内的酒精受热气化并喷出蒸气时，预热盘内燃着的酒精就会将喷灯引燃。有时也需用火柴直接点燃。

(3) 移动空气调节器，使火焰稳定。酒精喷灯的火焰温度一般为800~1200℃。

(4) 停止使用时，用小块木板覆盖燃烧管口，同时移动空气调节器，加大空气量，灯焰即熄灭。然后稍微拧松旋塞，使灯壶内的酒精蒸气放出。

(5) 喷灯用毕应将剩余酒精倒出。

3) 挂式酒精喷灯的调试和使用

挂式酒精喷灯的基本原理与座式酒精喷灯相似。

(1) 在灯壶中注入总容量1/2(约200mL)的酒精，并将其挂在高处。缓慢打开灯壶下的开关，使少量酒精沿着橡皮管从喷出口流入预热盘中(或直接倒入少量酒精)。关闭开关，同时拧紧酒精蒸气调节器。

(2) 点燃预热盘里的酒精，待盘内酒精将燃尽时，灼热的灯管内酒精气化，打开蒸气调节器，灯管口的酒精随即燃着。

(3) 缓慢打开灯壶开关，控制酒精的供给量，不使酒精成液柱喷出。否则喷出的酒精会着火而形成“火雨”，严重时会引起火灾。

(4) 调节酒精蒸气调节器，使火焰稳定。

(5) 停止使用时，关闭灯壶开关，拧紧酒精蒸气调节器，灯即熄灭。

2. 玻璃管的简单加工

通过玻璃管的加工可以制成试管、量筒、烧瓶、容量瓶、冷凝管以及成套的封闭仪器，加工中的切、熔、拉、弯、吹、接、封等是最基本的操作。在加热玻璃管料时，一是要加热的火焰温度高，使玻璃呈熔融状态；二是玻璃受热部分要均匀。

(1) 断：玻璃管管径小于12mm的用刻痕拉折法切断(图5-3)；管径大于12mm的大玻璃管或瓶类宜用刻痕胀裂法切断(图5-4)。

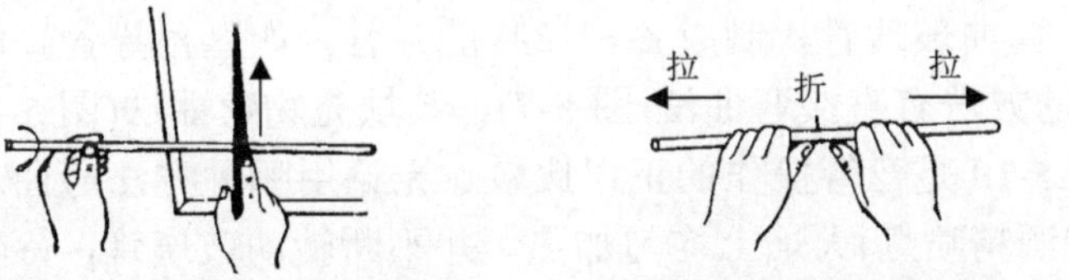

右手将三角锉棱压紧玻璃管上，向前推动，左手使玻璃管反向转动

双手大拇指抵住锉痕的背面，双手同时向外拉，折断玻璃管

图5-3　刻痕拉折法切断玻璃管

用锉刀锉5~6mm长的锉痕，再用毛笔蘸水润湿锉痕

把直径6~7mm的玻璃棒稍拉细，加热成熔珠，迅速紧贴锉痕，使锉痕渐成环状裂痕，再拉折

图5-4　刻痕胀裂法切割玻璃料

(2) 熔：熔就是使玻璃棒和玻璃管的断面熔平，正确操作见图 5-5。

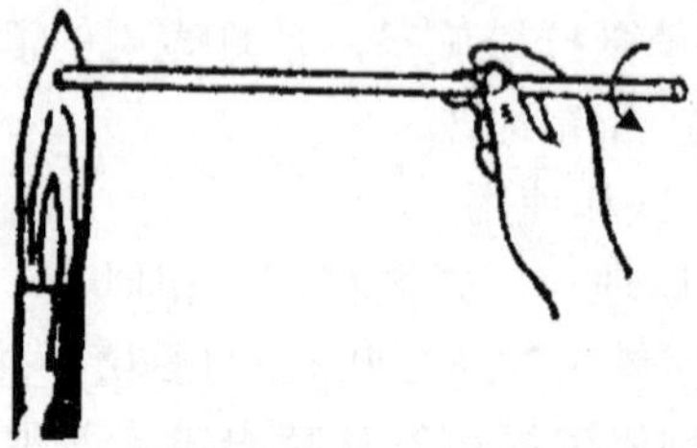

图 5-5　玻璃管或玻璃棒断面的熔平

操作步骤：①把玻璃棒的一端或玻璃管断面放在氧化焰中烧成红熔；②不断旋转棒或管，使它熔融均匀；③使棒或管缓缓离开火焰，让它自然冷却。

(3) 拉：拉就是把玻璃管拉伸，制成滴管和毛细管等。拉制玻璃管的正确操作见图 5-6。

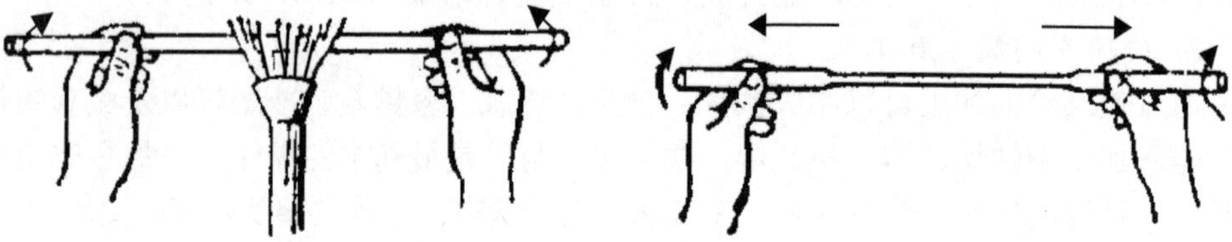

在火焰上转动玻璃管，使它均匀受热　　使熔融的玻璃管在转动时向两头拉伸

图 5-6　玻璃管的拉伸

(4) 弯：弯曲玻璃管，制成各种形状的导管，如直角导管、锐角导管和钝角导管。常用的方法有直接弯曲法(图 5-7)、装填充物弯曲法(图 5-8)和吹气弯曲法(图 5-9)。图 5-10 是弯管操作的正误比较。无论用哪种方法弯曲玻璃管，都要先在煤气灯(或酒精喷灯)火焰上均匀加热，并不断转动玻璃管，待软化后移离火焰弯曲。

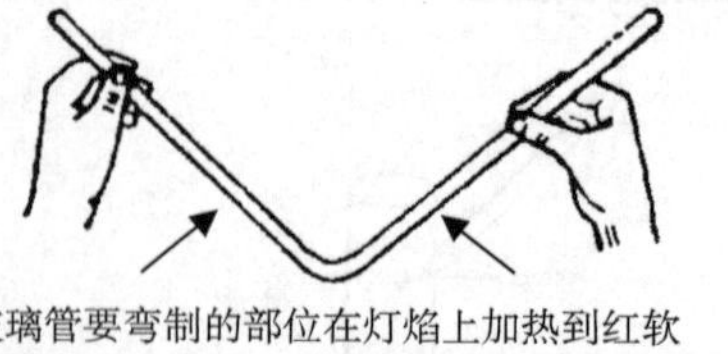

①使玻璃管要弯制的部位在灯焰上加热到红软
②玻璃管离开火焰后，两手用同样力量向内弯到所需的角度

图 5-7　直接弯曲法

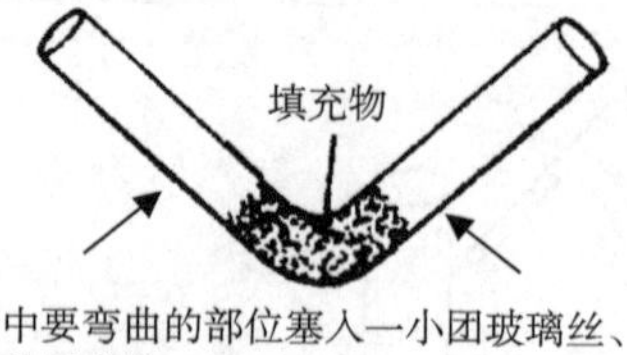

①向管中要弯曲的部位塞入一小团玻璃丝、细沙或干燥的细食盐
②再按直接弯曲法弯曲

图 5-8　装填充物弯曲法

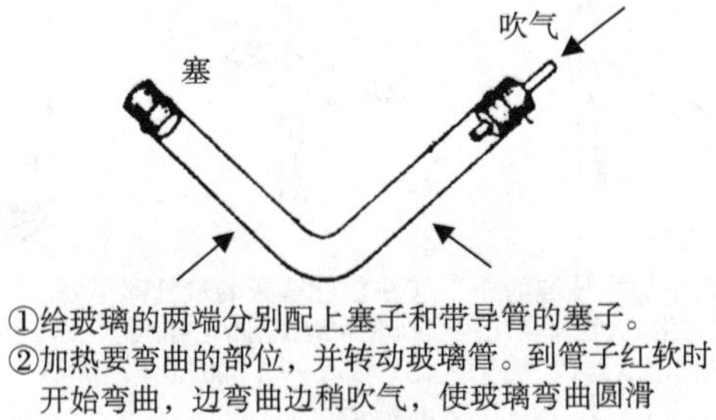

图 5-9 吹气弯曲法

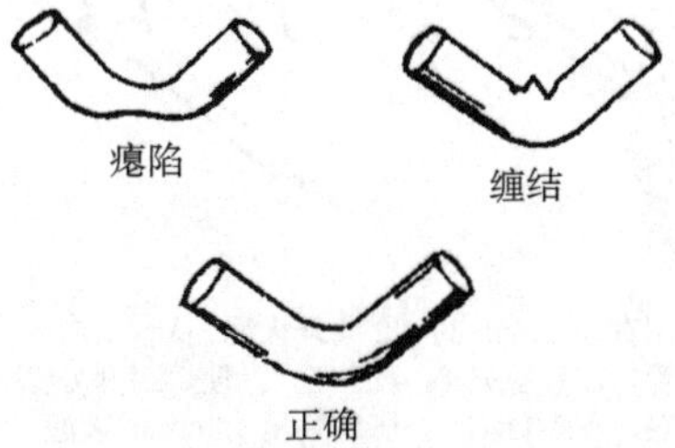

图 5-10 弯管操作的正、误比较

(5) 吹：用吹的方法给玻璃管开孔，它的正确操作见图 5-11。

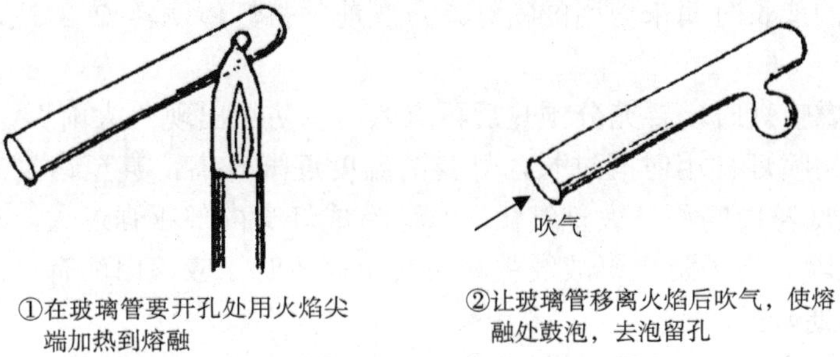

图 5-11 给玻璃管开孔

(6) 封：熔封玻璃管。熔封玻璃管的正确方法见图 5-12。

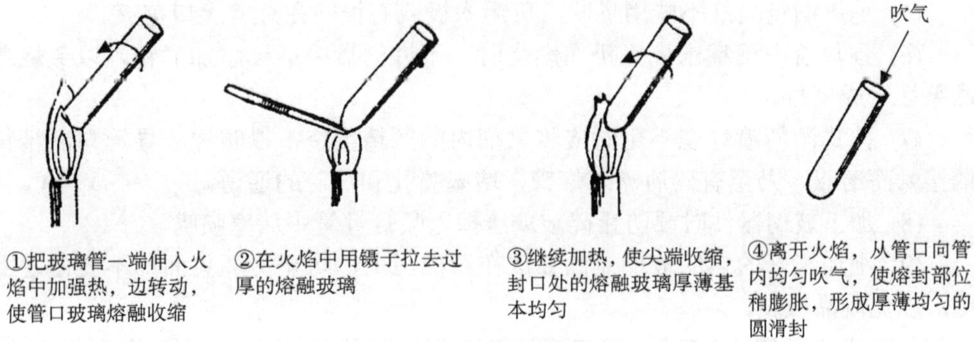

图 5-12 玻璃管的熔封

3. 玻璃燃烧匙的制作

在做钠在氯气中燃烧的实验时，为了避免铜质燃烧匙跟氯气反应，常使用玻璃燃烧匙。这种燃烧匙易损坏，所以要学会自制。正确的操作方法见图 5-13。

①选用直径 6mm 的玻璃管，在高温火焰中加热，不断转动，使一端熔融封口

②离开火焰，从管口向内均匀吹气，使熔封部分膨胀到约呈 12mm 的玻泡

③在火焰中加热玻泡的一边，使它软化，从管口吸气，软化部位凹陷成匙状

④在接近匙旁的玻管部位，边转动边加热，待软化后弯成 90°，即成所需的燃烧匙

图 5-13 玻璃燃烧匙的制作

4. 注意事项

(1) 新的或长时间未使用的喷灯，点燃前须将灯体倒转 2~3 次，使酒精充分浸泡灯芯。

(2) 点燃喷灯时，要充分预热后再点燃，以防止出现“火雨”。

(3) 酒精喷灯使用时间过长，灯身的温度逐渐升高，甚至达到酒精的沸点，这就会导致底座内的酒精大量气化，从而造成灯身内部压强过大，有可能发生灯身迸裂的危险。为了防止事故发生，当底座变热时，应该用沾有冷水的抹布将底座包住，以便降温。

(4) 当座式酒精喷灯正在燃烧时，绝不能打开底座上的酒精加入孔添加酒精。因为这样做很容易引燃从内部扩散的酒精蒸气，而发生意外事故。添加酒精必须停止燃烧，待灯身冷却后，再添加。

(5) 熄灭酒精喷灯不能用嘴吹，可用木板或石棉网在灯管上口盖灭。

(6) 预热盘中酒精未烧完仍在燃烧时，不许向盘中继续添加酒精，以免烧着酒精灯造成事故。

(7) 挂式酒精喷灯在不用时应将吊桶内的酒精倒空，以防橡胶导管与酒精长期接触而溶胀，乃至有碎屑流入灯管，堵塞喷孔和灯芯的通道。

(8) 加工玻璃器件时要防止碎玻璃渣掉入喷灯灯管中堵塞喷嘴。

(9) 刚加工好的热的玻璃制品要放在石棉网上，防止烫坏桌面；不要使之骤冷，以免制品破裂。

(10) 要节约使用玻璃管。碎玻璃管和玻璃渣不要随地乱扔，应放在教师指定处。

参 考 文 献

毕华林，傅尚奎，韩庆奎. 1998. 化学实验教学研究. 青岛：青岛海洋大学出版社.

刘知新，梁慧姝，郑长龙. 1996. 化学实验论. 南宁：广西教育出版社.

马建峰. 2006. 化学实验教学论. 北京：科学出版社.

文庆城. 2003. 化学实验教学研究. 北京：科学出版社.

实验 2　常用仪器的规范操作练习

[实验目的]

(1) 了解常见化学仪器的分类及各种仪器的名称、性能、规格和使用注意事项。

(2) 熟练掌握几种常用简单仪器的规范操作技能，养成规范操作的习惯。

(3) 养成严谨的科学态度。

[问题研讨]

(1) 能用直火加热的仪器有哪些？

(2) 使用酸碱滴定管时，若管内有气泡，应如何消除？

(3) 使用托盘天平时应注意什么问题？

(4) 加热盛有液体的试管时应注意什么？为什么？

(5) 将少量粉末状药品或块状固体装入试管里时应如何操作？

(6) 如何正确操作启普发生器？哪些气体的制取可用启普发生器？

(7) 使用集气瓶收集气体时，有几种方法？如何操作？

(8) 使用容量瓶配制一定浓度的溶液时应注意什么问题？为什么？

(9) 如何用广口瓶和带导管的双孔塞装配成洗气瓶？

(10) 向酒精灯中灌注酒精时应如何操作？需注意哪些问题？

(11) 使用胶头滴管取用少量液体时应注意什么？为什么？

(12) 下列实验操作中所用主要仪器是什么？

(i) 取 48g 蒸馏水________________；

(ii) 试验苯的可燃性并观察其燃烧现象____________________；

(iii) 将煤油和水分离________________；

(iv) 取几小块金属钠________________；

(v) 配制好的饱和溴水应盛放在________________________。

[实验方案设计]

本实验的重点是让学生熟练掌握常用仪器的规范操作技能，养成规范操作的习惯，所以，实验设计应突出学生的实践操作练习，强调操作的“规范性”和“熟练程度”。

(1) 参照[相关资料链接]1 了解常见化学仪器的分类。

(2) 参照[相关资料链接]2 了解常见化学仪器的名称、性能、规格和使用注意事项。

(3) 重复实践训练，熟练掌握几种常用简单仪器的规范操作技能。

[教学策略设计]

(1) 课前：布置预习。让学生课前预习了解常见化学仪器的分类，记住常用仪器的操作方法，做到实验前胸有成竹。

(2) 课初：熟悉方案。师生讨论问题研讨中的问题。使他们进一步明确实验原理、操作要点，强调实验操作过程中的注意事项和违反操作规范和程序可能引起的危害。

(3) 课中：规范操作。学生 2 人一组，密切配合，规范操作，真实记录，根据教师的授课要求，完成相关内容的学习。

(4) 课尾：分析评价。分析实验过程中出现的各种问题，学生汇报交流实验现象和实验结论，并进行评价。

(5) 课后：总结反思。根据要求写出实验报告。

[实验操作过程]

(1) 根据自己设计的方案进行实验操作。

(2) 实验过程中，要规范操作和遵守实验注意事项，可以 2 人合作进行。

[实验教学反思]

1. 实验报告

(1) 总结每个仪器使用的操作要点和注意事项；

(2) 总结自己在本次实验中的成功经验或失败教训；

(3) 总结对本实验的改进或其他创新性想法。

2. 教师对学习者的总体表现进行评价(一般放在下次实验之前)

教师从学习态度、方案设计、实验操作技能、实验结果、实验报告等方面进行总结，对实验过程中出现的问题进行分析。

[相关资料链接]

1. 常见仪器的分类

一般根据仪器的主要用途的不同，可将常见化学实验仪器分为下列 8 类。

(1) 计量类。用于量度质量、体积、温度、密度等的仪器。这类仪器中多为玻璃量器。主要有滴定管、移液管、量筒、量杯等。

(2) 反应类。用于发生化学反应的仪器，也包括一部分可加热的仪器。这类仪器中多为玻璃或瓷质烧器。主要有试管、烧瓶、蒸发皿、坩埚等。

(3) 容器类。用于盛装或储存固体、液体、气体等各种化学试剂的试剂瓶等。

(4) 分离类。用于进行过滤、分液、萃取、蒸发、灼烧、结晶、分馏等分离提纯操作的仪器。主要有漏斗、分液漏斗、蒸发皿、烧瓶、冷凝器、坩埚、烧杯等。

(5) 固体夹持类。用于固定、夹持各种仪器的用品或仪器。主要有铁夹、铁圈、铁架台、漏斗架等。

(6) 加热类。用于加热的用品或仪器。主要有试管、烧杯、烧瓶、蒸发皿、坩埚等。

(7) 配套类。用于组装、连接仪器时所用的玻璃管、玻璃阀、橡胶管、橡胶塞等用品或仪器。

(8) 其他类。不便归属上述各类的其他仪器或用品，如冷凝器、应接管、胶头滴管、表面皿、干燥器、研钵等。

2. 常见仪器的名称和规范操作

下面选择中学常用的仪器进行介绍。

1) 计量类

a. 量筒

量筒有无塞、有塞两类，其定量方式分量出式和量入式(符号 In)两种。量入式量器用于度量注入量器中液体的体积。当液体在量器内时，其体积为从量器分度表直接读取的数值，有塞量筒仅为量入式。无塞量筒两种定量方式都有。中学常用量出式无塞量筒(图 5-14)。

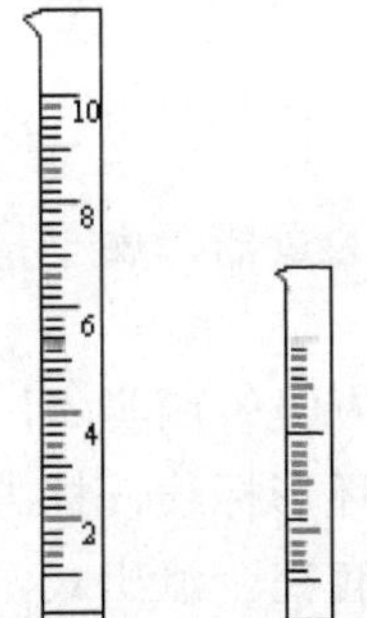

图 5-14　无塞量筒

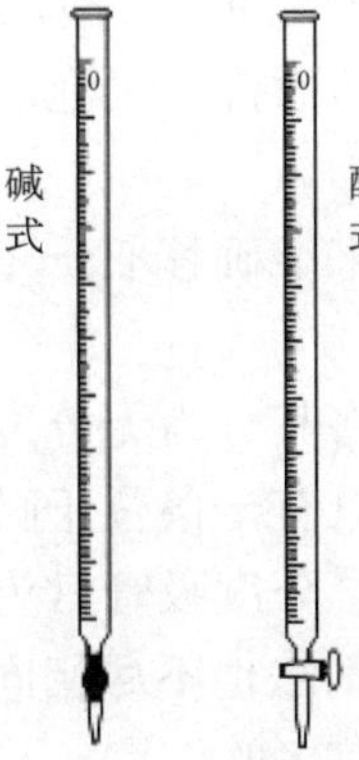

图 5-15　滴定管

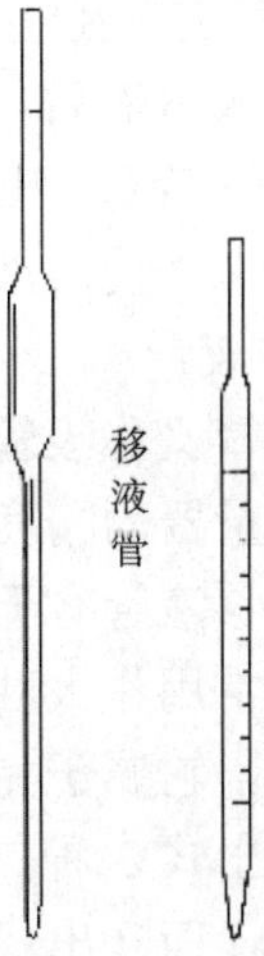

图 5-16　移液管

量筒的分度均匀，其数值按从下到上、递增排列在右侧。最低标线也是最大容积值的 1/10，无零刻度。它的测量精度比量杯稍高。量筒的规格以容积大小区分，常用有 10mL、20mL、50mL、100mL 等多种。

使用注意事项：

(1) 量取液体应在室温下进行。读数时，视线应与液体弯月面底部相切。

(2) 量杯不能加热，也不能盛装热溶液，以免炸裂。

(3) 当物质溶解时，其热效应不大者，可将其直接放入量杯内配制溶液。

b. 滴定管

滴定管是容量分析中专用于滴定操作的较精密的玻璃仪器，它属于量出式。滴定管的种类较多。有的无色透明滴定管在背面涂有一条白底蓝线，便于观察、读数。

中学用于酸碱中和滴定时常使用无阀滴定管和有阀滴定管两种(图 5-15)。无阀滴定管的下部用一小段橡胶管将管身与滴头连接，在橡胶管内放入一个外径大于橡胶管内径的玻璃珠，起封闭液体的作用。因用于盛装碱性溶液，所以常称它为碱式滴定管。有阀滴定管的下部带有磨砂活动玻璃阀(常称活塞)，因宜用于盛装酸性溶液，所以又称它为酸式滴定管。

所有滴定管的分度表数值都是由上而下均匀地递增排列在表的右侧，零刻度在上方，最大容积值在下方，每十条分度线有一个数字。常用 25mL 和 50mL 两种规格。

使用注意事项：

(1) 酸式滴定管可盛除碱性以及对玻璃有腐蚀作用以外的液体，碱式滴定管只盛碱液。

(2) 滴定管在使用之前应检查玻璃活塞是否转动良好，玻璃珠挤压是否灵活。有无漏液现象及阻塞情况。

(3) 滴定管在注入溶液时，应用所盛的溶液润洗 2~3 次，以保证其浓度不被稀释。注入溶液后，管内不能留有气泡。若有气泡，必须排除。其方法是：打开酸式滴定管活塞，让溶液急速下流冲出气泡，或将碱式滴定管的橡胶管向上弯曲、挤压玻璃珠，使溶液从滴头喷出而排出气泡。

c. 移液管

移液管又称吸管，它是用来准确移取一定体积液体的量器，属于量出式，比前面两种量器的精度要高。

根据移液管有无分度，可将其分为无分度吸管和分度吸管两类(图 5-16)。无分度吸管常用作大肚吸管，它只有一条位于吸管上方的环形标线，标志吸管的最大容积量。它属于完全流出式。分度吸管常为直形，它有完全流出式、不完全流出式和吹出式 3 种，分度表的刻法也不尽相同。其中不完全流出式的分度表与滴定管相似，而吹出式的管上标有“吹”字，只有吹出式移液管在溶液放尽后，才需将尖嘴部分残留液吹入容器内。中学常用完全流出式移液管，其规格以最大吸液容积量区分，常用 2mL、5mL、20mL 等多种。

使用注意事项：

(1) 使用前需用移取液润洗 2、3 次。

(2) 移取液体时，管尖应插入液面下，并始终保持在约 1cm 左右。用吸气橡皮球(又称洗耳球)抽吸液体至刻度线以上 2cm 处时，迅速用食指按住上口，辅以拇指和中指配合，保持吸管垂直，并向左或右旋动同时稍松食指，使液面下降至所需刻度(弯月面底部与标线相切)。若管尖挂有液滴，可使其与容器壁接触让其落下。

(3) 放出液体时，保持吸管垂直，其下端伸入倾斜的容器内，管尖与容器内壁接触。放开食指，使液体自然流出，除“吹”出式吸管外，残留在管尖的液滴均不能用外力使之移入容器内。

(4) 移液管用后，若短期内不再使用它吸取同一溶液，应及时用水洗净并上下各加一纸套后存放在架上。

d. 容量瓶

容量瓶又称量瓶，它是用来配制一定体积、一定物质的量浓度溶液的一件精密计量仪器(图 5-17)。

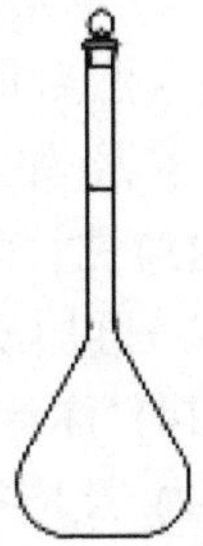

图 5-17　容量瓶

容量瓶形状为细颈、梨形、平底容器。带有磨砂玻璃瓶塞或塑料塞，其颈部刻有一条环形标线，以示液体定容到此时的体积数。其细颈便于定容，平底则便于移放桌上。容量瓶属于量入式量器。

容量瓶的规格以容积表示，常用 100mL、250mL、500mL 和 1000mL 等多种。

使用注意事项：

(1) 容量瓶使用前应检查是否漏水。其方法是加水至环形标线处，把瓶口和瓶塞擦干，不涂任何油脂而塞紧瓶塞。将瓶颠倒静置 10s 以上，反复 10 次。然后用滤纸条在塞紧瓶塞的瓶口处检查，若不渗水，则可使用。瓶塞不能互换，常将瓶塞用绳拴在瓶颈上。

(2) 配制溶液时，应先将溶质在烧杯中完全溶解，并与室温一致后，全都移入容量瓶。分次加水，每加一次，都要摇匀。当加水近环形标线 2~3cm 处时，要改用胶头滴管小心加水，至瓶内凹液面底部与环形标线相切为止，以免加水过量。禁止直接在容量瓶中配制溶液。

(3) 容量瓶不能用直火加热，也不能在烘箱内烘烤，以免影响其精度。

(4) 容量瓶只能用来配制溶液，不能久储溶液，更不能长期存放碱液。用后应及时洗净，塞上塞子，在塞子与瓶口间夹一白纸条，以防止粘连。

e. 托盘天平

托盘天平是用来粗略称量物质质量的一种仪器，每架天平都成套配备砝码一盒(图 5-18)。

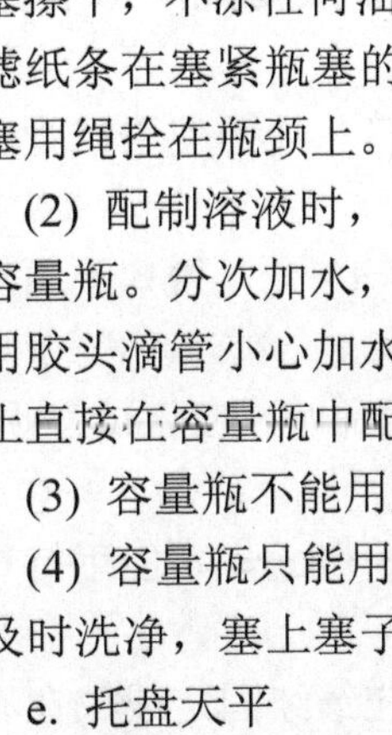

图 5-18　托盘天平

中学实验室常用载重 100g(感量为 0.1g)和 200g(感量为 0.2g)两种。载重又称载物量，是指能称量的最大限度。感量是指天平误差(±)。例如，感量为 0.1g 的托盘天平，表示其误差为±0.1g，因此它就不能用来称量质量小于 0.1g 的物品。

使用注意事项：

(1) 称量前应将天平放置平稳，并将游码左移至刻度尺的零处，检查天平的摆动是否达到平衡。如果已达平衡，指针摆动时先后指示的标尺上左、右两边的格数接近相等。指针静止时则应指在标尺的中央。如果天平的摆动未达到平衡，可以调节左、右螺丝使摆动达到平衡。

(2) 称量物不能直接放在托盘上，应在两个托盘上分别放一张大小相同的同种纸，然后把要称量的试剂放在纸上称量。潮湿的或具有腐蚀性的试剂必须放在玻璃容器(如表面皿、烧杯或称量瓶)里称量。

(3) 把称量物放在左盘，砝码放在右盘，砝码要用镊子夹取。先加质量大的砝码，再加质量小的砝码，最后可移动游码，直至指针摆动达到平衡为止。

(4) 称量完毕后，应将砝码依次放回砝码盒中。把游码移回零处。

2) 反应类仪器

a. 试管

试管是用作少量试剂的反应容器，也可用于收集少量气体。试管根据其用途常分为平口试管、翻口试管和具支试管等。平口试管适宜于一般化学反应，翻口试管适宜加配橡胶塞，具支试管可作气体发生器，也可作洗气瓶或少量蒸馏用。

试管的大小一般用管外径与管长的乘积来规定，常用为 10mm×100mm、12mm×100mm、15mm×150mm、18mm×180mm、20mm×200mm 和 32mm× 200mm 等。

使用注意事项：

(1) 使用试管时，应根据不同用量选用大小合适的试管。徒手使用试管应用拇、食、中三指握持试管上沿处。振荡时要腕动臂不动。

(2) 盛装液体加热，不应超过容积的 1/3，并与桌面成 45°角，管口不要对着自己或别人。若要保持沸腾状，可加热液面附近。

(3) 盛装粉末状试剂，要用纸槽送入管底，盛装粒状固体时，应将试管倾斜，使粒状物沿试管壁慢慢滑入管底。

(4) 夹持试管应在距管口 1/3 处。加热时试管外部应擦干水分，不能手持试管加热。加热后，要注意避免骤冷以防止炸裂。

(5) 加热固体试剂时，管底应略高于管口，完毕时，应继续固定或放在石棉网上，让其自然冷却。

b. 烧杯

烧杯通常用作反应物量较多时的反应容器。此外，也用来配制溶液，加速物质溶解，促进溶剂蒸发等。烧杯的种类和规格较多，中学常用低型烧杯。为了在使用时便于添加一定量的液体，在一些烧杯外壁上印有白色的容积标线，这种烧杯称为印标烧杯，有的称它为刻度烧杯。其分度并不十分精确，允许误差一般在±5%，所以在分度表上印有“APPROX”字样，它表示“近似容积”，因此，不能作量器使用。烧杯的规格以容积大小区分，常用 50mL、100mL、250mL、500mL 等多种。

使用注意事项：

(1) 烧杯所盛溶液不宜过多，约为容积的 2/3，但在加热时，所盛溶液不能超过容积的 1/3。

(2) 烧杯不能干烧，在盛有液体时方能较长时间加热，但必须垫上石棉网。

(3) 拿烧杯时，要拿外壁，手指勿接触内壁。拿加热时的烧杯，要用烧杯夹。

(4) 需用玻璃棒搅拌烧杯内所盛溶液时，应沿杯壁均匀旋动玻璃棒，切勿撞击杯壁与杯底。

(5) 烧杯不宜长期存放化学试剂，用后应立即洗净、擦干、倒置存放。

c. 烧瓶

烧瓶是用作反应物较多且需较长时间加热的、有液体参加反应的容器。其瓶颈口径较小，配上塞子及所需附件后，也常用来发生蒸气或作气体发生器。烧瓶的用途广泛，因此型式也有多种，中学常用圆底烧瓶和平底烧瓶两种(图 5-19)。

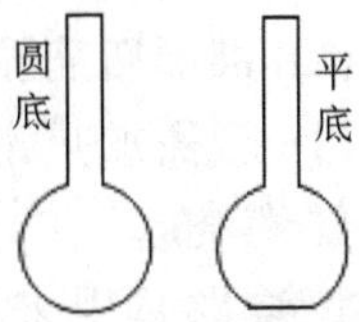

图 5-19　烧瓶

圆底烧瓶一般用作加热条件下的反应容器。而平底烧瓶用于不加热条件下的气体发生器，也常用来装配洗瓶等。由于平底烧瓶底部平面较小，其边缘又有棱，因此应力较大，加热时容易炸裂。所以它一般不用于加热条件下的反应容器。

烧瓶的规格以容积大小区分，常用 150mL、250mL 和 500mL 三种。

使用注意事项：

(1) 圆底烧瓶底部厚薄较均匀，又无棱出现，可用于长时间加热。

(2) 加热时烧瓶应放置在石棉网上，不能用火焰直接加热。

(3) 实验完毕后，应撤去热源，静止冷却后，再将废液处理，进行洗涤。

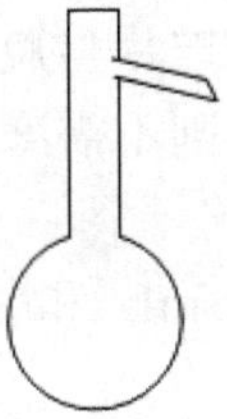
图 5-20　蒸馏烧瓶

d. 蒸馏烧瓶

蒸馏烧瓶属于烧瓶类，不同之外在于瓶颈部位有一略向下的支管，它专用作蒸馏液体的容器(图 5-20)。

蒸馏烧瓶有减压及常压两类。常压蒸馏烧瓶有分支管在瓶颈上部、中部和下部 3 种，蒸馏沸点较高的液体，选用支管在瓶颈下部的蒸馏烧瓶，沸点较低的则用支管在上部的蒸馏烧瓶。而支管位于瓶颈中部者，常用来蒸馏一般沸点的液体。

蒸馏烧瓶的规格以容积大小区别，常用 150mL 和 250mL 两种。

使用注意事项：

(1) 配置附件(如温度计等)时，应选用合适的橡胶塞，特别要注意检查气密性是否良好。

(2) 加热时应放在石棉网上，使之均匀受热。

e. 锥形瓶

锥形瓶又称锥形烧瓶(或称三角烧瓶)。

锥形瓶瓶体较长，底大而口小，盛入溶液后，重心靠下，极便于手持振荡，所以常用于容量分析中作滴定容器。实验室也常用它装配气体发生器或洗瓶。

锥形瓶的大小以容积区分，常用 150mL 和 250mL 两种。

使用注意事项：

(1) 振荡时，用右手拇指、食指、中指握住瓶颈，无名指轻扶瓶颈下部，手腕放松，手掌带动手指用力，做圆周形振动。

(2) 锥形瓶需振荡时，瓶内所盛溶液不超过容积的 1/3。

(3) 若需加热锥形瓶中所盛液体时，必须垫上石棉网。

f. 燃烧匙

燃烧匙是用来检验物质的可燃性或盛放少量物质在气体中进行燃烧反应的仪器。

燃烧匙有铜质、铁质等，还有玻璃燃烧匙，使用时应根据反应情况选用不同质料的燃烧匙。燃烧匙有定型产品出售，有时也用玻璃管加工自制。

注意事项：

(1) 当进行物质在盛于集气瓶里气体中的燃烧实验时，燃烧匙要由瓶口慢慢下移，以保证反应进行完全。手要尽量握持燃烧匙的上端。

(2) 用后应立即处理干净附着物，以免腐蚀或影响以后的燃烧实验。

3) 容器类仪器

a. 集气瓶

集气瓶是专门收集气体的容器，常配磨砂玻片或称毛玻片。

集气瓶与广口瓶的形状相似，但为了增强集气瓶的气密性，玻片与瓶口应保证严密。所以集气瓶的瓶口要进行带磨平处理，而广口瓶的瓶口则不需磨平。由于集气瓶一般不需要有塞，因此其瓶颈内沿不采用磨砂工艺。

集气瓶的规格以容积大小表示，常用 30mL、60mL、125mL 和 250mL 四种。

注意事项：

(1) 使用集气瓶收集气体时，磨砂玻璃片与瓶口都应均匀薄涂一层凡士林。磨砂玻璃片应紧贴瓶口推拉进行开、闭操作。

(2) 当集满气体待用时，有两种放置方式。若收集的气体的密度比空气大时，瓶口应向上放置；反之，则向下放置。

(3) 集气瓶不能加热。当进行某些燃烧实验时，瓶底还应铺一层细砂或盛少许水，以免高温固体生成物溅落瓶底引起集气瓶炸裂。

b. 滴瓶

滴瓶是盛装实验时需按滴数加入液体的容器。常用为带胶头的滴瓶。

滴瓶是由带胶帽的磨砂滴管和内磨砂瓶颈的细口瓶组成。最适宜存放指示剂和各种非碱性液体试剂。

滴瓶有白色(或称无色)、茶色(或称棕色)两种，其规格均以容积大小表示，常用为 30mL、60mL、125mL、250mL 四种。

注意事项：

(1) 棕色滴瓶用于盛装见光易变质的液体试剂。

(2) 滴管不能互换使用。滴瓶不能长期盛放碱性液体，以免腐蚀、黏结。

(3) 使用滴管加液时，滴管不能伸入容器内，以免污染试液及撞伤滴管尖。

(4) 胶帽老化后不能吸液，要及时更换。

c. 试剂瓶

试剂瓶是实验室里专用来盛放各种液体、固体试剂的容器。形状主要有细口、广口之分。因为试剂瓶只用作常温存放试剂使用，一般都用钠钙普通玻璃制成。为了保证其具有一定强度，瓶壁一般较厚。试剂瓶除分细口、广口外，还有无色、茶色(棕色)两种，有塞、无塞两类。其中有玻璃塞者，无论细口、广口，均应有内磨砂处理工艺。无塞者可不作内磨砂，而配以一定规格的非玻璃塞，如橡胶塞、塑料塞、软木塞等。近年来，各类实用的塑料试剂瓶纷纷面市，使这类容器丰富多彩。

试剂瓶的规格以容积大小表示，小至 30mL、60mL，大至几千至几万毫升不等。

注意事项：

(1) 有塞试剂瓶不使用时，要在瓶塞与瓶口磨砂面间夹上纸条，防止粘连。如前所述，所有试剂瓶都不能用于加热。

(2) 根据盛装试剂的理化性质选用所需试剂瓶的一般原则是：盛装固体试剂——选用广口瓶，盛装液体试剂——选用细口瓶，盛装见光易分解或变质的试剂——选用棕色瓶，盛装低沸点易挥发的试剂——选用有磨砂玻璃试剂瓶，盛装碱性试剂——选用带橡胶塞试剂瓶，等等。若试剂具有上述多项理化指标时，则可根据以上原则综合考虑，选用适宜的试剂瓶。

(3) 有些特殊试剂，如氢氟酸等不能用任何玻璃试剂瓶而选用塑料瓶盛装。

容器类玻璃仪器，除上述几种外，还根据取存液体时的不同要求另有二口瓶、三口瓶、四口瓶、下口瓶(又称龙头瓶)等各种类型供选用。

4) 分离类仪器

a. 漏斗

漏斗又称三角漏斗，它是用于向小口径容器中加液或配上滤纸作过滤器而将固体和液体混合物进行分离的一种仪器(图 5-21)。

漏斗有短柄、长柄之分，但都是圆锥体，圆锥角一般为 57°~60°，投影图式为三角形，所以称三角漏斗。做成圆锥体是为了既便于折放滤纸，在过滤时又便于保持漏斗内液体常具一定深度，从而保持滤纸两边有一定的压力差，有利于滤液通过滤纸。

为了使滤液通过滤纸的时间加快，还有的漏斗在圆锥内壁制有数条直渠或弯渠，这类漏斗又称波纹漏斗。中学常用一般三角漏斗。漏斗的规格用上口直径表示，常见为 40mm、60mm 和 90mm 三种。

注意事项：

(1) 过滤时，漏斗应放在漏斗架上，其漏斗柄下端要紧贴承接容器内壁，滤纸应紧贴漏斗内壁，滤纸边缘应低于漏斗边缘约 5mm，事先用蒸馏水润湿使不残留气泡。

(2) 倾入分离物时，要沿玻璃棒引流入漏斗，玻璃棒与滤纸三层处紧贴。分离物的液面要低于滤纸边缘。

(3) 漏斗内的沉淀物不得超过滤纸高度的 1/2，便于过滤后洗涤沉淀。

(4) 漏斗不能直火加热。若需趁热过滤时，应将漏斗置于金属加热夹套中进行。若无金属夹套时，应事先把漏斗用热水浸泡预热方可使用。

b. 安全漏斗

安全漏斗又称长颈漏斗，它用于加液，也常用于装配气体发生器(图 5-22)。

图 5-21　漏斗

图 5-22　安全漏斗

图 5-23　分液漏斗

安全漏斗有直形，还有环颈、环颈单球、环颈双球几种。其构造显示出一是因为颈长，可容纳较多液体，不致溢出，避免事故发生；二是颈部储存液体，对发生器内的气体可起液封安全作用，故称安全漏斗。安全漏斗的规格一般是斗径为 40mm、全长约为 300mm。

注意事项：

(1) 不能用直火加热。

(2) 装配气体发生器时，应配上合适的塞子于颈部，长颈末端应始终保持浸入液面以下。配启普发生器时，不一定要浸液面下。

c. 分液漏斗

分液漏斗用于气体发生器中控制加液，也常用于分离互不相溶的几种液体

(图 5-23)。

分液漏斗有球形、梨形(或锥形)、筒形三种。梨形及筒形分液漏斗多用于分液操作。球形分液漏斗既作加液使用，又常用于分液时使用。

分液漏斗的规格以容积大小表示，常用为 60mL、125mL 两种。

注意事项：

(1) 使用前玻璃活塞应涂薄层凡士林，但不可太多，以免阻塞流液孔。使用时，左手虎口顶住漏斗球，用拇指食指转动活塞控制加液。此时玻璃塞的小槽要与漏斗口侧面小孔对齐相通，才便于加液顺利进行。

(2) 作加液器时，漏斗下端不能浸入液面下。

(3) 振荡时，塞子的小槽应与漏斗口侧面小孔错位封闭塞紧。分液时，下层液体从漏斗颈流出，上层液体要从漏斗口倾出。

(4) 长期不用分液漏斗时，应在活塞面加夹一纸条防止粘连。并用一橡皮筋套住活塞，以免失落。

d. 干燥管

干燥管用来干燥气体，或用于从混合气体中除去杂质气体的分离器(图 5-24)。

干燥管除直形单球外，还有直形双球、U 形管、具支 U 形管、带活塞具支 U 形管等多种。其中带活塞具支 U 形干燥管使用非常方便，不用时，可将活塞关闭，又防止干燥剂受潮。

干燥管的规格用管外径和全长表示。例如，常用直型单球干燥管为 16mm×100mm、17mm×140mm 和 17mm×160mm 三种。

注意事项：

(1) 干燥管内一般应盛放固体干燥剂。选用干燥剂时要根据被干燥气体的性质和要求确定。

(2) 使用直形干燥管时，干燥剂应放置在球体内，两端还应填充少许棉花或玻璃纤维。

e. 洗气瓶

洗气瓶是除去气体中所含杂质的一种仪器(图 5-25)。

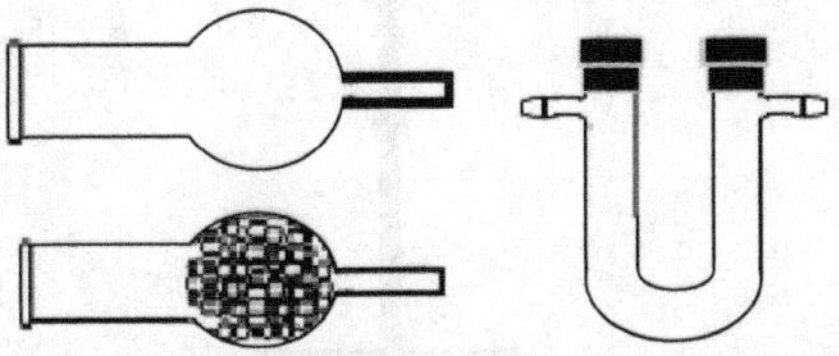

图 5-24　干燥管

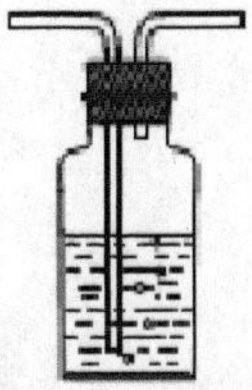

图 5-25　洗气瓶

含有杂质的气体通过盛于洗气瓶中选定的液体试剂时，在通气鼓泡的过程中，杂质被洗去，同时气体中所含少量固体微粒或液滴也被液体试剂阻留下来，而达到净化气体的目的。洗气瓶的规格以容积大小表示，常用为 125mL、250mL 和 500mL 三种。

注意事项：

(1) 应根据净化气体的性质及所含杂质的性质和要求选用适宜的液体洗涤剂。洗涤剂的量一般不超过洗气瓶容积的 1/2。

(2) 使用前应检验洗气瓶的气密性。要特别注意不要把进、出气体的导管连接反了。

(3) 洗气瓶不能长时间盛放碱性液体洗涤剂，用后及时将该洗涤剂倒入有橡胶塞的试剂瓶内存放待用，并用水清洗干净放置。

5) 固定夹持类仪器

a. 铁架台

铁架台常用于固定或放置各种仪器，它有各种定型产品(图 5-26)。

铁架台通常附有大、小铁圈各 1 个，烧瓶夹 1 个，复夹 2 个。铁圈常代替漏斗架使用。

注意事项：

(1) 在铁架台上固定仪器时，一般要按由下而上的顺序进行。用铁夹夹持试管时，应夹持在靠管口的 1/3 处。固定烧瓶时，应夹在瓶颈 1/2 处，松紧适宜。

(2) 铁夹、铁圈所持方向应保持与铁架台底座一致，以增大稳度。

(3) 使用时要避免与酸、碱直接接触。如果不慎溅有酸碱液体，应及时冲洗擦净。螺旋处应常用少量油脂润滑。务必保持旋转灵活，使用方便。

b. 滴定台

滴定台专用于固定滴定管作容量分析实验用(图 5-27)。

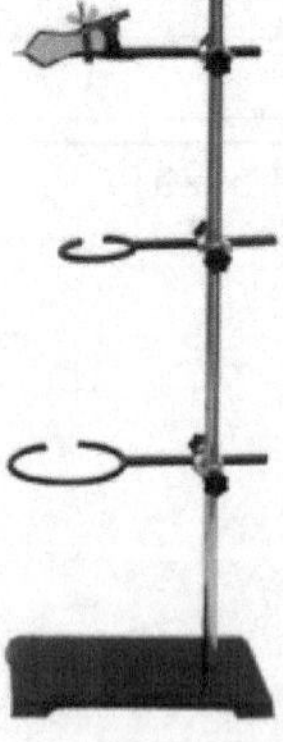

图 5-26　铁架台

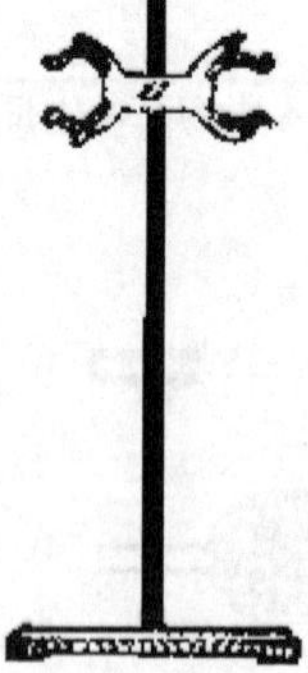

图 5-27　滴定台

滴定台均附滴定管夹(又称蝴蝶夹)，滴定台面料为耐腐蚀的白色面料，已有不同型号的定型产品。

注意事项：

(1) 滴定管夹持在滴定夹上时，务必保持滴定管垂直于滴定台。台面保持清洁。

(2) 若无滴定台时，则可在铁架台上配滴定夹或固定两个烧瓶夹代用。滴定时，锥形瓶下最好衬上白纸。

c. 坩埚钳

坩埚钳用于夹持受高热的坩埚或蒸发皿(图 5-28)。

图 5-28　坩埚钳

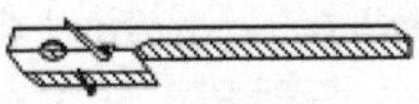

图 5-29　试管夹

图 5-30　橡皮管夹

坩埚钳也常用于夹持燃烧或受强热的物质或器皿。

注意事项：

(1) 使用前若有铁锈或易落黏结物时，应先除掉，以防落入容器中污染试剂。

(2) 保持清洁、干燥，防止生锈。

d. 试管夹

试管夹用于加热时夹持试管用(图 5-29)。

试管夹有木质、竹质和钢丝等几类。现多用木质试管夹，它由短柄、长柄及固定弹簧组成，使用非常方便。

注意事项：

(1) 使用试管夹时，应手握长柄，同时大拇指按或放短柄。夹持试管时，大拇指按开短柄，将试管夹从试管底部套上后，夹持在离管口 1/3 处，放开大拇指。

(2) 不要烧坏试管夹。

e. 橡皮管夹

橡皮管夹又称止水夹，用于控制橡皮管中气体或液体的流量(图 5-30)。

橡皮管夹由弹性钢丝弯成者又称弹簧夹，如图 5-30 中左部所示。

注意事项：

(1) 橡皮管夹有两种止水方式：一种是将橡皮管穿过橡皮管夹；另一种是将橡皮管对折后用橡皮管夹夹住。若控制流体的流量则使用前种方式。

(2) 螺旋夹(图 5-30 中右侧所示)比弹簧夹易于控制流量，但弹簧夹操作更为迅速方便。

(3) 长久夹持的橡皮管，可能老化，注意及时检查更换。

6) 加热类仪器

a. 酒精灯

酒精灯是通常用于加热的仪器(图 5-31)。

酒精灯由灯帽、灯壶和灯芯管组成。灯帽和灯壶由玻璃加工成型且经磨砂处理，灯芯管一般由素烧瓷制成。近来玻璃酒精灯的灯帽多采用塑料制品，其优点是防碎、防黏结。

酒精灯的规格以酒精安全灌注量表示，常用为 100mL、150mL 和 200mL 三种。

注意事项：

(1) 使用时，首先在灯芯管中穿入灯芯棉纱，并用酒精浸润。多次燃烧后，若灯芯炭化太多、可用剪刀剪去。如果长期使用时发现灯芯不易点燃，或燃烧时火苗不旺，则应检查是否酒精浓度不够，若是则需及时换注酒精。

(2) 用漏斗向酒精灯中灌注酒精时，不应超过容积的 2/3，否则燃烧过程中，酒精受热膨胀，易造成酒精溢出而发生事故；也不能少于容积的 1/3，否则灯壶内酒精蒸气过多，易引起爆燃。

(3) 严禁用燃着的酒精灯去点燃另一酒精灯，严禁向燃着的酒精灯添加酒精，严禁用嘴吹灭酒精灯。

(4) 加热时需用酒精灯外焰，它的温度最高。如需提高酒精灯焰温度时，可加铁网或白铁皮做成的筒形灯罩。

b. 水浴锅

水浴锅用于均匀间接加热，也可用于控温实验(图 5-32)。

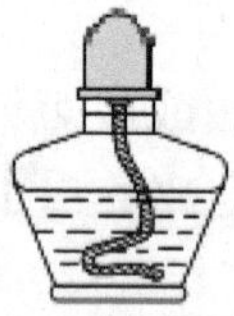

图 5-31 酒精灯

图 5-32 水浴锅

为避免直火加热发生过热或温度变化太大的现象，常使用水浴、水蒸气浴或油浴等加热方法。水浴或水蒸气浴都可加热到 95℃左右。若浴内注入的液体是油类时，则称为油浴。

水浴锅有铜质或铝质成品。其规格以口径表示，常用水浴锅为 160mm。

注意事项：

(1) 浴内盛液体为容积的 2/3。其锅盖为一套具有同心圆的环形盖子组，每个环圈在使用前都应缠满细布或纱布，避免玻璃或瓷质容器与金属盖直接接触而产生过热现象，还可防止受热容器移位滑落。

(2) 只需加热在 80℃以下时，容器受热部分可浸入水中，但不接触浴底。在 80℃以上时，可利用蒸气加热。加热在 100℃以上时，则改用油浴。

(3) 实验室若无水浴锅，可用适当口径的烧杯代用，但加热时烧杯下应垫石棉网。

7) 配套类仪器、用品

配套类仪器、用品种类繁多，有各种玻璃活塞、管件、二通、三通、橡胶管、橡胶塞等。有的用品，一见便知用途。这里仅对常用的橡胶塞、橡胶管进行简要介绍。

a. 橡胶塞

橡胶塞是用来塞住容器口或钻孔后安装其他仪器的常用配件。塞子的质料较多，一般有玻璃、软木、橡胶三种，近年也有各种塑料塞面市。选用哪种质地的塞子，要由所接触的物质来决定。如果无论哪一种塞子都可使用时，最好选用橡胶塞，因为它具有一定弹性，不仅便于加工，而且可以使仪器连接得更牢固、严密。

一般大试管适配 3 号或 4 号胶塞，而烧瓶宜配 5 号或 6 号胶塞。

注意事项：

(1) 一般使用橡胶塞时，要使胶塞一半以上塞进容器为宜。选用橡胶塞，还要估计到钻孔插入玻管或容器后会膨大一些。

(2) 盛汽油、乙醚、苯、四氯化碳、二硫化碳等有机试剂及氯、液溴、浓硝酸等无机试剂时都不宜用橡胶塞。

(3) 未使用的橡胶塞待用时，要用滑石粉拌和并用塑料袋密封保存，防止老化。

b. 橡胶管

橡胶管用于仪器部件的连接或输导气体、液体时使用。常用有普通橡胶管和医用乳胶管两种。中学实验室多用医用乳胶管，其规格以外径表示，常用 6mm、7mm 和 9mm 三种。

注意事项：

(1) 选用乳胶管时，应根据所连仪器管径大小而定，连接时不能太松，以免漏气或渗液。

(2) 向管件导入乳胶管时，可先将管端部分用水润湿，然后将乳胶管先套进管件口径一半处时，再以手指用力套进，并左右旋转乳胶管使之进入一定深度。

(3) 未用的乳胶管要保持清洁、干燥，防止老化黏结。

8) 其他类仪器及用品

a. 胶头滴管

胶头滴管又称胶帽滴管，它是用于吸取或滴加少量液体试剂的一种仪器(图 5-33)。

胶头滴管由胶帽和玻璃滴管组成。有直形(图 5-33 右)、直形有缓冲球(图 5-33 左)及弯形有缓冲球等几种形式。

胶头滴管的规格以管长表示，常用为 90mm 和 100mm 两种。

注意事项：

(1) 握持方法是用中指和无名指夹住玻璃管部分以保持稳定，用拇指和食指挤压胶头以控制试剂的吸入或滴加量。

(2) 胶头滴管加液时，不能伸入容器，更不能接触容器。

(3) 不能倒置，也不能平放于桌面上。应插入干净的瓶中或试管内。

(4) 用完之后，立即用水洗净。严禁未清洗就吸取另一试剂。

(5) 胶帽与玻璃滴管要结合紧密不漏气，若胶帽老化，要及时更换。

b. 研钵

研钵是用来研磨硬度不大的固体试剂的仪器(图 5-34)。

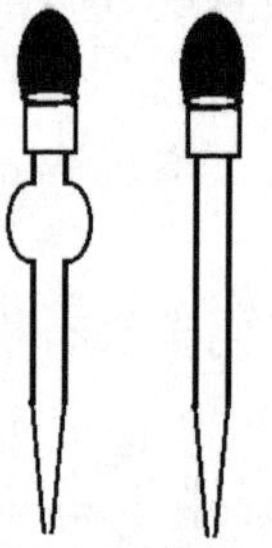

图 5-33　胶头滴管

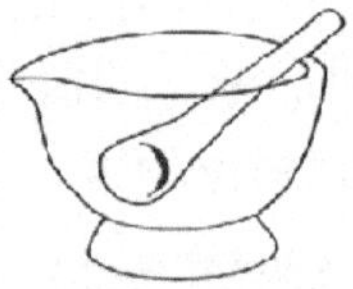

图 5-34　研钵

研钵有普通型(浅型)和高型(深型)两种。其质料也因用途和研磨固体的硬度不同有铁质、氧化铝、玛瑙、瓷质和玻璃等数种。各种研钵都附有配套的研杵。

中学常用瓷质或玻璃研钵，其规格以口径表示，常用 60mm 和 90mm 两种。

注意事项：

(1) 研磨时，应使研杵在钵内缓慢而稍加压力地转动。不能用研杵上下或左右敲击。

(2) 禁止用研钵研磨撞击易燃易爆的氧化剂等。

c. 干燥器

干燥器又称保干器，它是保持物质干燥的一种仪器。

干燥器有常压干燥器和真空干燥器两种。真空干燥器的盖顶具有抽气支管与抽气机相连。两种干燥器的器体均分为上下两层。下层(又称座底)放干燥剂，中间放置有孔瓷板，上层(又称座身)放置欲干燥的物质。

中学一般使用常压干燥器，其规格以座身上口直径表示，常用为 100mm 至 400mm 等多种。

注意事项：

(1) 干燥器的盖子和座身上口磨砂部分需涂少量凡士林，使盖子滑动数次以保证涂抹均匀，当盖住后严密而不漏气。

(2) 干燥器在开启、合盖时，左手按住器体，右手握住盖顶“玻球”，沿器体上沿轻推或拉动。切勿用力上提。盖子取下后要仰放桌上，使玻球在下，但要注意盖子滚动。

(3) 要干燥的物质首先盛在容器中，再放置于有孔瓷板上面，盖好盖子。

(4) 根据干燥物的性质和干燥剂的干燥效率选择适宜的干燥剂放在瓷板下面的容器中，所盛量约为容器容积的一半。

(5) 搬动干燥器时，必须两手同时拿住盖子和器体，以免打翻器中物质和滑落器盖。

此类仪器或用品除上述几种外，还有药匙、手持打孔器、各种洗涤用仪器刷等。见物便可联想其用途，不再赘述。

参 考 文 献

刘知新，梁慧姝，郑长龙. 1996 .化学实验论. 南宁：广西教育出版社.
马律峰. 2006. 化学实验教学论. 北京：科学出版社.
文庆城. 2003. 化学实验教学研究. 北京：科学出版社.

第 6 章　气体的制备和性质实验

实验 3　氧气、氨气、甲烷的制备和性质实验

[教学目标]

(1) 探索成功制取氧气、氨气和甲烷的仪器装置和实验操作技能，熟练掌握实验室固-固(或液-固)加热反应制取气体的装置特点。

(2) 熟练掌握进行氧气、氨气和甲烷有关性质实验的仪器装置和操作技能。

(3) 探讨氧气、氨气和甲烷的制备与性质实验的教学方法和注意事项。

[问题研讨]

(1) 氧气、氨气和甲烷气体的制备实验原理各是怎样的？其实验装置有何特点？固-固(或液-固)加热制取气体的装置应按什么顺序装配？如果制备原理改变，则相应的实验装置应做怎样改变？

(2) 在固-固加热制取气体装置中为什么大试管管口要稍微向下倾斜？为什么在制取气体时加热火焰先从大试管的中上部开始加热，根据产气情况逐渐移至试管底部？

(3) 本实验中有哪些不安全的因素(包括环境污染)？应如何消除？

(4) 为什么不能用 NH_4NO_3 与 $Ca(OH)_2$ 反应制氨气？为什么不能用 NaOH、KOH 代替 $Ca(OH)_2$？

(5) 在收集氨气时为什么要在试管口塞上一小团棉花？为什么收集氨气的试管或集气瓶必须干燥？

(6) 为什么制取甲烷用的碱石灰和无水乙酸钠都必须进行预处理？

(7) 点燃甲烷气体前为什么必须检验纯度？做甲烷和空气的混合气体爆炸实验时甲烷和空气的体积比为什么要在甲烷的爆炸极限(5%~15%)内？

(8) 如何组织中学生开展氧气、氨气和甲烷气体的制取与性质实验？

[实验方案设计]

本实验是中学气体制备及其性质实验中非常重要的、典型的实验类型，认识固-固加热反应制取气体的典型装置特点和培养学生相关实验操作技能是本实验的重点，实验设计都应围绕这两个关键进行。

(1) 参照[相关资料链接]1 设计氧气的实验室制备和相关性质实验方案。注意从实验原理、发生装置、收集装置、性质验证、操作要点、实验过程中可能出现

的问题及解决办法等几个方面进行全面设计。

(2) 参照[相关资料链接]2 设计氨气的实验室制备和相关性质实验方案。注意从实验原理、发生装置、净化干燥装置、收集装置、尾气处理装置、操作要点、实验过程中可能出现的问题及解决办法等几个方面进行全面设计。

(3) 参照[相关资料链接]3 设计甲烷的实验室制备和相关性质实验方案。其他同1。

(4) 如果根据其他参考资料设计某种气体的制备和相关性质实验，与[相关资料链接]中的原理和装置差异较大，应与实验教师交流并获得同意才能实施。

(5) 每人选两种气体的制备和相关性质实验，自主选择与统一分配相结合，使选择三种气体制备和性质实验的学生数目大致相等。

[教学策略设计]

本实验在中学的化学教学中应是分别进行。设计组织中学生进行本实验中的某一气体的制备和性质实验的实验教学方案。该方案的设计应注意以下五点。

(1) 课前：布置预习。让学生课前按照实验原理→发生装置→净化干燥装置→收集装置→尾气处理装置→操作要点→注意事项的顺序进行预习，做到实验前胸有成竹。

(2) 课初：熟悉方案。由学生代表讲解某种气体的制备方案，使他们进一步明确实验原理、装置特点、操作要点和实验预期目标，强调实验过程中的注意事项、违反操作规范和程序可能引起的危害。

(3) 课中：规范操作。学生 2~4 人一组，密切配合，规范操作，真实记录，根据教师的授课要求，或直接探究，或验证猜想，从而完成该种气体的制备和相关性质的学习。

(4) 课尾：分析评价。分析实验过程中出现的各种问题，学生汇报交流实验现象和实验结论，并进行评价。

(5) 课后：总结反思。按“实验原理(含化学方程式)、实验装置图、操作要点、实验现象及结论、实验反思及讨论”的程序写出实验报告。

[实验操作过程]

(1) 根据自己所选两种气体的制备和相关性质实验的设计方案进行实验操作。

(2) 实验过程中，按照“安装仪器(从下到上，从左到右)→气密性检查→装药品→加热制气→收集或观察现象、随时记录→停止制气→废气处理→拆卸仪器→回想反思→打扫卫生”的程序进行。

[实验教学反思]

1. 实验报告

(1) 三种气体的制备和相关性质实验的实验原理(化学方程式)、实验装置图、实验现象和实验结论；

(2) 自己在本次实验中的成功经验或失败教训；

(3) 结合自己的实验操作过程，重新审视上述[教学策略设计]，制定出你认为更合理的教学策略；

(4) 对本实验的改进或其他创新性想法。

2. 教师对学习者的总体表现进行评价(一般放在下次实验之前)

教师从学生的态度、实验方案设计、实验操作技能、实验结果、实验报告以及在实验过程中表现出来的创新精神和科学品质等方面进行评价，对实验过程中出现的相关问题进行分析。

[相关资料链接]

1. 实验室制取氧气和氧气性质的实验

1) 实验原理

氧气是初中阶段实验室制取的一种重要气体，氯酸钾加热分解法制氧气是典型的实验室固固加热反应制取气体的类型，氯酸钾在二氧化锰的催化作用下加热分解产生氧气的反应原理如下

$$2KClO_3 \xlongequal[\triangle]{MnO_2} 2KCl + 3O_2\uparrow$$

加热高锰酸钾分解制氧气反应比较平稳，适合于学生实验，其反应原理是

$$2KMnO_4 \xlongequal{\triangle} K_2MnO_4 + MnO_2 + O_2\uparrow$$

另外，实验室也经常使用体现绿色化学理念的二氧化锰催化分解双氧水制氧气，不需加热，其反应原理分别如下

$$2H_2O_2 \xlongequal{MnO_2} 2H_2O + O_2\uparrow$$

因氧气不易溶于水，可以用排水法收集。因为氧气的相对分子质量比空气平均相对分子质量大，也可以用向上排空气集气法收集。

2) 实验用品

仪器：铁架台(带铁夹、十字夹)、酒精灯、硬质大试管、集气瓶、毛玻璃片 4 个、燃烧匙、玻璃水槽、锥形瓶、研钵、镊子、火柴、试管、细沙等。

药品：氯酸钾、二氧化锰、石灰水、紫色石蕊试液、双氧水、火柴、木炭、细铁丝、硫粉、蜡烛。

3) 仪器安装

用氯酸钾制 O_2 按图 6-1 安装仪器，用双氧水制 O_2 按图 6-2 安装仪器。以用氯酸钾制 O_2 为例，安装顺序应遵循从下到上、从左到右的顺序。检验气密性，将

导气管口放入水中，加热气体生成装置中的大试管，看到导管口冒气泡；移走酒精灯，片刻后导管内形成一段水柱，说明装置的气密性好。否则，要检查原因，更换仪器，做到气密性良好。

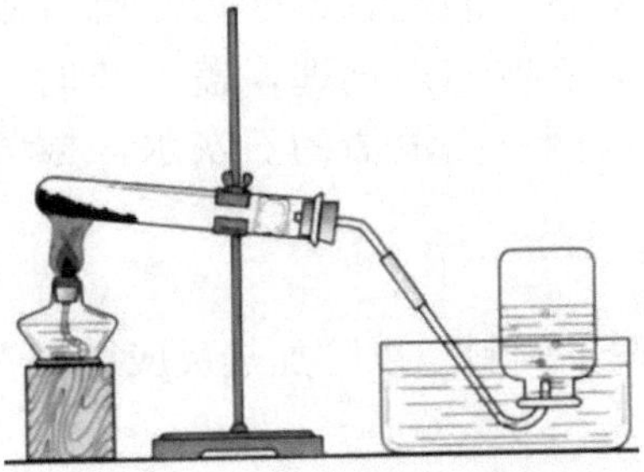

图 6-1　氯酸钾分解制氧气

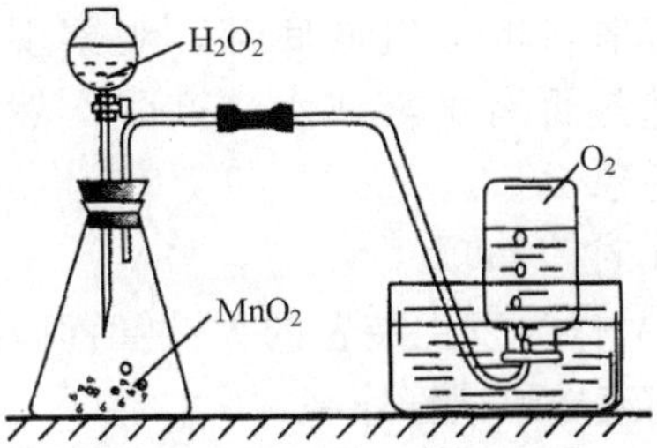

图 6-2　双氧水分解制氧气

4) 实验操作

安装仪器→检查气密性→装药品→点酒精灯→收集气体→停止反应(实验结束时应遵循“先提后撤”的原则：先将导管撤出水面，再移走酒精灯，防止冷的溶液倒吸入热的容器中使之破裂)。

(1) 将 1.0g 二氧化锰(事先在蒸发皿内焙烧处理过)、6g 氯酸钾在研钵内轻轻压碎，将两者混匀装入干燥好的硬质大试管中，均匀平铺在试管底部附近。

(2) 按图 6-1 把仪器安装好；将 3 个集气瓶装满水盖上玻片，在水槽里加 1/2 体积的水。

(3) 先预热试管，再从试管内有药品的中下部均匀加热，根据产气情况逐渐移至试管底部加热；先用向上排气法收集一瓶氧气(用带火星的小木条验满)，再用排水法收集三瓶氧气(其中一瓶要留 1/5 体积的水)待用。

(4) 收集气体完毕，先将导气管撤出水槽，再熄灭酒精灯。

5) 性质实验

(1) 木炭在氧气中燃烧：把一小块木炭放在燃烧匙里(或用镊子夹持)，加热到发红，观察其在空气中燃烧的现象；然后连木炭带燃烧匙从瓶口慢慢伸入盛有氧气的集气瓶底部，观察现象。木炭熄灭后取出燃烧匙，立即向瓶内倒一些澄清的石灰水，振荡后，观察现象。

(2) 铁丝在氧气中燃烧：在带有少量水的集气瓶里放入一些细沙，把细铁丝用砂纸打磨光亮，在火柴梗上绕成螺旋状，另一端系在燃烧匙的柄上，点燃火柴后，待火柴梗没有火焰只有余烬时，立即伸进盛有氧气的集气瓶里，观察现象。

(3) 硫在氧气中燃烧：在燃烧匙里铺入少量细沙，放入少量硫粉(豌豆粒大小)，加热到燃烧，观察硫在空气里燃烧的现象，然后把燃烧匙伸进盛有氧气的集气瓶里，从瓶口慢慢伸到瓶底，观察现象。反应结束后迅速取出燃烧匙盖上毛玻片，把燃烧匙伸入水中，向集气瓶中加入少量紫色石蕊试液，振荡后，观察现象。

(4) 蜡烛在氧气中燃烧：取一支小蜡烛(或一些蜡末)放在燃烧匙里，在酒精灯上加热至熔化并点燃，观察其在空气中燃烧的现象，然后从瓶口慢慢伸入盛有氧气的集气瓶底部，观察现象。熄灭后取出燃烧匙，盖上玻璃片，观察瓶壁是否有水雾或水珠产生，然后向瓶内倒一些澄清的石灰水，振荡后，观察现象。

6) 注意事项

(1) 作为发生装置的大试管管口应该稍向下倾斜，以防加热反应过程中产生水珠倒流导致试管炸裂。

(2) 在收集氧气时，刚开始导气管里是空气，应先等气流均匀后再开始收集。

(3) 做铁在氧气中燃烧实验时应选用带有少量水的那瓶氧气，实验前再加入一些细沙覆盖瓶底，以防燃烧产生的高温四氧化三铁将瓶子炸裂。

(4) 实验结束时，应先将导气管撤出水槽再熄灭酒精灯，以免造成水倒吸，导致试管炸裂。

(5) 用双氧水制 O_2 时，双氧水的浓度一般采用 10%~15%为宜。

2. 实验室制取氨气和氨气的性质实验

1) 反应原理

实验室一般用铵盐与消石灰加热制取氨气，最常用的铵盐是氯化铵晶体，反应如下

$$2NH_4Cl + Ca(OH)_2 \xlongequal{\triangle} CaCl_2 + 2H_2O + 2NH_3\uparrow$$

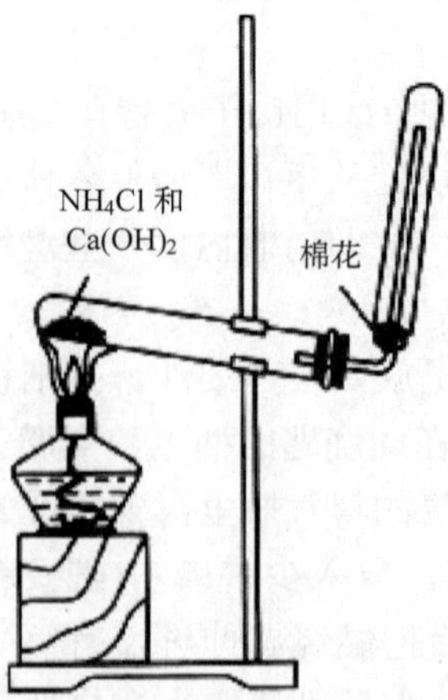

图 6-3 氨气的制取和收集实验装置

另外，实验室也用加热浓氨水或者浓氨水加固体 NaOH 制取氨气，反应原理：$NH_3 \cdot H_2O \xlongequal{\triangle} NH_3\uparrow + H_2O$

2) 实验用品

仪器：铁架台(带铁夹、铁圈)、酒精灯、硬质大试管、圆底烧瓶 2 个、单孔橡皮塞、双孔橡皮塞、直角导管、乳胶管、止水夹、大烧杯、胶头滴管、玻棒、火柴等。

药品：氯化铵、消石灰、红色石蕊试纸、红色石蕊试液、浓盐酸。

3) 实验装置

(1) 按图 6-3 安装好仪器，左边为固-固

加热制气装置、右边为向下排气收集装置。如果要收集干燥的氨气还要在收集装置前加上干燥装置，之后加上尾气处理装置，进行相关性质实验时还要安装性质实验装置。

(2) 干燥装置：在收集气体装置前加上一个装有碱石灰的 U 形管或者带双孔塞、装有碱石灰的试管，吸收水蒸气以得到干燥的氨气。

(3) 收集装置：向下排空气法收集，用大试管或者烧瓶，烧瓶配有橡皮塞和双孔塞，双孔塞插有一个胶头滴管和一段玻璃导管。

(4) 尾气处理：为防止氨气环境污染必须把尾气溶入水中，为防止倒吸采用的装置如图 6-4 所示。

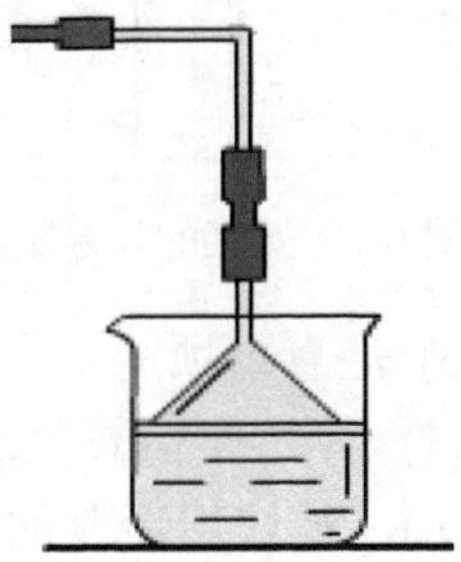

图 6-4　氨气的尾气吸收装置

(5) 检查装置气密性：方法同氧气制取装置气密性的检查。

4) 实验操作

同样按照“安装仪器→检查气密性→装药品→点酒精灯→收集气体→停止反应”的操作顺序，实验结束时按照“先提后撤”原则。

(1) 加药品：NH_4Cl 与 $Ca(OH)_2$ 的质量比以 5∶8 为宜，将氯化铵晶体与消石灰粉末混合均匀，用纸槽或小药匙将药品水平送入试管底部，慢慢竖起，再固定好试管，试管口稍向下倾斜。

(2) 加热。方法同氧气制取加热方法。

(3) 收集气体。用向下排气法收集一试管氨气和两烧瓶干燥的氨气，在试管口或烧瓶口塞上一团棉花，用湿润的红色石蕊试纸验满。

5) 性质实验

(1) 氨气极易溶于水呈弱碱性：如图 6-5 所示，把装有干燥氨气的圆底烧瓶的橡皮塞换成双孔塞倒置在铁架台的铁圈上，双孔塞里一个是预先吸足水的胶头滴管(可用注射器代替)，另一个是带止水夹的玻璃导管，玻璃导管另一端插入到装满水的大水杯(预先滴几滴无色酚酞试液)，挤压胶头滴管(或推注射器的栓)使少量的水进入烧瓶，迅速打开橡皮管上的止水夹，可见水迅速从导气管进入烧瓶，形成美丽的喷泉。进入烧瓶的水呈浅红色。

另外，也可以将氨气的产生装置与喷泉装置组合在一起，如图 6-6 所示，更符合绿色化学的要求。

(2) 用玻棒蘸取一些浓盐酸，然后迅速接近呈有氨气的试管口，有白烟生成。

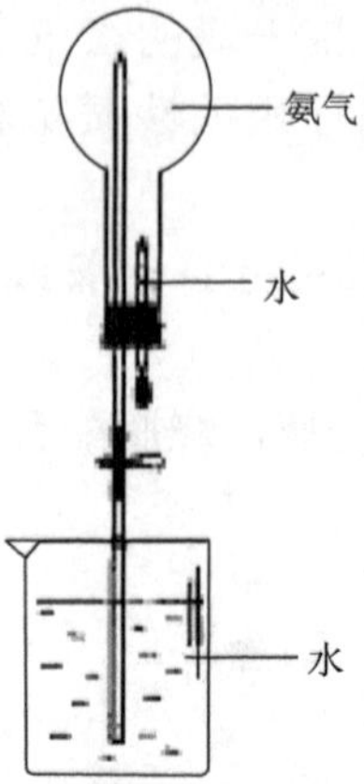

图 6-5 氨气的喷泉实验装置

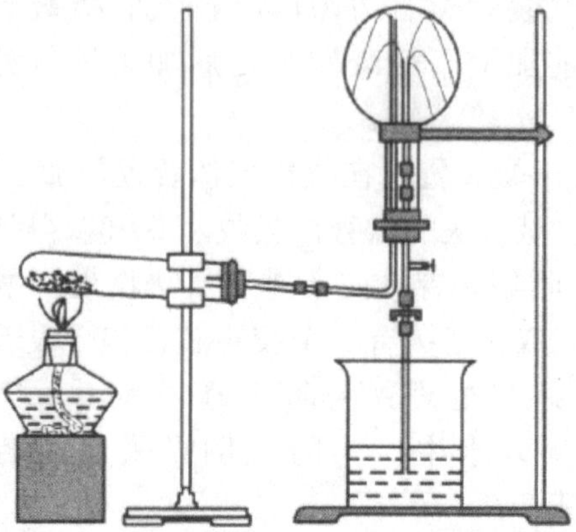

图 6-6 氨气的制取与氨气的喷泉实验装置

6) 注意事项

(1) 首先要检查 $Ca(OH)_2$ 是否变质(长期存放的 $Ca(OH)_2$ 可能会部分变成 $CaCO_3$)，最好用新制的 $Ca(OH)_2$。为防止生成氨合物，$Ca(OH)_2$ 要过量，NH_4Cl 与 $Ca(OH)_2$ 的质量比以 5∶8 为宜。如果用 $(NH_4)_2SO_4$ 代替 NH_4Cl，则二者的质量比以 1∶1 为宜。如果用粉末状的生石灰代替 $Ca(OH)_2$，制得的氨气比较干燥。

(2) 氨气收集的烧瓶要预先干燥。

(3) 氨气要充满，否则喷泉效果不好。

(4) 做喷泉实验动作要迅速。

3. 实验室制取甲烷及其相关性质的实验

1) 反应原理

实验室一般用无水乙酸钠和碱石灰(预先均做脱水、干燥处理)混合加热。发生如下反应

$$CH_3COONa+NaOH \xrightarrow[\triangle]{CaO} Na_2CO_3+CH_4\uparrow$$

2) 实验用品

仪器：铁架台、酒精灯、托盘天平、研钵、水槽、坩埚钳、蒸发皿、铝箔、脱脂棉、镊子、药匙、石棉网、玻璃棒、火柴、集气瓶、玻璃片。

药品：无水乙酸钠、碱石灰、NaOH、生石灰、Fe_2O_3、$KMnO_4$、MnO_2、浓盐酸、溴水、浓氨水、澄清石灰水。

3) 实验装置

整套装置依次为：发生装置、收集装置、尾气处理装置。进行相关性质实验时还要加上性质实验装置。

(1) 发生装置：固-固加热制气装置(同图 6-1)。

(2) 收集装置：排水集气法收集(同氧气排水法收集)、向下排气法收集(同氨

气的向下排气法收集装置)。

(3) 尾气处理：甲烷易爆炸、可燃，为防止环境污染，必须用点燃的方法处理尾气。

4) 实验操作

安装仪器→检查气密性→装药品→点酒精灯→收集甲烷→停止反应。

(1) 称取 2g 处理过的乙酸钠和 6g 碱石灰，混合均匀后装入预先卷成筒状的铝箔内，再装入试管，可避免加热时试管的破裂。

(2) 先用排水法收集一试管甲烷，验纯之后再收集或点燃。

(3)制取甲烷的实验方案比较(2、3 为改进方案)，见表 6-1。

表 6-1 制取甲烷的几种方案

方案序号	原料配比	装料方法	产气量/mL	时间/min	实验情况
1	NaAc : 碱石灰 2g : 6g	斜铺底部			
2	NaAc : 碱石灰 : NaOH 2g : 1.2g : 0.8g	垫铝箔			
3	NaAc : NaOH : 生石灰 2g : 1.2g : 0.5g	垫铝箔			

5) 性质实验

(1) 稳定性实验。取一支试管，加入约 3mL 酸性高锰酸钾溶液，通入甲烷，观察颜色变化。取另一支盛有约 3mL 溴水的试管，通入甲烷，观察颜色变化。

(2) 甲烷的燃烧。甲烷经验纯后点燃，可看到浅蓝色火焰。在甲烷火焰上方倒置一个干燥的小烧杯，观察现象；换一个用石灰水浸润的烧杯罩在甲烷火焰上方，观察石灰水的变化。

(3) 与氯气反应。将一瓶甲烷与一瓶氯气瓶口相对，上下翻倒几次，使其混合均匀，然后在两瓶口间插入两块磨砂玻璃片，分开两瓶，盖好瓶口，放在光亮处(不可使阳光直射)一会儿，观察瓶内颜色变化，用玻璃棒蘸取浓氨水接近瓶口，观察现象。

6) 注意事项

(1) 制取甲烷的关键是无水乙酸钠和碱石灰必须预先加以灼烧脱水处理。加热反应混合物温度开始要高，最好选用粗芯的酒精灯加热，一旦气体产生，温度要降低，可采取升高试管或降低酒精灯火焰，以减少副产物的产生。

(2) 做溴水验证实验时，通入甲烷气体的时间不宜过长，否则由于液溴易挥发，可能被甲烷气流带走，溶液也会褪色。

(3) 点燃甲烷之前，必须检查甲烷的纯度。因为甲烷与空气混合物中甲烷占 5%~15%，或甲烷与氧气混合物中甲烷占 5.4%~59.2%时，遇火会发生爆炸。

参 考 文 献

李广洲, 陆真. 2006. 化学教学论实验. 北京: 科学出版社: 26.
刘文明, 向清祥. 2008. 化学教学论实验. 北京: 电子科技大学出版社.
吕亚娟, 白林. 2007. 氨气的制取和性质实验的绿色化研究. 化学教育, (5): 50.
熊言林. 2004. 化学教学论实验. 合肥: 安徽人民出版社.

实验4 氢气、二氧化碳、硫化氢的制备和性质

[教学目标]

(1) 熟悉制取氢气、二氧化碳和硫化氢气体的反应特点，熟悉启普发生器的构造和原理，熟练掌握启普发生器及其简易装置的安装、实验安全操作技能。

(2) 熟练掌握演示氢气、二氧化碳和硫化氢气体的制取与性质实验成功的关键操作技能。

(3) 探讨进行氢气、二氧化碳和硫化氢气体的制备和性质实验的教学方法和注意事项。

[问题研讨]

(1) 氢气、二氧化碳和硫化氢气体的制备实验原理各是怎样的？

(2) 氢气、二氧化碳和硫化氢气体制备的实验装置各有何特点？如果制备原理改变，则相应的实验装置应做怎样的改变？

(3) 本实验中有哪些不安全的因素(包括环境污染)？应如何消除？

(4) 为什么碳酸钠或碳酸氢钠与稀硫酸反应制取二氧化碳气体不能使用启普发生器？

(5) 碳化钙块状固体与水反应能否用启普发生器制取难溶于水的乙炔气体？为什么？

(6) 为什么制取硫化氢气体尽量用稀硫酸与硫化亚铁而不是与稀盐酸反应？

(7) 点燃氢气前为什么必须检验纯度？从理论上看做爆炸实验时氢气与氧气、氢气与空气应按照什么比例？

(8) 如何组织中学生开展氢气、二氧化碳和硫化氢气体的制取与性质实验？

[实验方案设计]

本实验是气体制备实验中非常典型的一种类型，认识固-液不需加热反应制取气体的典型装置特点和培养学生相关实验操作技能是本实验的重点，实验设计都应围绕这两个关键进行。

(1) 参照[相关资料链接]1 设计氢气的实验室制备和相关性质实验方案。注意从实验原理、发生装置、收集装置、尾气处理装置、操作要点、实验过程中可能出现的问题及解决办法等几个方面进行全面设计。

(2) 参照[相关资料链接]2 设计二氧化碳的实验室制备和相关性质实验方案。其他同1。

(3) 参照[相关资料链接]3 设计硫化氢的实验室制备和相关性质实验方案。其他同1。

(4) 如果根据其他参考资料设计某种气体的制备和相关性质实验，与[相关资

料链接]中的原理和装置差异较大，应与实验教师交流并获得同意才能实施。

(5) 每人选两种气体的制备和相关性质实验，自主选择与统一分配相结合，使选三种气体制备实验的学生数目大致相等。

[教学策略设计]

本实验在中学化学教学中应是分别进行的。设计组织中学生进行本实验中的某一气体的制备和性质实验的教学方案。该方案的设计应注意以下五点。

(1) 课前：布置预习。让学生课前按照实验原理→发生装置→净化干燥装置→收集装置→尾气处理装置→操作要点→注意事项的顺序预习，做到实验前胸有成竹。

(2) 课初：熟悉方案。由学生代表讲解某种气体的制备方案，使他们进一步明确实验原理、装置特点、操作要点和实验预期目标，强调实验操作过程中的注意事项和违反操作规范和程序可能引起的危害。

(3) 课中：规范操作。学生 2~4 人一组，密切配合，规范操作，真实记录，根据教师的授课要求，或直接探究，或验证猜想，从而完成该种气体的制备和相关性质的学习。

(4) 课尾：分析评价。分析实验过程中出现的各种问题，学生汇报交流实验现象和实验结论，并进行评价。

(5) 课后：总结反思。按“实验原理(含化学方程式)、实验装置图、操作要点、实验现象及结论、实验反思及讨论”的程序写出实验报告。

[实验操作过程]

(1) 根据自己所选两种气体的制备和性质实验的设计方案进行实验操作。

(2) 实验过程中，按照“安装仪器(从下到上，从左到右)→气密性检查→填装药品→收集或观察现象、随时记录→停止制气→废气处理→拆卸仪器→回想反思→打扫卫生”的程序进行。

[实验教学反思]

1. 实验报告

(1) 三种气体的制备和性质实验的实验原理(化学方程式)、实验装置图、实验现象和实验结论；

(2) 自己在本次实验中的成功经验或失败教训；

(3) 结合自己的实验操作过程，重新审视上述[教学策略设计]，制定出你认为更合理的教学策略；

(4) 对本实验的改进或其他创新性想法。

2. 教师对学习者的总体表现进行评价(一般放在下次实验之前)

教师从学习者的态度、实验方案设计、实验操作技能、实验结果、实验报告以及在实验过程中表现出来的科学品质等方面进行总结，对实验过程中出现的问题进行分析。

[相关资料链接]

1. 实验室制取氢气和氢气性质的实验

1) 实验原理

实验室制取氢气通常是在启普发生器或其简易装置中用锌粒与稀硫酸(1：4)或工业盐酸(1：2)反应制得的。其反应方程式是：

$$Zn+H_2SO_4(稀) = ZnSO_4+H_2\uparrow$$

$$Zn+2HCl = ZnCl_2+H_2\uparrow$$

因氢气不易溶于水，可以用排水法收集。因氢气的密度比空气小，可以用向下排空气法收集。

2) 实验用品

仪器：启普发生器、烧杯、大试管、小试管、酒精灯、水槽、集气瓶、导气管、玻璃管，铁架台(带铁夹)、透明塑料瓶(底上有个小洞)、橡皮管、火柴等。

药品：稀硫酸(1：4)、粗锌粒、酒精、甘油、氧化铜粉末、凡士林、洗洁精。

3) 仪器安装

由固液不加热制取气体的实验常用启普发生器(图 6-7)或其简易装置(图 6-8)。启普发生器是化学实验室中最普通、应用最广的玻璃仪器。

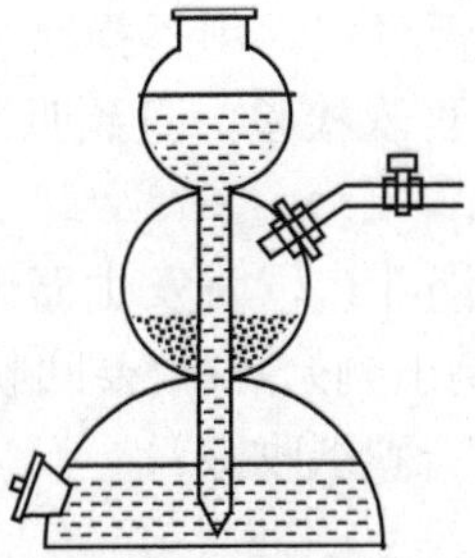

图 6-7　启普发生器

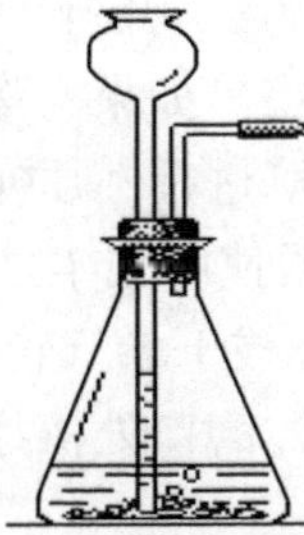

图 6-8　启普发生器的简易装置

(1) 启普发生器的构造与工作原理。启普发生器由球形漏斗(为保证安全，可在球形漏斗口加安全漏斗，防止气体压力过大时炸裂容器)、容器和导气管三部分组成。工作原理(以用稀硫酸和锌粒制氢气为例)：最初使用时，拔下导气管，把锌粒从插导气管的口中加入，将导气管的塞子塞好，接着由球形漏斗口加入稀硫酸。使用时，扭开导气管活塞，酸液由球形漏斗流到容器的底部，再上升到中部与锌粒接触而发生反应，产生的氢气从导气管放出。不用时，关闭导气管的活塞，容器内继续反应产生的氢气使容器内压强加大，把酸液压回球形漏斗，使酸液与锌粒脱离接触，反应自行停止。

(2) 使用范围与规格：它是用固体与液体试剂在常温条件(不用加热)下反应制

取气体的典型装置。例如，氢气、二氧化碳、硫化氢等均可以用它来制取。但固体呈粉末状或固体与液体相遇后溶解或反应时产生高温，如制备二氧化硫、二氧化氮等，以及反应太剧烈难以控制反应速率(如碳化钙与水反应制乙炔等)的反应，都不适宜用此装置。

(3) 气密性检验：启普发生器使用前应先检查装置的气密性。方法是：开启旋塞，向长颈漏斗中加水。当水封闭球形漏斗颈的下端时，关闭旋塞继续加水，使水上升到长颈漏斗球中。静置片刻，若水面不下降，说明装置气密性良好，反之则说明装置漏气。漏气处可能是容器上气体出口处的橡皮塞、导气管上的旋塞或长颈漏斗与容器接触的磨口处。如果漏气，应塞紧橡皮塞或在磨口处涂上一薄层凡士林，然后再一次检查气密性。

(4) 特点：符合“随开随用、随关随停”的原则。能节约药品，控制反应速率和反应的发生和停止，可随时向装置中添加药品。

4) 实验操作

(1) 加锌加酸。检验气密性后，取下容器上的导气管胶塞加入锌粒，加固体的量不得超过球体容积的 1/3。打开导气管上的旋塞，从球形漏斗加入酸液，液体的量以反应时刚刚浸没固体，液面不高过导气管的橡胶塞为宜。

(2) 打开导气管上的旋塞，长颈漏斗中的稀硫酸进入容器与锌粒反应，用旋塞调节气体的流速。

(3) 检验氢气纯度。用排水法收集一试管氢气，用拇指堵住试管口，移近酒精灯火焰，松开拇指，如果有爆鸣声，还要再次检验，直到听到“噗”的一声，表示氢气已纯，便可进行性质实验。

(4) 启普发生器使用完毕，用塞子堵住漏斗口，将发生器侧身，由下口倒出废酸液(统一收集)，拔下导气管塞子，此处倒出剩余锌粒(要回收)，将发生器用清水冲洗干净，擦干，磨口处擦净凡士林并垫一硬纸收藏。

5) 性质实验

(1) 氢气吹泡：在氢气导气管上装上一段 10cm 左右的玻璃管。用玻璃管蘸取肥皂液，管口朝下，然后慢慢打开启普发生器上的活塞，肥皂泡即生成，再轻轻摆动玻璃管，肥皂泡即离开橡皮管而上升。如果改用多孔塑料管(似淋浴喷头)代替玻璃管来吹，结果吹出的氢气泡连续且体积大，不易破裂，效果十分理想。

(2) 氢气与氧气的爆炸实验：①混合气爆炸。排水法收集 1/5~1/3 瓶的氢气，提出水面后立即盖好，颠倒 1~2 次(每次 5s)，用抹布包裹集气瓶，迅速移向灯焰引爆。②氢气和空气扩散相混合的爆炸。在塑料瓶的底部插上一段带橡皮管的玻璃导管，将塑料瓶口朝下竖立在桌面上，接上通氢气的橡皮管，用向下排气法通入氢气。估计塑料瓶内氢气纯度已很高时，停止通氢气，拔去橡皮管，改用左手食指捺住管口，右手立即用引火棒移到玻璃管口点燃，瓶内的氢气就不断地通过玻璃管口燃烧，空气进入下部瓶口，形成氢气和空气的混合气体，当氢气的浓度小于74.2%时(氢气的爆炸上线)，发生爆炸。

(3) 氢气的燃烧实验：在启普发生器的导气管上，先装上一支装有无水氯化钙的干燥管，上接一根尖嘴玻璃导管，点燃氢气，观察氢气燃烧现象。再在火焰的上方罩一冷而干燥的烧杯，观察现象。

(4) 还原氧化铜实验(图6-9)：

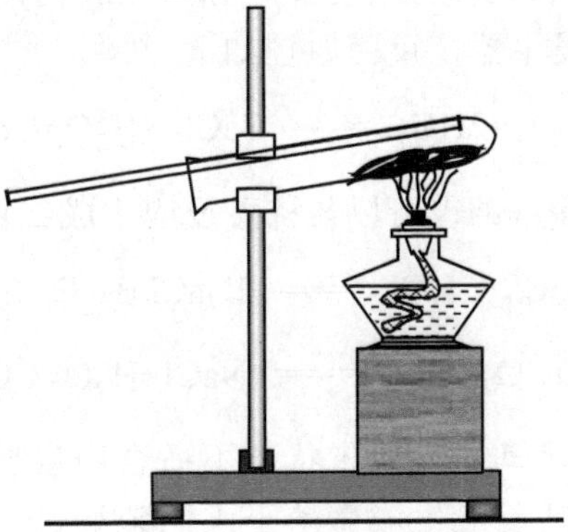

图6-9 氢气还原氧化铜实验装置图

取干燥的大试管一支，装入少量氧化铜粉末平铺在接近试管底部的一侧，用铁夹固定在铁架台上，并使试管口稍向下倾斜，用自制氢气简易发生器制取氢气，将已验纯的氢气通入大试管中(通氢气的玻璃管要伸到大试管的底部，为什么？)。估计试管中的空气排尽后，在装有氧化铜的地方加热，观察现象。反应结束后，先移去酒精灯，再继续通氢气至试管冷却(为什么？)。

6) 注意事项

(1) 在加固体前应在容器的球体中加入一定量的玻璃棉或放入橡胶垫圈，以防固体掉入半球体中。

(2) 中途加锌或酸。中途向启普发生器中添加固体时，需用橡胶塞将球形漏斗口塞紧，然后关闭活塞，使反应气体把酸液与固体分开后，取下容器上的导气管胶塞加入固体；中途需要更换酸液时，也应塞紧漏斗口，然后拔下容器底部的液体出口塞，使废液缓缓流出，塞上液体出口塞后，再从球形漏斗口注液。注意中途加锌或酸产生H_2之后，必须先验纯后再使用，否则会出现不安全事故。

(3) 如需要第二次验纯时，必须将试管口堵住一会或者换一支试管或者用排水法收集验纯，以免试管内有燃烧的氢气导致爆炸发生；使用启普发生器制备氢气，应远离火源。

(4) 移动启普发生器时，应握住容器的球体，千万不可只握球形漏斗，以免会使之与容器脱离，造成漏液或损坏容器。

(5) 启普发生器不能进行加热，也不能用于强烈的放热反应和剧烈放出气体的反应；反应物为块状固体和液体，制取的气体难溶于水(或微溶于水)。

(6) 氢气还原氧化铜实验中，应先通氢气再加热，结束时，应该先熄灯再停止通氢气。

2. 实验室制取二氧化碳及其性质的实验

1) 反应原理

实验室一般用石灰石或大理石(主要成分为碳酸钙)与稀盐酸反应制取二氧化碳。其反应装置是启普发生器，反应原理如下

$$CaCO_3+2HCl \xlongequal{\quad} CaCl_2+H_2O+CO_2\uparrow$$

另外，碳酸钠或碳酸氢钠也可以与稀酸反应生成二氧化碳。例如

$$Na_2CO_3+2HCl \xlongequal{\quad} 2NaCl+H_2O+CO_2\uparrow$$

$$NaHCO_3+HCl \xlongequal{\quad} NaCl+H_2O+CO_2\uparrow$$

但是，碳酸钠或碳酸氢钠为粉末状，不适合用启普发生器及其简易装置制取气体，稀硫酸与碳酸钙反应生成微溶于水的硫酸钙会附着在大理石表面上，形成一层薄膜，使大理石与酸不能接触，阻止反应的继续进行，所以不宜使用稀硫酸。

2) 实验用品

仪器：锥形瓶、长颈漏斗、橡皮塞、胶管、玻璃导管、集气瓶、烧杯、试管、酒精灯、火柴。

药品：石灰石或大理石、稀盐酸、澄清石灰水、小木条、蜡烛、紫色石蕊试液。

3) 实验装置

实验室一般用启普发生器或其简易装置来制取、收集二氧化碳气体。常用向上排气法收集二氧化碳，装置如图 6-10 所示。

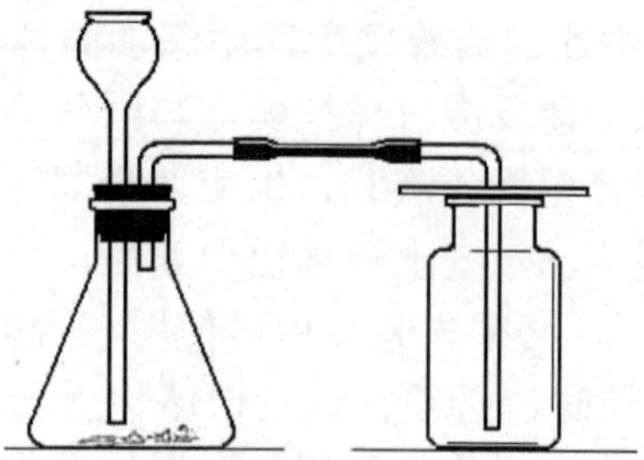

图 6-10　二氧化碳的制取与收集装置

4) 实验操作

安装仪器→检查气密性→装药品→反应→收集气体或检验性质→停止反应。

(1) 先装药品：取下锥形瓶的橡胶塞，将锥形瓶横放，用药匙或纸槽将大理石或石灰石装入锥形瓶，再将橡胶塞塞紧锥形瓶口；

(2) 然后，从长颈漏斗里加入适量的稀盐酸，没过漏斗底端，开始剧烈反应；

(3) 用向上排气法收集 CO_2，用燃着的小木条接近集气瓶口，如果立即熄灭，证明收集满了 CO_2，收集满 CO_2 气体的集气瓶应该正放在桌面上。

5) 性质实验

(1) 不支持燃烧：在通常情况下，CO_2 不能燃烧也不支持燃烧，用燃着带火焰的小木条伸到收集满 CO_2 的集气瓶口，火焰会熄灭；将盛有 CO_2 的集气瓶向装有高低两支燃着蜡烛的烧杯中倾倒，发现低高两支蜡烛会先后熄灭。但是在有些情况下 CO_2 也能燃烧。例如，在空气中燃着的镁条就可以在 CO_2 中继续燃烧，生成碳和氧化镁。因此，一些活泼金属的失火不宜用二氧化碳来扑灭。

(2) 溶于水呈酸性：在一个试管里装入 5mL 水，滴入两滴紫色石蕊试液，然后向其中通 CO_2 气体，过一会就会发现，溶液变成红色。CO_2 溶于水生成了碳酸，碳酸溶液遇到紫色石蕊溶液呈红色。

CO_2 溶于水的趣味实验：用干燥的矿泉水瓶收集一瓶 CO_2 气体，注入适量蒸馏水或冷开水拧紧瓶盖，过一段时间会发现瓶子变瘪了。

(3) 与澄清石灰水反应：将导气管插入盛有澄清石灰水的试管中，通一会 CO_2 会发现石灰水变浑浊，继续通 CO_2，石灰水又慢慢变澄清，发生反应如下

$$CO_2 + Ca(OH)_2 = CaCO_3\downarrow + H_2O$$

$$CO_2 + CaCO_3 + H_2O = Ca(HCO_3)_2$$

6) 注意事项

(1) 实验应使用稀盐酸，不能用浓盐酸或硫酸代替，添加药品时一定按操作规程进行操作，注意安全。

(2) 向长颈漏斗中加入适量的稀盐酸，但不要加太多，以免反应结束时，多余的 CO_2 将稀盐酸压回长颈漏斗时溢出漏斗。

(3) 倾倒 CO_2 时，要缓慢地倒入，否则不易出现下面蜡烛先熄灭的现象。

3. 实验室制取硫化氢及有关性质实验

1) 反应原理

实验室一般用硫化亚铁和稀硫酸反应制取硫化氢气体，反应如下

$$FeS + H_2SO_4 = FeSO_4 + H_2S\uparrow$$

因为盐酸有挥发性，导致收集的硫化氢气体不纯，所以一般采用稀硫酸来制取。硫化氢(H_2S)气体是可燃性无色气体，具有典型的臭蛋味，具有刺激性和窒息性，因此尾气要用氢氧化钠溶液吸收。硫化氢具有可燃性，完全燃烧生成 SO_2，

不完全燃烧生成单质硫。

$$2H_2S+O_2 = 2S+2H_2O \text{（不完全燃烧）}$$

$$2H_2S+3O_2 = 2SO_2+2H_2O \text{（完全燃烧）}$$

硫化氢具有较强的还原性，能与亚硫酸反应生成单质硫，能使溴水褪色且生成单质硫，反应如下

$$2H_2S+H_2SO_3 = 3S\downarrow+3H_2O$$

$$H_2S+Br_2 = 2HBr+S\downarrow$$

硫化氢属于有毒的酸性气体，可以用碱液吸收尾气，反应如下

$$H_2S+2NaOH = Na_2S+2H_2O$$

2) 实验用品

仪器：圆底烧瓶、铁架台、双孔塞、分液漏斗、直角导管、乳胶管、广口瓶、烧杯、集气瓶。

药品：硫化亚铁、稀硫酸、紫色石蕊试液、亚硫酸溶液、溴水、氢氧化钠、酚酞试液。

3) 实验装置

整套装置依次为：发生装置、相关性质实验装置、尾气处理装置(图 6-11)。

(1) 发生装置：硫化氢的制取属于固液不加热反应，所以可以用启普发生器或其简易装置，为得到比较多的硫化氢一般可以用圆底烧瓶代替锥形瓶。

(2) 收集装置：如需要收集可把石蕊试液的广口瓶换成集气瓶，用湿润的 $Pb(Ac)_2$ 试纸验满，放在集气瓶口变黑，即可证明收集满了 H_2S。

(3) 尾气处理：硫化氢有毒、可燃，为防止环境污染，必须用氢氧化钠溶液吸收或点燃的方法处理尾气。

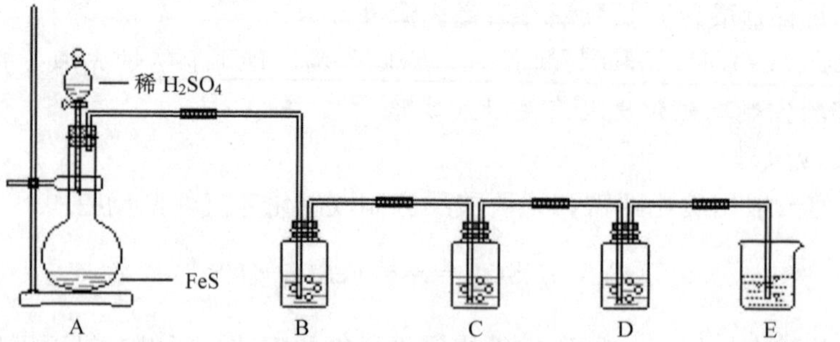

图 6-11　硫化氢的制取与性质实验装置

4) 实验操作

安装仪器→检查气密性→装药品→打开活塞，在烧瓶中加入稀硫酸→性质实验→反应停止。

5) 性质实验

(1) 酸性：将生成的 H_2S 气体通入装置 B 中，能使紫色石蕊试液变成红色。

(2) 具有强还原性：H_2S 通入 C、D 可以分别与亚硫酸反应生成淡黄色沉淀，与溴水反应使之褪色。

(3) 可燃性：烧杯中导气管换成带尖嘴的导气管，有淡蓝色火焰。

(4) 与氢氧化钠溶液反应：与带酚酞的氢氧化钠溶液反应，使溶液碱性减弱并褪色。

6) 注意事项

(1) H_2S 是有刺激性气味、易燃、有毒的气体；硫酸有腐蚀性，添加药品时一定按操作规程进行操作，注意安全。

(2) H_2S 有毒、可燃，可以用氢氧化钠溶液吸收或点燃的方法处理尾气时，酒精灯要一直处于点燃状态，玻璃尖嘴(最好换成金属质的)插入酒精灯内焰，这样既可以保证只要有 H_2S 就能被烧掉，又避免因温度过高使玻璃尖嘴融封。

(3) 实验结束时，应等烧瓶中没有气泡产生再拆装置，以确保 H_2S 完全被吸收或者燃烧完全。

参 考 文 献

李广洲，陆真. 2006. 化学教学论实验. 北京：科学出版社.
刘淑平. 2008. 实验室制取氨气的改进. 教学仪器与实验，(7-8): 45.
刘文明，向清祥. 2008. 化学教学论实验. 北京：电子科技大学出版社.
熊言林. 2004. 化学教学论实验. 合肥：安徽人民出版社.

实验 5 氯化氢、氯气、一氧化碳气体的制备和性质实验

[教学目标]

(1) 探讨成功制取氯化氢、氯气和一氧化碳的仪器装置和实验操作技能，掌握实验室固-液(或液-液)反应需要加热制取气体的装置特点。

(2) 掌握进行氯化氢、氯气和一氧化碳的相关性质实验的仪器装置和操作技能。

(3) 探讨进行氯化氢、氯气、一氧化碳气体的制备和性质实验的教学方法。

[问题研讨]

(1) 氯化氢、氯气、一氧化碳气体的制备实验的原理各是怎样的？

(2) 氯化氢、氯气、一氧化碳气体的制备实验的装置有何特点？如果制备原理改变，则相应的实验装置应做怎样的改变？

(3) 本实验中有哪些不安全的因素(包括环境污染)？应如何消除？

(4) 在许多实验教科书上制取氯化氢和氯气应用了如图 6-12 和图 6-14 所示的装置，在说明中有如下叙述："用蘸有浓氨水的玻璃棒放在集气瓶口试验，如有大量白烟生成，证明已集满(或将湿润的蓝色石蕊试纸放在集气瓶口试验，如试纸变红，则证明集气瓶里已集满了氯化氢气)。"

"集气瓶口要放疏松的棉花团或盖上纸片，以减少氯化氢向空气的扩散。"

"检验 Cl_2 集满的方法：因为 Cl_2 溶于水发生反应：$Cl_2+H_2O \rightleftharpoons HCl+HClO$，生成物都是酸，而且 HClO 还具有强氧化性，所以检验氯气集满的方法除用润湿的蓝色石蕊试纸或润湿的淀粉-碘化钾试纸外，还可以用润湿的红色石蕊试纸放在瓶口，如果集满，现象是红色石蕊试纸褪色。"

你认为上述说明是否合适？为什么？

(5) 刺激性或有毒气体的制备和性质实验向着微型、密闭的方向发展，对此你有何看法或建议？

(6) 本实验对中学生能力的发展有什么促进作用？对中学生的情感、态度、价值观有何作用？

(7) 如何组织中学生开展本实验探究？

[实验方案设计]

本实验是气体制备及其性质实验中非常重要的、典型的一种类型，认识固-液(或液-液)反应需要加热制取气体的典型装置特点和培养学生相关实验操作技能是本实验的重点，实验设计都应围绕这两个关键进行。

(1) 参照[相关资料链接]1 设计氯化氢的实验室制备和相关性质实验方案。注意从实验原理、发生装置、净化干燥装置、收集装置、尾气吸收装置、操作要点、

实验过程中可能出现的问题及解决办法等几个方面进行全面设计。

(2) 参照[相关资料链接]2 设计氯气的实验室制备和相关性质实验方案。其他同 1。

(3) 参照[相关资料链接]3 设计一氧化碳的实验室制备和相关性质实验方案。其他同 1。

(4) 如果根据其他参考资料设计某种气体的制备和相关性质实验，与[相关资料链接]中的原理和装置差异较大，应与实验教师交流并获得同意后才能实施。

(5) 每人选两种气体的制备和相关性质实验，自主选择与统一分配相结合，使选三个实验的学生数目大致相等。

[教学策略设计]

本实验在中学的化学教学中应是分别进行的。设计组织中学生进行本实验中的某一气体的制备和性质实验的实验教学方案。该方案的设计应注意以下五点。

(1) 课前：布置预习。让学生课前按照实验原理→发生装置→净化干燥装置→收集装置→尾气吸收装置→操作要点→注意事项的顺序预习，做到实验前胸有成竹。

(2) 课初：熟悉方案。由学生代表讲解某种气体的制备方案。使他们进一步明确实验原理、装置特点、操作要点和实验预期目标，强调实验操作过程中的注意事项和违反操作过程可能引起的危害。

(3) 课中：规范操作。让学生 2~4 人一组，密切配合，规范操作，真实记录，根据教师的授课要求，或直接探究，或验证猜想，从而完成该种气体的制备和相关性质的学习。

(4) 课尾：分析评价。引导学生分析实验过程中出现的各种问题，汇报交流实验现象和实验结论，教师进行补充、完善和评价。

(5) 课后：总结反思。让学生对整个实验过程进行总结反思，写出实验报告。

[实验操作过程]

(1) 根据自己所选两种气体的制备和相关性质实验的设计方案进行实验操作。

(2) 实验过程中，按照“安装仪器(从下到上，从左到右)→气密性检查→填装药品→加热制气→收集或观察现象、随时记录→停止制气→废气处理→拆卸仪器→回想反思→打扫卫生”的程序进行。

[实验教学反思]

1. 实验报告

(1) 三种气体的制备和相关性质实验的实验原理(化学方程式)、实验装置图、操作要点、实验现象和实验结论；

(2) 自己在本次实验中的成功经验或失败教训；

(3) 结合自己的实验操作过程，重新审视上述[教学策略设计]，制订出你认为更合理的教学策略；

(4) 对本实验的改进或其他创新性想法。

2. 教师对学习者的总体表现进行评价(一般在放下次实验之前)

教师从学习态度、方案设计、实验操作技能、实验结果、实验报告等方面进行总结，对实验过程中出现的问题进行分析。

[相关资料链接]

1. 实验室制取氯化氢和氯化氢的性质实验

1) 实验原理

高沸点酸可与低沸点酸的盐反应，生成低沸点酸。浓 H_2SO_4 是难挥发的高沸点酸，盐酸是易挥发的低沸点酸，实验室就是用浓 H_2SO_4 与 NaCl 晶体共热来制取氯化氢气体。氯化氢溶于水即得盐酸。

$$NaCl+H_2SO_4(浓) \xlongequal{\quad} NaHSO_4+HCl\uparrow$$

$$2NaCl+H_2SO_4(浓) \xlongequal{\triangle} Na_2SO_4+2HCl\uparrow$$

氯化氢极易溶于水，不能用排水法收集。因为氯化氢的密度比空气大，所以可以用瓶口向上的排空气集气法收集。

2) 实验用品

仪器：铁架台(带铁夹、铁圈)、酒精灯、石棉网、圆底烧瓶、分液漏斗、烧杯、直角导管、集气瓶、漏斗。

药品：食盐、浓硫酸、蒸馏水、石蕊试液、硅酸钠溶液、硝酸银溶液、浓氨水。

3) 仪器安装

按图 6-12 安装好仪器。安装顺序应遵循从下到上、从左到右顺序。

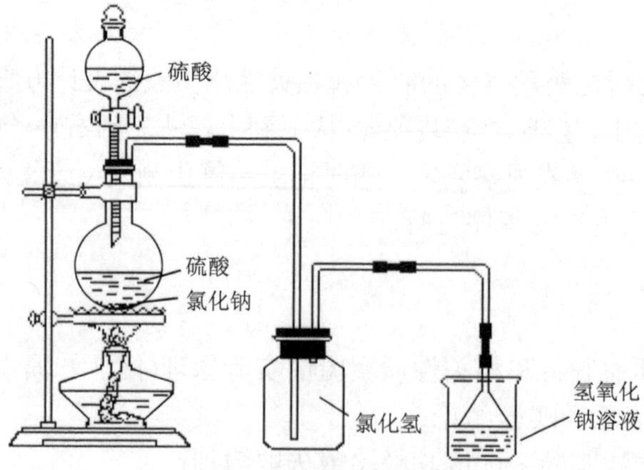

图 6-12　实验室制取氯化氢

4) 实验操作

(1) 检验气密性后，在烧瓶中加入约15g干燥的食盐。

(2) 从分液漏斗往烧瓶里逐渐加入浓H_2SO_4，使酸液浸没食盐，便会有氯化氢生成。

(3) 加热，用集气瓶收集。

(4) 当看到倒扣的漏斗中有大量酸雾生成时，说明集气瓶中已经收集满氯化氢气体。

5) 性质实验

(1) 酸性检验(图6-13A)：氯化氢气体通过紫色石蕊试液，试液变红，说明氯化氢水溶液(盐酸)显酸性。

(2) 与硅酸钠的反应(图6-13B)：氯化氢气体通过硅酸钠溶液，有絮状白色沉淀原硅酸生成，说明利用强酸能制取弱酸。

(3) 与硝酸银溶液的反应(图6-13C)：氯化氢气体通过用硝酸酸化的硝酸银溶液，有白色沉淀生成，常用此反应检验氯离子。

(4) 与氨的反应(图6-13D)：氯化氢气体通过滴有几滴浓氨水的集气瓶，有白烟生成，常用此反应检验氯化氢气体。

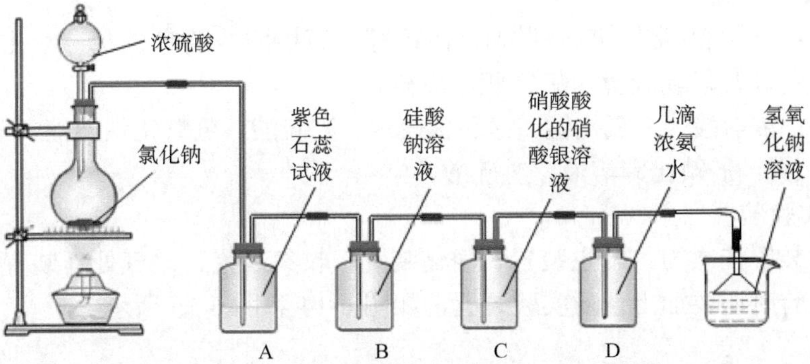

图6-13　实验室制取氯化氢并进行相关性质实验

6) 注意事项

(1) 这个实验开始时反应较剧烈，不需加热，不然会使反应过快，气压增大，冲开瓶塞，使产生的氯化氢逸散到空气中造成污染。当反应缓慢时再用微火均匀加热，温度不能过高，以免烧瓶里产生的泡沫随气体一同逸出。

(2) 发生装置和收集氯化氢气的集气瓶均应干燥。

(3) 收集好氯化氢的集气瓶要用涂有凡士林的毛玻璃片盖好正放。

(4) 氯化氢气是有刺激性气味的气体，在水中溶解性大并且溶解速度快，多余的氯化氢可用水吸收(按图6-12和图6-13中用倒扣的漏斗，漏斗边缘刚接触水面，这样有利于氯化氢的吸收并能有效防止倒吸)。

2. 实验室制取氯气和氯气的性质实验

1) 反应原理

实验室一般用 MnO_2 黑色固体和浓盐酸共热制取氯气：

$$MnO_2+4HCl(浓) \xrightarrow{\triangle} MnCl_2+Cl_2\uparrow+2H_2O$$

该反应的本质是用氧化剂把盐酸中的 Cl^- 氧化成 Cl_2。

实际上，只要某物质的氧化性比 MnO_2 强，它都能把盐酸中的 Cl^- 氧化成 Cl_2，且不需要加热。例如

$$2KMnO_4+16HCl(浓) = 2KCl+2MnCl_2+5Cl_2\uparrow+8H_2O$$

$$KClO_3+6HCl(浓) = KCl+3Cl_2\uparrow+3H_2O$$

$$NaClO+2HCl(浓) = NaCl+Cl_2\uparrow+3H_2O$$

也可用 NaCl 固体和浓硫酸组成的混合物(它们在加热条件下可反应生成 HCl)代替浓盐酸制取氯气：$MnO_2+2NaCl+2H_2SO_4 \xrightarrow{\triangle} Na_2SO_4+MnSO_4+Cl_2\uparrow+2H_2O$。

2) 实验用品

仪器：铁架台(带铁夹、铁圈)、酒精灯、石棉网、圆底烧瓶、双孔塞、分液漏斗、直角导管、乳胶管、集气瓶、烧杯。

药品：浓盐酸、二氧化锰、饱和食盐水、浓硫酸、氢氧化钠溶液、干红布条、湿红布条、淀粉-碘化钾溶液、氢硫酸。

3) 实验装置

整套装置依次为：发生装置、净化装置、收集装置、尾气处理装置。进行相关性质实验时还要加上性质实验装置，如图 6-14 和图 6-15 所示。

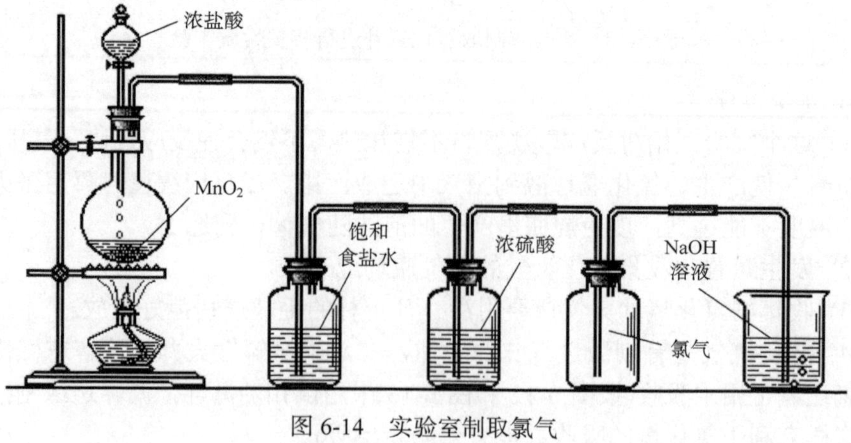

图 6-14　实验室制取氯气

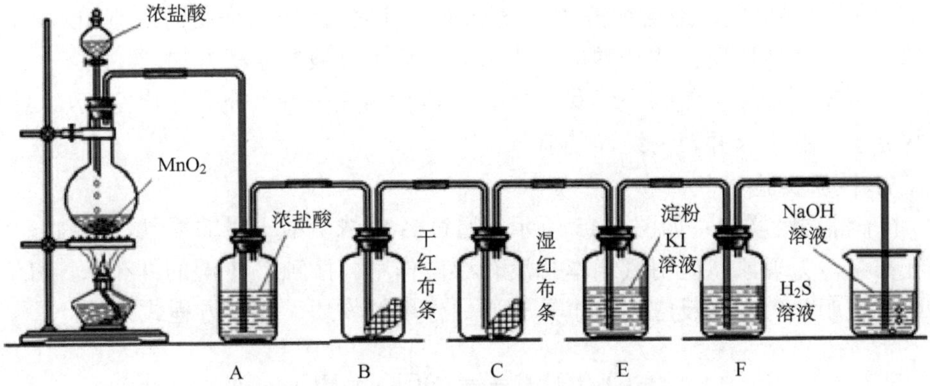

图 6-15　实验室制取氯气及相关性质实验

(1) 发生装置：固液加热制气装置。反应是在烧瓶中进行的，烧瓶配双孔塞，双孔塞插有分液漏斗和出气管。

装配顺序是：放好铁架台→摆好酒精灯→根据酒精灯位置固定好铁圈→放上石棉网→在烧瓶口塞上带分液漏斗和导管的双孔塞→用铁夹固定好烧瓶(如果在烧瓶固定后塞上带分液漏斗和导管的双孔塞，会因不宜用力而塞不紧或因用力过猛而损坏仪器)。

(2) 净化装置：因为浓盐酸易挥发，产生了杂质气体 HCl 和水蒸气。先用饱和食盐水除去 Cl_2 中的 HCl 气体，再用浓 H_2SO_4 除去 Cl_2 中的水蒸气。因为气体从溶液中逸出，或多或少带出水分，所以除去水蒸气必须放在最后一步。

(3) 收集装置：向上排空气法收集，或排饱和食盐水法收集(Cl_2 溶于水，不能用排水法收集，加食盐可以降低 Cl_2 在水中的溶解度)。

(4) 尾气处理：Cl_2 有毒，为防止环境污染，必须用氢氧化钠溶液吸收。

$$Cl_2+2NaOH = NaCl+NaClO+H_2O$$

(5) 整套装置的气密性检查方法

关闭分液漏斗的活塞，将尾气处理装置的导管插入水中，用酒精灯加热烧瓶，看到导管口冒气泡；移走酒精灯，片刻后导管内形成一段水柱，说明装置中气密性好。

4) 实验操作

安装仪器→检查气密性→装药品→点酒精灯→停止反应(实验结束时应遵循“先提后撤”原则：先将导管提出水面，再移走酒精灯，防止冷的溶液倒吸入热的容器中使之破裂)。

加药品顺序是：先加固体(烧瓶横放，盛药品的纸槽或药匙水平送入，慢慢竖起)，再固定好烧瓶，最后加液体。烧瓶内试剂 MnO_2 应在烧瓶固定前加入，以免固体放入时损坏烧瓶。浓盐酸应在烧瓶固定后由分液漏斗缓慢加入。

当观察到黄绿色气体充满集气瓶时，再加热几分钟，充分排出空气，这时，就得到了一瓶干燥并较为纯净的氯气。

5) 性质实验

(1) 漂白性实验：如图 6-15 所示，通过 A 中浓硫酸干燥的氯气，接触 B 中干的红布条，无现象，说明氯气本身没有漂白作用。接触 C 中湿的红布条，红布条褪色，说明氯气与水反应生成了具有漂白作用的物质。化学方程式为

$$Cl_2 + H_2O = HClO + HCl$$

HClO 具有很强的氧化性，能把有色物质氧化成无色物质。

(2) 与淀粉碘化钾溶液的反应：氯气通过图 6-15E 中的淀粉碘化钾溶液，使溶液变由无色变蓝色，说明氯比碘活泼，氯气能把碘从它的低价化合物中置换出来。化学方程式：$Cl_2+2KI = 2KCl+I_2$，I_2 遇淀粉显示特征的蓝色，常用此反应检验氯气。

(3) 与氢硫酸的反应：氯气通过图 6-15F 中的氢硫酸，会观察到淡黄色沉淀，说明氯比硫活泼，氯气能把硫从它的低价化合物中置换出来。化学方程式为

$$Cl_2+H_2S = 2HCl+S\downarrow$$

6) 注意事项

(1) 实验中使用的药品浓盐酸有挥发性、刺激性，浓硫酸有强的腐蚀性，添加药品时一定按操作规程进行操作，注意安全。

(2) 氯气有毒，整个实验过程必须在密封的系统中进行。

(3) 图 6-14 的氯气制备实验中，饱和食盐水与浓硫酸的位置不能调换，否则不能得到干燥的氯气。

(4) 图 6-15 的氯气性质实验中，干的红布条一定要在浓硫酸的后面，否则也会褪色。

(5) 实验结束时用止水夹夹住靠近烧瓶的连接胶管，把烧瓶拆下，打开烧瓶的双孔塞加入 NaOH 溶液，振荡，充分吸收其中的氯气；打开止水夹，用打气管或洗耳球往收集系统或性质实验系统中充入空气至瓶中液体上部空间呈无色，再拆除实验装置。

3. 实验室制取一氧化碳及相关性质实验

1) 反应原理

实验室一般用甲酸和浓硫酸共热使甲酸脱水制取一氧化碳。

$$HCOOH \xrightarrow[\triangle]{\text{浓}H_2SO_4} H_2O + CO\uparrow$$

2) 实验用品

仪器：铁架台(带铁夹、铁圈)、酒精灯、石棉网、圆底烧瓶、双孔塞、分液漏斗、直角导管、乳胶管、集气瓶、硬质反应管。

药品：甲酸、浓硫酸、氧化铜。

3) 实验装置

整套装置依次为：发生装置、收集装置、尾气处理装置。进行相关性质实验时还要加上性质实验装置，如图 6-16 和图 6-17 所示。

(1) 发生装置：液液加热制气装置(同制氯化氢的装置)。

(2) 收集装置：排水集气法收集。

(3) 尾气处理：CO 有毒、可燃，为防止环境污染，必须用点燃的方法处理尾气。

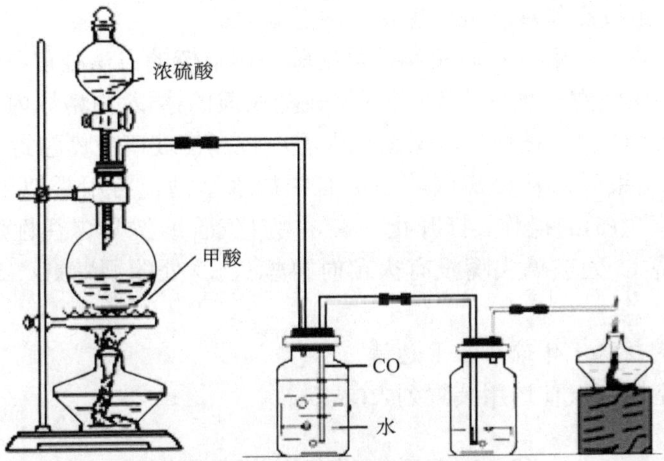

图 6-16　实验室制取一氧化碳

4) 实验操作

安装仪器→检查气密性→装药品→点酒精灯→收集 CO→停止反应。

5) 性质实验

CO 还原 CuO：如图 6-17 所示，把 CO 通入 B 处盛有 CuO 的反应管中，等待 C 处玻璃尖嘴有火苗时点燃 B 处的酒精灯给 CuO 加热，当 B 处的黑色粉末完全变为红色时，熄灭 A、B 处的酒精灯，待 C 处玻璃尖嘴没有火苗时再熄灭 C 处的酒精灯。

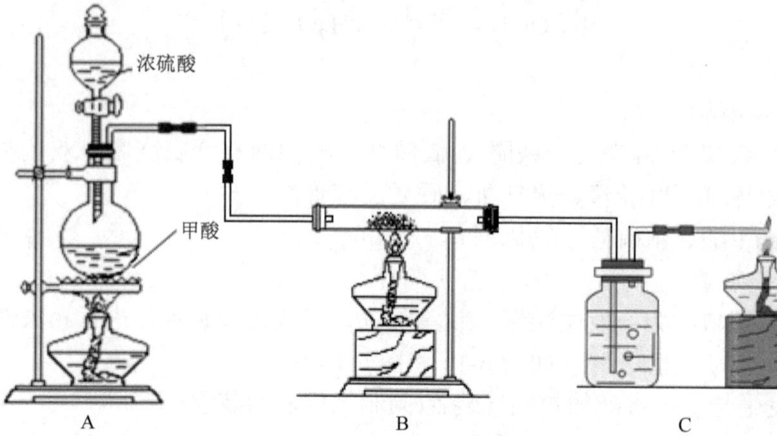

图 6-17　一氧化碳还原氧化铜

6) 注意事项

(1) 甲酸是有刺激性气味、易燃、有腐蚀性的液体；浓硫酸有强的腐蚀性，添加药品时一定按操作规程进行操作，注意安全。

(2) CO 有毒、可燃，在收集和性质实验中用点燃的方法处理尾气时，酒精灯要一直处于点燃状态，玻璃尖嘴(最好换成金属质的)插入酒精灯内焰，这样既可以保证只要有 CO 就能被烧掉，又避免因温度过高使玻璃尖嘴融封。

(3) 实验结束时，从分液漏斗往烧瓶中加水至满，再用类似于[相关资料链接]2 中注意事项(5)的操作，打开止水夹，用打气管或洗耳球往性质实验系统中充入空气，待 C 处玻璃尖嘴没有火苗时再熄灭 C 处的酒精灯，最后再拆除实验装置。

4. 实验室制取气体选用装置总结

1) 实验室制取气体选用装置列表(表 6-2)

表 6-2　实验室制取气体选用装置总结

装置类型	选用依据	装置作用	装置图	说明
气体发生装置	根据反应物的状态和反应条件为思路选用气体的发生装置	固+固 $\xlongequal{\triangle}$ 气体(装置 A) 固+液 ═ 气体(装置 B) 固(块状)+液 ═ 气体(装置 C) 固+液 $\xlongequal{\triangle}$ 气体(装置 D)	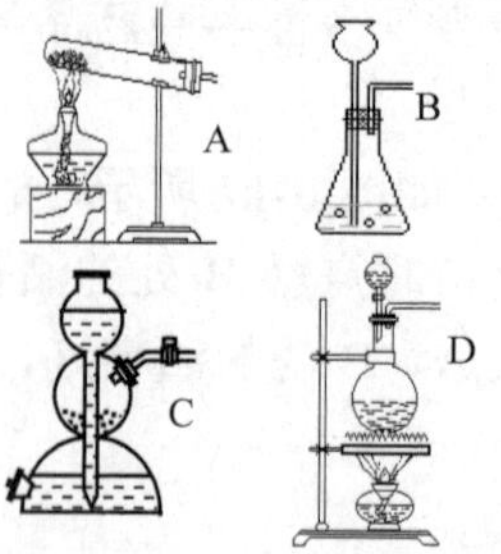	用装置 A 可制取 O_2、NH_3、CH_4 等；用装置 B 可制取 SO_2、CO_2、H_2、H_2S、O_2(用 H_2O_2)、Cl_2(用 $KMnO_4$)等；用装置 C 可制取 CO_2、H_2、H_2S 等；用装置 D 可制取 Cl_2、HCl、CO 等

续表

装置类型	选用依据	装置作用	装置图	说明
气体净化装置	根据气体的性质和所含有的杂质选择干燥剂和吸收剂	碱性干燥剂(碱石灰、氢氧化钠等) 中性干燥剂($CaCl_2$) 酸性干燥剂(浓硫酸)	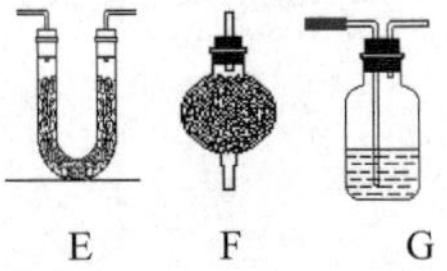	固态干燥剂(如碱石灰、氯化钙等)常选用装置 E、F；液态干燥剂(如浓硫酸)选用装置 G
气体收集装置	根据气体的水溶性和对空气的相对密度选用收集装置	向上排空气法(装置 H) 向下排空气法(装置 I) 排水法(装置 J)	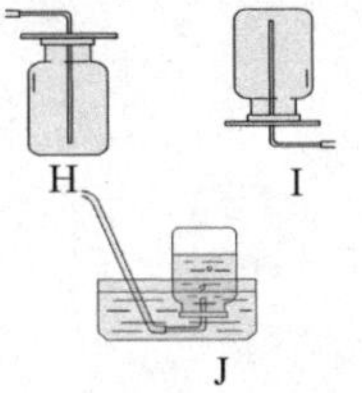	Cl_2、HCl、SO_2、CO_2、H_2S、NO_2 等比空气重且不易与 O_2 反应的气体用装置 H；NH_3、H_2 等比空气轻的气体用装置 I；CO、H_2、NO 等用装置 J
尾气处理装置	尾气有毒或有刺激性气味污染空气需要尾气处理	用试剂吸收 点燃 用气囊收集等	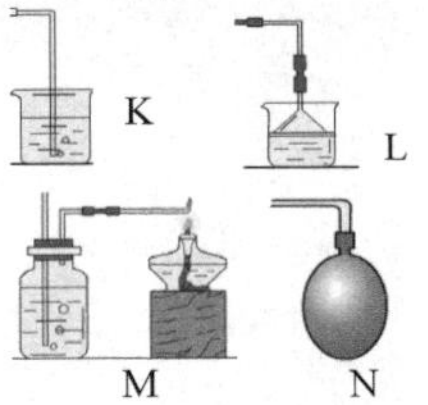	吸收溶解速度不很快的气体用装置 K；溶速快且溶解度极大，易倒吸，选用 L；难以吸收的可以点燃处理，选用 M。其他情况可选气囊 N 收集

2) 实验室多用装置说明

对于如图 6-18 所示的实验室多用装置，采用不同的操作方法，有不同的用途：

(1) 从 A 口进气，从 B 口排出瓶内的空气，可收集 O_2、Cl_2 等比空气重的气体；

(2) 从 B 口进气，从 A 口排出瓶内的空气，可收集 H_2、NH_3 等比空气轻的气体；

(3) 在瓶内充满水，从 B 口进气，将瓶内水从 A 口压出，可作为排水集气装置；

(4) 在瓶内加入适量液态净化剂，从 A 口进气，B 口出气，可作为气体净化装置；

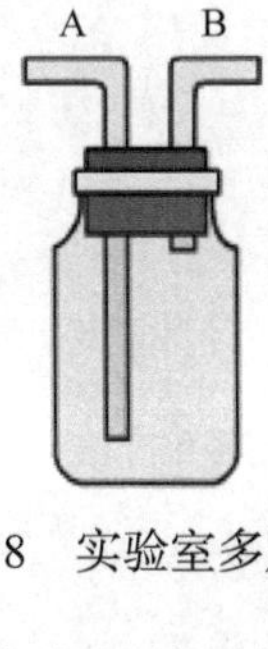

图 6-18　实验室多用装置

(5) 瓶内加入适量浓硫酸，从 A 口进气，B 口出气，可作为气体干燥装置。

参 考 文 献

王立志. 2009. 中学化学演示实验的教学设计. 教学仪器与实验, (05): 17-18.

王胜碧, 郑永恒. 1998. 氯化氢气体制备及其喷泉实验的改进. 安顺师专学报, (02): 60-62.
王希通. 1990. 化学实验教学研究. 北京: 高等教育出版社: 74.
徐寒枝. 2011. 氯气实验室制法及性质演示实验的改进. 教育革新, (02): 56.
张爱玲. 2009. 《氯化氢气体制取装置的设计》教学案例. 新课程, (09): 111.

第7章　中学化学定量与测定实验研究

实验6　硝酸钾溶解度的测定

[教学目标]

(1) 掌握硝酸钾溶解度测定常用方法的基本原理和实验操作技能。

(2) 培养分析误差的思考能力和根据实验数据绘制溶解度曲线的技能。

(3) 探讨组织中学生进行硝酸钾溶解度测定实验的教学策略。

[问题研讨]

(1) 硝酸钾溶解度的测定有几种方法？每种方法的基本原理、计算公式、实验关键是怎样的？分析每种方法中可能造成误差的原因及实验操作中的注意事项。

(2) 硝酸钾溶解度测定的几种方法的优缺点各是什么？

(3) 本实验对中学生能力的发展有什么促进作用？

(4) 如何组织中学生开展本实验探究？本实验对中学生的情感、态度、价值观有何作用？

[实验方案设计]

本实验是定量实验，提高各测定环节的精确度是实验成功的关键，实验设计都应围绕这一关键进行。

(1) 参照[相关资料链接]1 设计结晶析出法(定溶剂)实验测定方案。设计时特别注意每次加入溶质的质量、温度计的位置及读数时机的把握、试管在烧杯中的位置、降温速度等影响测定结果的因素，以提高测量的精确度。

(2) 参照[相关资料链接]2 设计结晶析出法(定溶质)实验测定方案。设计时特别注意每次加入溶剂的质量、温度计的位置及读数时机的把握、试管在烧杯中的位置、降温速度等影响测定结果的因素，以提高测量的精确度。

(3) 参照[相关资料链接]3 设计溶质质量法测定方案。设计时特别注意每次的温度控制、溶质的加入、饱和溶液的转移、溶液的蒸发、蒸干后的冷却、冷却后的称量等影响测定结果的因素，以提高测量的精确度。

(4) 如果根据其他参考资料设计“硝酸钾溶解度的测定”实验方案，与[相关资料链接]中的原理和装置差异较大，应与实验教师交流并获得同意后才能实施。

(5) 自主选择与统一分配相结合，使选三种测定方法的人数基本相等，测定数据共享。

[教学策略设计]

设计组织中学生进行该测定实验的实验教学方案。该方案的设计应注意：

(1) 课前：布置预习。让学生课前预习测定硝酸钾溶解度的实验原理及推导有关公式。

(2) 课初：熟悉方案。由学生代表讲解各种测定方法的实验原理、公式推导，让学生明确需要通过实验测定获得的数据，强调实验操作过程中的注意事项和违反操作过程可能引起的危害。

(3) 课中：规范操作。将参加实验研究的学生分成 6 人一组，各组中的每 2 人负责完成一种方法的实验测定，记录详细的实验数据，最后一起分析，形成结论。注意指导学生规范操作，提高各项测定的精确度，师-生、生-生合作，共同完成实验测定的实际操作。

(4) 课尾：分析评价。引导学生分析实验过程中出现的各种问题，汇报交流测定结果，教师进行补充、完善和评价。

(5) 课后：总结反思。让学生对整个实验过程进行总结反思，写出实验报告。

[实验操作过程]

(1) 根据自己所选测定方法的实验设计方案进行实验操作。

(2) 实验操作过程中，根据前面分析的成功关键和注意事项准确操作，尽量减少犯错，尽量提高测定的精确度。

[实验教学反思]

1. 实验报告

(1) 本次实验研究的结果及其三种测定方法的优缺点比较；

(2) 自己在本次实验中的成功经验或失败教训；

(3) 结合自己的实验操作过程，重新审视上述[教学策略设计]，制定出你认为更合理的教学策略；

(4) 对本实验的改进或其他创新性想法。

2. 教师对学生的总体表现进行评价(一般放在下次实验之前)

教师从学习态度、方案设计、实验操作技能、实验结果、实验报告等方面进行总结，对测定结果精确者予以肯定、鼓励，对误差较大者分析原因。

[相关资料链接]

1. 硝酸钾溶解度的测定——结晶析出法(定溶剂)

1) 实验原理

在一定量的水中，溶入一定量硝酸钾形成不饱和溶液。当溶液缓缓降温并开始析出硝酸钾晶体(溶液成为饱和状态)的同时测出溶液的温度，可计算出在该温度下的 100g 水中溶解达饱和所需硝酸钾的最大克数，即是硝酸钾在该温度下的溶解度。

2) 实验用品

铁架台(含铁圈 1、铁夹 2)、温度计、大试管、托盘天平、水浴、小量筒、化学纯硝酸钾、蒸馏水。

3) 实验装置

实验装置如图 7-1 所示。

4) 实验操作

(1) 在托盘天平上称量硝酸钾 5g、1.5g、1.5g、2.0g、2.5g。

(2) 在大试管中加入 10mL 蒸馏水，加入 5g 硝酸钾，放入水浴中加热，边加热边搅拌至完全溶解。

(3) 自水浴中拿出试管，插入一支干净的温度计，一边用玻璃棒轻轻搅拌并摩擦管壁，同时观察温度计的读数，当开始有晶体析出时，应即刻读数并作记录。

(4) 把试管再放入水浴中加热使晶体全部溶解，然后重复上述(3)的操作，再测定开始析出晶体的温度并对比两次读数(不超过 0.5℃)。

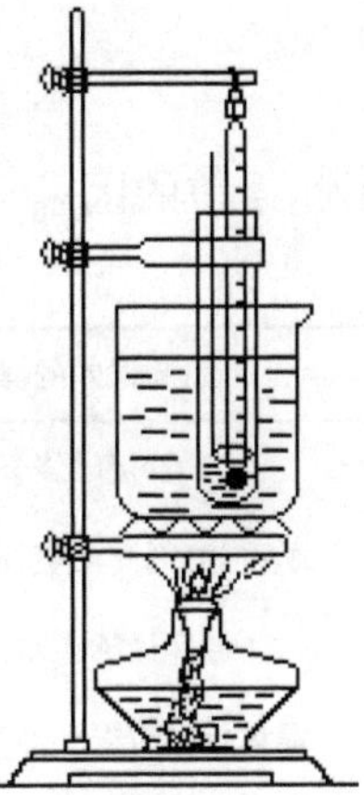

图 7-1　硝酸钾溶解度的测定

(5) 向试管中再加 1.5g 硝酸钾(试管共有硝酸钾为 5+1.5=6.5g)，然后重复上述(3)、(4)的操作，测两次。

(6) 同样重复(5)的操作，依次测得加入 1.5g、2.0g、2.5g 硝酸钾(试管中依次共有硝酸钾 8g、10g、12.5g)开始析出晶体的温度(温度计不必洗涤，每个试样测两次)。

(7) 把实验所得数据填入表 7-1 中，计算各温度下 KNO_3 的溶解度。

表 7-1　结晶析出法(定溶剂)测定硝酸钾的溶解度相关数据

试管中硝酸钾的依次加入量/g						
试管中硝酸钾的总量/g						
试管中水的量/mL		10	10	10	10	10
开始析出晶体的温度/℃	t_1					
	t_2					
	平均					
溶解度						

(8) 根据所得数据，以温度为横坐标，溶解度为纵坐标，绘制出溶解度曲线图。从图上可以清楚地反映出溶解度和温度的密切关系。

说明：当室温不够低时，可把试管浸入冷水中冷却降温。溶液在降温的过程中，用玻璃棒轻轻搅拌溶液并摩擦管壁，以防止溶液出现过饱和。取温度计读数，必须把握刚刚开始析出晶体的时刻，以免增大误差。

5) 误差分析

$$原理：S=\frac{m_{(溶质)}}{m_{(溶剂)}}\times 100$$

引起误差的因素分析见表 7-2。

表 7-2 引起误差的因素分析

引起误差的操作	误差因素	S值
试管接触烧杯壁	局部温度偏高，致使$m_{溶质}$变大	偏大
试管内溶剂高出烧杯内的水面	局部温度偏低，致使$m_{溶质}$变小	偏小
温度计插在水浴中	溶液温度偏低，致使$m_{溶质}$变小	偏小
晶体析出后未立即读温度值	所读温度值偏低，致使$m_{溶质}$变大	偏大
降温太快	所读温度值偏低，致使$m_{溶质}$变大	偏大

2. 硝酸钾溶解度的测定——结晶析出法(定溶质)

实验原理、实验用品、实验装置均同 1. 硝酸钾溶解度的测定——结晶析出法(定溶剂)，实验操作步骤如下：

(1) 在托盘天平上称量硝酸钾 5g。

(2) 在大试管中加入 5mL 蒸馏水，加入 5g 硝酸钾，放水浴中加热，边加热边搅拌至完全溶解。

(3) 自水浴中拿出试管，插入一支干净的温度计，一边用玻璃棒轻轻搅拌并摩擦管壁，同时观察温度计的读数，当开始有晶体析出时，应即刻读数并作记录。

(4) 把试管再放入水浴中加热使晶体全部溶解，然后重复上述(3)的操作，再测定开始析出晶体的温度并对比两次读数(不超过 0.5℃)。

(5) 向试管中再加 1mL 水(试管共有水 6mL)，然后重复上述(3)、(4)的操作。

(6) 同样重复(5)的操作，依次测得加入 1mL、1mL、2mL 水(试管中依次共有水 7mL、8mL、10mL)开始析出晶体的温度(温度计不必洗涤，每个试样测两次)。

(7) 把实验所得数据填入表 7-3 中，计算各温度下 KNO_3 的溶解度。

表 7-3　结晶析出法(定溶质)测定硝酸钾的溶解度相关数据

试管中水的依次加入量/mL						
试管中水的总量/mL						
试管中硝酸钾的量/g		5	5	5	5	5
开始析出晶体的温度/℃	t_1					
	t_2					
	平均					
溶解度						

(8) 根据所得数据，以温度为横坐标，溶解度为纵坐标，绘制出溶解度曲线图。从图上可以清楚地反映出溶解度和温度的密切关系。

误差分析(同 1)。

3. *硝酸钾溶解度的测定——溶质质量法*

1) 实验原理

在一个质量已知的蒸发皿中，称量一定温度下的饱和硝酸钾溶液的质量，然后加热饱和溶液，蒸发掉全部的水分，再称量蒸发皿和固体硝酸钾的质量，这样就可计算出这一温度下的硝酸钾溶解度。

$$s=\frac{(c-a)\times 100}{b-c}$$

式中，a 为蒸发皿的质量(g)；b 为蒸发皿+饱和溶液总质量(g)；c 为蒸发皿+固体溶质总质量(g)；s 为溶解度；$c–a$ 为固体溶质质量；$b–c$ 为一定量饱和溶液中水的质量。

实验中应测出 a、b、c 值

2) 实验用品

铁架台(带 1 铁圈和 2 铁夹)、大烧杯、石棉网、试管、温度计、天平、蒸发皿、铁三脚架、泥三角、玻璃棒、砂浴盘、酒精灯、硝酸钾晶体、蒸馏水。

3) 实验操作

(1) 用天平准确称量出干燥的蒸发皿质量 a。

(2) 用量筒量取 10mL 蒸馏水，倒入大试管中，然后把一支温度计放入试管内，将试管放在盛 2/3 容积水(要用蒸馏水)的烧杯中。进行水浴加热，使试管里的水保持 60℃。

恒温后，逐渐向试管里加入研细的硝酸钾粉末。用玻璃棒轻轻搅拌，直到 5min 内不再溶解为止。记下溶液的温度 t。

(3) 取出大试管，把里面的硝酸钾溶液倾倒在已称量过的蒸发皿里，要防止未溶解的硝酸钾随溶液流出来。然后称量蒸发皿饱和溶液的总质量 b。

(4) 把蒸发皿放到泥三角上用酒精灯加热，蒸发浓缩。边加热边搅拌，待有固体形成时，改换砂浴加热。直到全部水分蒸发完，将蒸发皿放在干燥器内冷却。冷却后称量。之后再到砂浴上加热、冷却、称量。直到两次称量的结果相差不超过 0.1g 为止。记下蒸发皿与溶质的总质量 c。

(5) 照此方法可测出 20℃、30℃、40℃、50℃等温度的溶解度。在坐标系上分别以温度、溶解度为横纵轴，画出相应的点，将各点连接成一条圆滑的曲线，即绘制出硝酸钾溶解度曲线。

4) 注意事项

(1) 当加入硝酸钾晶体后，要不断地搅拌溶液，一般恒温时间为 10min 为宜。因为达到溶解平衡需要一定的时间，有时由于恒温时间短，未达到溶解平衡，造成测定值不准确。

(2) 测定每个温度下的溶解度，要预先计算硝酸钾的理论值，实验所需用的量略大于理论值。称出实验用量，并一次倒入试管中。

(3) 从试管里倒出饱和溶液时要迅速，防止由于离开热水浴后留在空气中时间过长而溶液温度发生变化，造成晶体过早地析出。特别是在室温低的情况下，溶液的温度与室温相差大时，从试管里倒出饱和溶液的速度慢，则试管壁上能析出不少晶体。为确保转移饱和溶液时不会有晶体析出，可用一块热湿布迅速地将试管包好，以保持温度恒定，再倒出溶液。

(4) 加热蒸干硝酸钾溶液时，所用玻璃棒常常带有硝酸钾，造成晶体的损失，因此使测定值偏低。

(5) 在硝酸钾饱和溶液加热蒸干时，当大量水分已蒸发掉，如果酒精灯的火力很大，会使硝酸钾晶体小颗粒蹦跳出来，造成损失，所以最好改用砂浴继续加热，以除去少量水分。

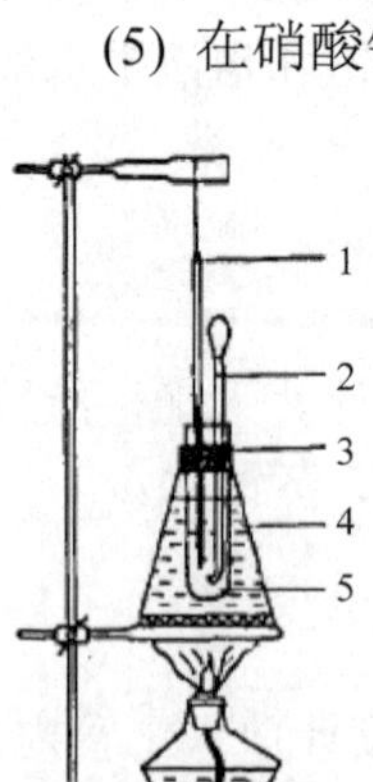

图 7-2 改进的实验装置

1-温度计；2-搅拌器；3-布条；4-水；5-硝酸钾溶液

(6) 每测定一个温度的溶解度时，务必将试管、蒸发皿、玻璃棒洗净烘干，才能进行下一个温度的测量。蒸发皿还得重新称量。

(7) 加热用的水不能用自来水，要用蒸馏水。

(8) 试管在水浴中进行加热时，为使试管上下受热均匀，可在试管内放一搅拌器。

5) 实验改进

A. 实验装置改进(图 7-2)

(1) 试管以 25mm × 150mm 的为宜，锥形瓶

用 250mL，内盛约 220mL 水。

(2) 缠绕试管的布条宽约 2cm，其上缘要略低于试管口，下缘不得接触水浴液面；布条缠绕得松紧及厚薄以既能支撑试管、又能使锥形瓶内的气体顺利通过为宜。

(3) 搅拌器用玻璃管(外径为 7~8mm，长约为 250mm)自制。先把玻璃管的一端在酒精喷灯的火焰上烧至红软，然后用钳子(或大号镊子)将其前端 6~7mm 长的一段捏扁并弯成直角，同时从另一端吹气，以免该端被完全封死，再在另一端做出卷边，安上胶帽即可，用它可向试管内送(加)硝酸钾晶体及搅拌溶液。挤捏胶帽，使试管内液体形成对流，达到搅拌的目的，也可上下抽动，搅拌溶液。

B. 操作改进

(1) 称量蒸发皿时，每次都将蒸发操作时用的玻璃棒一并称量，这样既可避免刮除玻璃棒上粘的硝酸钾的麻烦，又可减少硝酸钾的损失。

(2) 在把饱和 KNO_3 溶液转移到蒸发皿的过程中，由于温度变化，往往有晶体析出，并黏附在试管内壁上或黏附在长滴管的内外壁上，从而影响了实验结果的准确性。为了提高分析结果的准确性，就饱和 KNO_3 溶液的转移作了如下改进。

把盛有饱和 KNO_3 溶液的试管(试管内有玻璃棒、温度计)从水浴中取出，擦干试管外壁上的水，然后放入一个干燥空烧杯中。在托盘天平上称一下烧杯和试管(内盛 KNO_3 溶液、玻璃棒、温度计)的质量，记作 bg，再把试管放回水浴中，使饱和 KNO_3 溶液恒温后，记下温度并用干燥长滴管取饱和溶液于蒸发皿中，用蒸馏水把长滴管的内外壁冲洗干净，将冲洗液也加入蒸发皿中，再把取液之后的试管(含温度计、玻璃棒)和烧杯一起，放在托盘天平上称一下它们的质量，记作 dg。$(b-d)$g 即为所取的 KNO_3 饱和溶液的质量。

6) 误差分析

原理：$S=\dfrac{m_{(溶质)}}{m_{(溶剂)}}\times 100$

引起误差的因素分析见表 7-4。

表 7-4　引起误差的因素分析

引起误差的操作	误差因素	S 值
溶解时间过短	$m_{溶质}$变小	偏小
溶解过程中未搅拌	$m_{溶质}$变小	偏小
将少量固体倒入蒸发皿内	$m_{溶质}$变大	偏大
晶体未在干燥器中冷却	$m_{溶质}$变大	偏大

参 考 文 献

常州市第一中学化学教研组. 1981. 测定硝酸钾的溶解度. 江苏教育, (09): 41.
高之清. 1996. 测定硝酸钾溶解度实验的改进. 化学教学, (04): 12-13.
俊明. 1985. 溶质质量法测定硝酸钾溶解度实验的改进. 化学教学, (01): 12.
杨厚玲, 徐金娣. 1996. 测定硝酸钾在水中溶解度的实验改进. 化学教学, (09): 12.

实验 7　阿伏伽德罗常数的测定

[教学目标]

(1) 掌握阿伏伽德罗常数测定的常用方法的基本原理和实验操作技能。

(2) 探讨组织中学生进行阿伏伽德罗常数测定实验的教学策略。

[问题研讨]

(1) 阿伏伽德罗常数的测定有几种方法？每种方法的基本原理、基本公式、实验关键是怎样的？分析每种方法中可能造成误差的原因及实验操作中的注意事项。

(2) 阿伏伽德罗常数测定的几种方法的优缺点各是什么？

(3) 本实验对中学生能力的发展有什么促进作用？

(4) 如何组织中学生开展本实验探究？本实验对中学生的情感、态度、价值观有何作用？

[实验方案设计]

(1) 参照[相关资料链接]1 设计单分子膜法实验测定方案。设计时着重考虑实验容器、滴管、滴液方式、测量表面积等影响测定结果的因素，以提高测量的精确度。

(2) 参照[相关资料链接]2 设计电解法实验测定方案。设计时着重考虑电极面积、电流强度、溶液浓度、电解时间等影响测定结果的因素，以提高测量的精确度。

(3) 参照[相关资料链接]3 设计晶体构造原理法测定方案。设计时着重考虑固体样品的选择、固体样品的用量、固体样品的称量和处理、液体样品的滴加等影响测定结果的因素，以提高测量的精确度。

(4) 如果根据其他参考资料设计“阿伏伽德罗常数的测定”实验方案，与[相关资料链接]中的原理和装置差异较大，应与实验教师交流并获得同意后才能实施。

(5) 自主选择与统一分配相结合，使选三种测定方法的人数基本相等，测定数据共享。

[教学策略设计]

设计组织中学生进行该测定实验的实验教学方案。该方案的设计应注意：

(1) 课前：布置预习。让学生课前预习阿伏伽德罗常数测定的实验原理、推导有关公式。

(2) 课初：熟悉方案。由学生代表讲解各种测定方法的实验原理、公式推导，让学生明确需要通过实验测定获得的数据，强调实验操作过程中的注意事项和违反操作过程可能引起的危害。

(3) 课中：规范操作。将参加实验研究的学生分成 6 人一组，各组中的每 2 人负责完成一种方法的实验测定，记录详细的实验数据，最后一起分析，形成结论。注意指导学生规范操作，提高各项测定的精确度，师—生、生—生合作，共同进入实验测定的实际活动。

(4) 课尾：分析评价。分析实验过程中出现的各种问题，学生汇报交流测定结果，并进行评价。

(5) 课后：总结反思。让学生对整个实验过程进行总结反思，写出实验报告。

[实验操作过程]

(1) 根据自己所选测定方法的实验设计方案进行实验操作。

(2) 实验操作过程中，根据前面分析的成功关键和注意事项准确操作，尽量减少犯错，尽量提高测定的精确度。

[实验教学反思]

1. 实验报告

(1) 本次实验研究的结果及其三种测定方法的优缺点比较；

(2) 自己在本次实验中的成功经验或失败教训；

(3) 结合自己的实验操作过程，重新审视上述[教学策略设计]，制定出你认为更合理的教学策略；

(4) 对本实验的改进或其他创新性想法。

2. 教师对学习者的总体表现进行评价(一般放在下次实验之前)

教师从学习态度、方案设计、实验操作技能、实验结果、实验报告等方面进行总结，对测定结果精确者予以肯定、鼓励，对误差较大者分析原因。

[相关资料链接]

1. 单分子膜法

1) 实验原理

阿伏伽德罗常数的测定方法中最为简单的是单分子膜法。

硬脂酸是由亲水基团羧基(—COOH)和憎水基团烃基(—R)连接起来的直链状有机化合物[$CH_3(CH_2)_{16}$—COOH]。它能溶于苯等有机溶剂，但难溶于水。而溶剂苯的沸点低，易挥发，同时又难溶于水。因此，当把极稀的硬脂酸苯溶液滴到平稳的水面上时，水分子对硬脂酸分子中的羧基的吸引，便使溶液向四周扩展同时溶剂苯迅速挥发。水分子力图把水面上的硬脂酸分子中的亲水基团拉到液相内，而憎水基团则被排斥在空气相中。这样水表面层的硬脂酸分子互相平行地定向排布，形成单分子膜(图 7-3)。

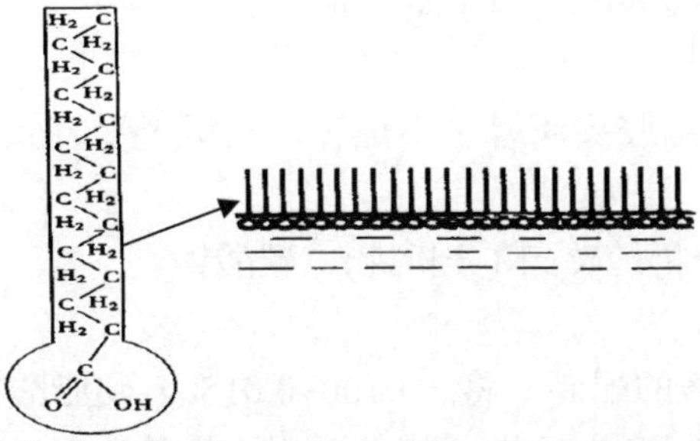

图 7-3　单个硬脂酸分子和单分子膜示意图

当水面被硬脂酸分子布满后，硬脂酸苯溶液在水面上就不易再扩展，而呈一透镜状的珠滴。根据滴加的硬脂酸苯溶液中所含的硬脂酸质量以及它所覆盖的水面的表面积和每一个硬脂酸分子的截面积，就可以计算出 1mol 硬脂酸所含的分子数——阿伏伽德罗常数。

2) 计算公式推导

一个单分子膜中所含硬脂酸的分子个数(n)：

$$n = \frac{s}{2.2 \times 10^{-15}}$$

式中，2.2×10^{-15} 为单个硬脂酸分子的截面积(cm^2)；s 为水面面积。一般用水槽或培养皿，则 $s=\pi r^2$。

一个单分子膜中所含硬脂酸的质量(w)：

$$w = \frac{m}{V} \times (d-1) \times V_d$$

式中，m 为配溶液所用硬脂酸的质量(g)；V 为所配硬脂酸溶液的体积(mL)；d 为形成单分子膜所用硬脂酸溶液的滴数，最后一滴未扩散，所以用 $d-1$；V_d 为每滴硬脂酸溶液的体积(mL)。

1mol 硬脂酸所含硬脂酸分子数(N_A)：

w g ………………n　(个)

284.47g …………N_A (个)

$$N_A = \frac{284.47 \times n}{w} = \frac{284.47 \times \dfrac{s}{2.2 \times 10^{-15}}}{\dfrac{m \times (d-1) \times V_d}{V}} = \frac{284.47 \times s \times V}{2.2 \times 10^{-15} \times m \times V_d \times (d-1)}$$

式中，284.47 为硬脂酸的摩尔质量($g \cdot mol^{-1}$)。

3) 实验用品

仪器：水槽、毛细胶头滴管、小烧杯、分析天平、50mL 容量瓶、玻璃棒、10mL 量筒、内卡尺、胶带。

药品：硬脂酸(分析纯)、苯(分析纯)、碳酸钠。

4) 操作步骤

(1) 硬脂酸苯溶液的配制。将 0.0100~0.0150g 硬脂酸放入小烧杯，注入少量苯溶解，再转入 50mL 容量瓶中(小烧杯要用少量苯洗三次，洗过的苯也要转入容量瓶中)，用苯准确定容到刻度，摇匀，待用。

(2) 测定胶头毛细滴管滴出的每滴硬脂酸苯溶液的体积(V_d)。取尖嘴拉得较细(每毫升 60~80 滴)的胶头滴管一支，吸取硬脂酸苯溶液，竖直地往 10mL 量筒中滴到 1mL 容积，记下所滴的滴数，共测三次，取其平均值。然后算出一滴硬脂酸苯溶液的体积。

(3) 测定玻璃水槽中水的表面积 s。在一直径较大的圆形玻璃水槽中，加水至 2/3 高度，在水槽外面再用胶带贴一标记以示水面高度。用内卡尺从三个不同方位(每次旋转 60°)测量水槽中圆形水面的直径，取其平均值。水的表面积 s 可根据 $s=\frac{\pi}{4}D^2$ (D 为水槽直径)算出。

(4) 测定形成单层分子膜用去硬脂酸苯溶液的滴数(d)。清洗好玻璃水槽，注水至标记处，用已测定好的胶头滴管吸取硬脂酸苯溶液。在水槽的中心位置上，离水面 2~3cm 处，往水面上滴，滴时要等前一滴扩散、挥发到看不见油滴和油花时再滴后一滴，如此逐滴滴入，直到滴入的硬脂酸苯溶液呈油珠状，不再扩散为止。记下滴数 d。

然后把水槽中的水倒去，用清水冲洗水槽，再用少量水湿润碳酸钠粉末，用试管刷来回擦洗水槽的内部，并用水冲洗干净，再加水与标记相平，重复以上操作，共测三次，取其平均值。

5) 成败关键

(1) 一大：水面的面积要相对大些，实验时所用的水面面积越大，其相对误差越小。

(2) 二小：硬脂酸苯溶液的浓度要相对小些；每一滴硬脂酸苯溶液的体积也要小。这样造成的误差也就越小。

(3) 四准：配制硬脂酸苯溶液浓度要准，其中包括准确称量硬脂酸的质量，待硬脂酸全部溶于苯后再全部转入容量瓶中，用苯准确稀释到刻度；每一滴硬脂酸苯溶液的体积要测准，为此，测时滴管要竖直滴，用力要均匀，要防止空气进入管中形成气泡，重复测三次，取其平均值；圆形水面的直径要测准，用内卡尺从三个不同的方位测量取其平均值。重复实验时，要保持水面在同一高度；形成单分子膜用去硬脂酸苯溶液的滴数要测准，因为此项能使本实验产生最大的误差，向水面滴硬脂酸苯溶液时，除操作步骤中的要求外，滴时还要注意滴管中不得存有气泡，捏胶头时用力要均匀，不得用嘴吹水面，以减小误差。

(4) 水槽洁净：水槽中既不能留有硬脂酸，又不能留有碳酸钠，前者会造成测定的滴数不足，后者会造成测定的滴数过大。

6) 注意事项

(1) 本实验中称量硬脂酸要用分析天平精确到 1mg。苯和硬脂酸都用分析纯试剂。

(2) 本实验中用到有毒的苯，因此实验时要注意通风，以防苯蒸气中毒。

(3) 苯容易挥发，容量瓶内配制好的硬脂酸苯溶液应随用随取，取后塞紧瓶塞，否则浓度改变，会造成实验误差。

(4) 若实验室没有胶头滴管可以用一根长约 7cm 的玻璃管，一端套上胶头，另一端连一段橡皮管，橡皮管上接一支医用 7 号注射针头来代替。这时 1mL 溶液估计约有 70 滴。

(5) 实验时室温不宜太低，以 10~15℃为最佳。

2. 电解法

1) 实验原理

把两块铜片插入 $CuSO_4$ 溶液中，和外界电源构成闭合回路。这时，

与正极相连的铜片发生氧化反应：$Cu-2e^- \xlongequal{\quad} Cu^{2+}$

与负极相连的铜片上发生还原反应：$Cu^{2+}+2e^- \xlongequal{\quad} Cu$

因此，与正极相连的铜片质量将会减少，与负极相连的铜片质量将会增加。根据铜片增加或减少的质量(Δm)、电路中通过的电量($I\times t$)，可以计算出电解 0.5mol 铜(63.5/2g)所需电子的个数即阿伏伽德罗常数(N_A)。

2) 公式推导

$$\Delta m\ \text{g} \cdots\cdots\cdots\cdots\cdots\cdots\cdots\cdots\cdots I\times t\ \text{C}$$

$$\frac{63.5}{2}\ \text{g} \cdots\cdots\cdots\cdots\cdots\cdots\cdots\cdots\cdots N_A\times 1.6\times 10^{-19}\ \text{C}$$

于是有

$$I\times t\times \frac{63.5}{2} = \Delta m\times N_A\times 1.6\times 10^{-19}$$

$$N_A = \frac{63.5\times I\times t}{2\times 1.6\times 10^{-19}\times \Delta m}$$

式中，1.6×10^{-19} 为电子的电量，单位是库仑(C)；I 为电流强度，单位是安培(A)；t 为电解时间，单位是秒(s)。

3) 实验用品

仪器：100mL 烧杯，学生电源，可变电阻，安培表，秒表，分析天平，泡沫板(厚度为 0.5~1cm)，砂纸

药品：4cm×8cm 铜片(一端打一小孔以便连接导线)，1mol/L 的 $CuSO_4$ 溶液，$1.84g/cm^3$ 的硫酸。

4) 操作步骤

(1) 在烧杯里称取 250g $CuSO_4\cdot5H_2O$ 晶体，用一定量的蒸馏水溶解，再缓缓地加入 32mL 密度为 $1.84g\cdot cm^{-3}$ 的硫酸。把溶液移入 1000mL 容量瓶中，洗涤烧杯 2~3 次，将洗液一并注入容量瓶内，定容到 1000mL。

(2) 取两块纯铜片，分别用细的水砂纸打磨光亮，并用水冲洗干净，再用 95%以上的乙醇或丙酮浸洗，使铜片表面不附着铜屑。

(3) 在分析天平上称量干燥的铜片，精确到 1mg，记入表 7-5 中。

(4) 将称量过的两块铜片平行插入一薄层泡沫板，距离约 1.5cm，浸入电解液中，装置如图 7-4①所示。

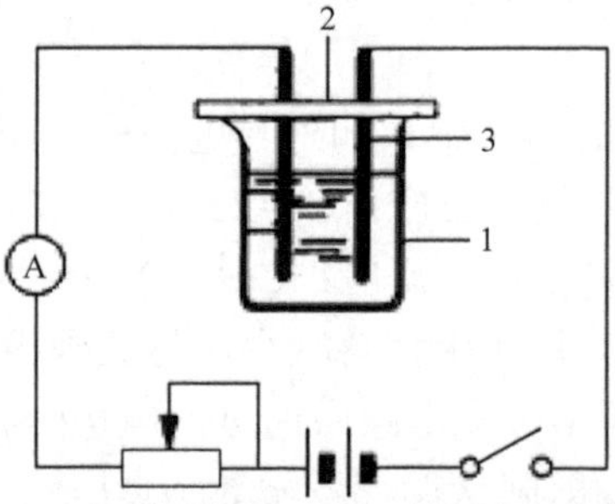

图 7-4　电解法测定阿伏伽德罗常数

1-$CuSO_4$ 溶液(H_2SO_4 酸化)；2-泡沫板；3-Cu 片

(5) 合上电键，迅速调节变阻器，使电路中电流强度控制在 0.2A(学生电源电压为 10V、滑动电阻为 50Ω)，同时按动秒表计时。电解约 20min，切断电源，把确切的时间和电流强度记入表 7-5 中。

(6) 取出阴极和阳极的铜片，浸在水里清洗。清洗时要防止镀上去的铜脱落下来，然后放入 95%以上的乙醇或丙酮溶液中浸洗，并干燥。

(7) 分别在分析天平上称量阴极和阳极的铜片，精确到 1mg，记入表 7-5 中。

(8) 重复以上操作，再测出两组数据。

① 曾锋，周小燕. 阿伏伽德罗常数的测定. 化学教学, 2003(7): 16

表 7-5　电解法测定阿伏伽德罗常数实验记录表

	实验组次					
	第一次		第二次		第三次	
t/s						
I/A						
电极质量的变化	阴极前：g	阳极前：g	阴极前：g	阳极前：g	阴极前：g	阳极前：g
	阴极后：g	阳极后：g	阴极后：g	阳极后：g	阴极后：g	阳极后：g
	Δm=g	Δm^*=g	Δm=g	Δm^*=g	Δm=g	Δm^*=g
N_A值						
平均值	N_A=					

(9) 整理表中数据，并算出阿伏伽德罗常数(N_A)。

$$N_A = \frac{63.5 \times I \times t}{2 \times 1.6 \times 10^{-19} \times \Delta m}$$

$$N_A^* = \frac{63.5 \times I \times t}{2 \times 1.6 \times 10^{-19} \times \Delta m^*}$$

5) 成败关键

(1) 阳极所用铜片要纯，否则阳极的 Δm*与阴极的 Δm 误差增大。

(2) $CuSO_4 \cdot 5H_2O$ 晶体要用分析纯，如果含有比铜不活泼的金属的盐类，Δm 会造成误差。

(3) 在整个电解过程中，电流强度要稳定。

(4) 铜片要处理干净，如果有油污，沉积的铜会脱落；电解前后称量时铜片都是干燥的，并用分析天平准确称量。

6) 注意事项

(1) 电解液温度应控制在 35~45℃。

(2) 电解时阴极电流密度应控制在 1~3A/dm^2。电流密度太小，铜沉淀得太慢；电流密度太大，铜沉淀疏松，镀层容易脱落。

(3) 铜电极洗净后，不能用手指触及，以免电极粘上油污，影响铜电解时析出。

(4) 阳极材料用纯铜片，阴极材料可以使用铅、铜或碳棒。

3. 晶体构造原理测定法

1) 测定原理

在离子晶体中，阴、阳离子按照一定的规律在空间排列。氯化钠晶体就是一种很有规律排列的离子晶体。其中，每个钠离子被 6 个氯离子包围着，而每个氯离子也被 6 个钠离子所包围，钠离子和氯离子的个数比例为 1∶1，其晶格排列如图 7-5 所示。以钠离子为例，在单元晶胞中有 14 个钠离子，位于立方体顶角的 8 个钠离子各分别属于 8 个晶胞所共有，每个钠离子对单元晶胞的贡献为 1/8，所以顶角的 8 个钠离子相当于 8×1/8=1 个“氯化钠分子”；位于立方体

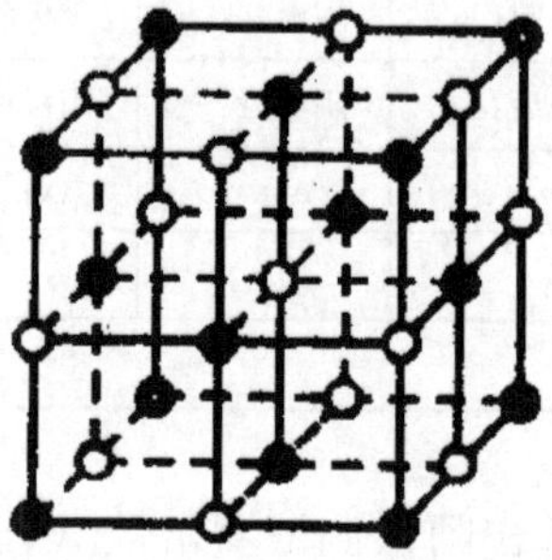

图 7-5　NaCl 晶胞

6 个面上的 6 个钠离子各分属于两个晶胞共有，每个钠离子对单元晶胞的贡献为 1/2，相当于 6×1/2=3 个“氯化钠分子”。单元晶胞可看成是由 1+3=4 个“氯化钠分子”组成。

以氯离子为例可以得出同样的结果：居于中心的 1 个氯离子完全属于单元晶胞，对单元晶胞的贡献是 1，相当于 1 个“氯化钠分子”；居于立方体棱上的 12 个氯离子，每个分别为 4 个晶胞共用，对单元晶胞的贡献是 12/4=3，相当于 3 个“氯化钠分子”，同样得出“单元晶胞可看成是由 1+3=4 个‘氯化钠分子’组成”的结论。

由 X 射线衍射测定氯化钠晶胞边长为 5.64×10^{-8}cm，则晶胞体积为 $(5.64\times10^{-8}\text{cm})^3$，则 1 个“氯化钠分子”的体积为 $(5.64\times10^{-8}\text{cm})^3/4$。称取一定量的氯化钠 W g，并测定其体积(V)，即可得氯化钠的摩尔体积($V_{摩}$)，由此可求得每摩尔氯化钠的微粒数，即阿伏伽德罗常数 N_A。

2) 公式推导

W g……………………………………V mL

58.5g………………………………$V_{摩}$ mL

$$V_{摩}=\frac{58.5\times V}{W}$$

$$N_A = \frac{V_{摩}}{(5.64\times10^{-8}\text{cm})^3/4}$$

3) 实验设计与操作

(1) 仪器和药品：2.5mL 滴定管、25mL 容量瓶、苯、四氯化碳、氯化钠。

(2) 实验方法：将固体氯化钠研细、干燥、用分析天平精确称取 5~18g 氯化钠分别装入 25mL 容量瓶中，然后用滴定管向容量瓶中滴加苯，并不断振荡，使苯与氯化钠晶体充分混匀，加至刻度，静置 1min。计算氯化钠所占体积，结果填在表 7-6 中。

表 7-6　用苯测量氯化钠体积及所得 N_A 值

	W/g	消耗苯体积/mL	V/mL	N_A	N_A 平均值
1					
2					
3					

用四氯化碳代替苯测定氯化钠体积，实验结果如表 7-7 所示。

表 7-7　用四氯化碳测量氯化钠体积及所得 N_A 值数据参考表

	W/g	消耗四氯化碳体积/mL	V/mL	N_A	N_A 平均值	相对误差
1	5.6157	22.43	2.57	5.96×10^{23}	6.01×10^{23}	0.2%
2	11.4486	19.79	5.21	5.94×10^{23}		
3	14.4864	12.29	6.71	6.04×10^{23}		
4	17.9860	16.65	8.35	6.05×10^{23}		
5	17.8232	16.71	8.29	6.06×10^{23}		

4) 成败关键

实验操作要做到一细二准。

(1) 一细：氯化钠固体要研细，颗粒大时晶体外形不规范，与苯混合时易夹杂气泡。

(2) 二准：氯化钠固体称量要准，用分析天平称量，克数要读到小数点后 4 位。

滴定准，滴加时先快后慢，将到容量瓶刻度线时逐滴加入，随时观察；滴定管读数时方法要正确，毫升数要读到小数点后两位。

5) 注意事项

(1) 苯有毒，易挥发，注意通风，避免中毒。

(2) 滴定中用的苯应事先用氯化钙除去其中的水分。

6) 说明

用氯化钾(晶胞立方体棱长为 6.29×10^{-8}cm)代替氯化钠进行实验，所得结果基本吻合。无论用氯化钾或氯化钠进行实验，选用苯或四氯化碳测量其体积，其质量在 15g 左右时，结果与理论值接近。但从药品经济方面考虑，选用氯化钠、苯较好。实验结束后的氯化钠和苯混合物可用水萃取分离出苯，用结晶法回收氯化钠，药品可重复使用，经济方便。

参 考 文 献

潘鸿章. 2001. 中学化学实验研究与创新. 海口: 南方出版社.
文庆城. 2003. 化学实验教学研究. 北京: 科学出版社.
姚军, 迟戈夫, 郝荣. 2009. 阿伏伽德罗常数测定实验微型化. 内蒙古民族大学学报, (4): 113-115.
曾锋, 周小燕. 2003. 阿伏伽德罗常数的测定. 化学教学, (7): 16.
张八合. 1998. 阿伏伽德罗常数的测定. 中学化学教学参考, (7): 36.

实验 8　硫酸铜晶体结晶水含量的测定

[教学目标]

(1) 掌握硫酸铜晶体结晶水含量测定的常用方法的基本原理和实验操作技能。

(2) 探讨组织中学生进行硫酸铜晶体结晶水含量测定实验的教学策略。

[问题研讨]

(1) 硫酸铜晶体结晶水含量的测定有几种方法？各种方法的基本原理、基本公式、实验关键是怎样的？分析各种方法中可能造成误差的原因及实验操作中的注意事项。

(2) 硫酸铜晶体结晶水含量测定的几种方法的优缺点各是什么？

(3) 本实验对中学生能力的发展有什么促进作用？

(4) 如何组织中学生进行本实验？本实验可培养中学生什么科学态度？

[实验方案设计]

(1) 参照[相关资料链接]1 恒重法实验测定方案。注意从实验仪器、加热、称量、药品及处理等影响测定结果的因素去设计重复实验，以提高测量的精确度。

(2) 参照[相关资料链接]2 碘量法测定方案。注意从实验仪器、溶液浓度、溶液的酸度、滴定方式、溶液颜色变化等影响测定结果的因素去设计重复实验，以提高测量的精确度。

(3) 如果根据其他参考资料设计“硫酸铜晶体结晶水含量”实验方案，与[相关资料链接]中的原理和装置差异较大，应与实验教师交流并获得同意才能实施。

(4) 自主选择与统一分配相结合，使选两种测定方法的人数基本相等，测定数据共享。

[教学策略设计]

设计组织中学生进行该测定实验的实验教学方案。该方案的设计应注意：

(1) 课前：布置预习。让学生课前预习“硫酸铜晶体结晶水含量测定”的实验原理、推导有关公式。

(2) 课初：熟悉方案。由学生代表讲解各种测定方法的实验原理、公式推导，让学生明确需要通过实验测定获得的数据，强调实验操作过程中的注意事项和违反操作过程可能引起的危害。

(3) 课中：规范操作。将参加实验研究的学生分成 4 人一组，各组中的每 2 人负责完成一种方法的实验测定，记录详细的实验数据，最后一起分析，形成结论。注意指导学生规范操作，提高各项测定的精确度，师-生、生-生合作，共同进入实验测定的实际活动。

(4) 课尾：分析评价。分析实验过程中出现的各种问题，学生汇报交流测定结果，并进行评价。

(5) 课后：总结反思。按“实验原理(含化学方程式)、公式推导、操作要点、数据处理、实验反思及讨论”的程序写出实验报告。

[实验操作过程]

(1) 根据自己所选测定方法的实验设计方案进行实验操作。

(2) 实验操作过程中，根据前面分析的成功关键和注意事项准确操作，避免犯不必要的错误，尽量提高测定的精确度。

[实验教学反思]

1. 实验报告

(1) 本次实验研究的结果及其两种测定方法的优缺点比较；

(2) 自己在本次实验中的成功经验或失败教训；

(3) 结合自己的实验操作过程，重新审视上述[教学策略设计]，制定出你认为更合理的教学策略；

(4) 对本实验的改进或其他创新性想法。

2. 教师对学习者的总体表现进行评价

教师从学习态度、方案设计、实验操作技能、实验结果、实验报告等方面进行总结，对测定结果精确者予以肯定、鼓励，对误差较大者分析原因。

[相关资料链接]

1. 恒重法

1) 实验原理

很多离子型的盐类从水溶液中析出时，常含有一定量的结晶水。结晶水与盐类结合得比较牢固，但受热到一定温度时，可以脱去结晶水的一部分或全部。硫酸铜晶体在不同温度下按下列反应逐步脱水①。根据加热前后晶体质量的变化，通过计算得出每种晶体中结晶水的含量。

$$CuSO_4 \cdot 5H_2O \longrightarrow CuSO_4 \cdot 3H_2O + 2H_2O\ (48℃);$$

$$CuSO_4 \cdot 3H_2O \longrightarrow CuSO_4 \cdot H_2O + 2H_2O\ (99℃);$$

$$CuSO_4 \cdot H_2O \longrightarrow CuSO_4 + H_2O\ (218℃)$$

2) 计算公式推导

设硫酸铜晶体的化学式为：$CuSO_4 \cdot xH_2O$，则 1mol 晶体的质量为$(160+18x)$g，失去全部结晶水后质量为 160g，结晶水的质量为 $18x$g。实验时若称取 W_1g 硫酸铜晶体，失去结晶水后质量为 W_2g，则$(160+18x)/18x=W_1/(W_1-W_2)$，求出 x，即

① 北京师范大学无机化学教研室. 无机化学实验(第三版). 北京：高等教育出版社，2001: 65

硫酸铜晶体中含结晶水的数目。

3) 实验用品

器材：瓷坩埚、泥三角、干燥器、铁架台、铁圈、沙浴锅、温度计(300℃)、煤气灯、分析天平、滤纸、沙子

药品：$CuSO_4 \cdot 5H_2O(s)$

4) 操作步骤

(1) 恒重坩埚。将坩埚洗干净，置于泥三角上小火烘干，冷至略高于室温。移入干燥器中，冷却至室温。取出，用天平称量。重复加热至脱水温度以上，冷却、称量，直至恒量。

(2) 水合硫酸铜脱水。①在已恒量的坩埚中加入 1.0~1.2g 研细的硫酸铜晶体，铺成均匀的一层，用天平称量，得质量为 W_1。②将坩埚(含硫酸铜晶体)放在沙浴锅内，将其 3/4 体积埋入沙内，再在靠近坩埚的沙浴中插入一支温度计，其末端应与坩埚底部大致处于同一水平。③加热沙浴至约 210℃，再慢慢升温至 280℃左右，控制沙浴温度为 260~280℃。④观察硫酸铜颜色的变化，当粉末由蓝色全部变为白色时停止加热，用干净的坩埚钳移入干燥器内，冷至室温。用滤纸碎片将坩埚外部擦干净，在天平上称量，记下数据。⑤重复沙浴加热，冷却、称量，直到恒量(两次称量之差≤0.005g)，得质量为 W_2。

(3) 将实验数据填入下表。由实验所得数据，计算出 1mol 硫酸铜结合结晶水的数目(取整数)。确定硫酸铜晶体的化学式。

5) 成败关键

(1) 实验时要研细硫酸铜晶体，摊平铺成均匀的一层。

(2) 坩埚要干净，要进行干燥、恒量处理。

(3) 硫酸铜晶体脱水时控制温度在 240~280℃。温度切不可过高，否则硫酸铜分解变黑。

(4) 加热后的坩埚要经冷却后再称量，且在干燥器内冷却，避免吸收空气中的水汽。

(5) 为准确计算出结晶水的含量，要使硫酸铜粉末由蓝色完全变为灰白色。

6) 注意事项

表 7-8　硫酸铜结晶水测定有关数据

W/g			W_1/g	W_2/g		
第一次	第二次	平均值		第一次	第二次	平均值

注：W 为空坩埚质量; W_1 为空坩埚+硫酸铜晶体的质量; W_2 为加热后坩埚+无水硫酸铜的质量。

(1) 实验所用仪器一定要干净。

(2) 硫酸铜晶体要纯，用量最好不要超过 1.2g。

(3) 温度计与蒸发皿底要尽量在同一水平线上。

(4) 加热脱水一定要完全，晶体完全变为灰白色，不能是浅蓝色。

2. 碘量法

1) 实验原理

Cu^{2+}在微酸性溶液中(pH = 3~4)，可以被I^-还原为难溶性的 CuI 沉淀，同时析出 I_2，生成的 I_2 用 $Na_2S_2O_3$ 标准溶液滴定，以淀粉为指示剂，滴定至溶液的蓝色刚好消失即为终点。反应方程式如下

$$2Cu^{2+}+4I^- \xlongequal{} 2CuI+I_2$$

$$2S_2O_3^{2-}+I_2 \xlongequal{} S_4O_6^{2-}+2I^-$$

$$CuI+SCN^- \xlongequal{} CuSCN+I^-$$

2) 计算公式推导

$$m_{CuSO_4\cdot xH_2O}/M_{CuSO_4\cdot x\,H_2O}=C_{Na_2S_2O_3}\cdot V_{Na_2S_2O_3}$$

$$m_{CuSO_4\cdot xH_2O}=C_{Na_2S_2O_3}\cdot V_{Na_2S_2O_3}(160+18x)$$

$$x=18m_{CuSO_4\cdot xH_2O}/C_{Na_2S_2O_3}\cdot V_{Na_2S_2O_3}-160/18$$

式中，x 为结晶水数；m 为硫酸铜晶体的质量(g)；C 为 $Na_2S_2O_3$ 的物质的量浓度(mol/L)；V 为 $Na_2S_2O_3$ 的体积(L)。160 为 $CuSO_4$ 的摩尔质量($g\cdot mol^{-1}$)；18 为 H_2O 的摩尔质量($g\cdot mol^{-1}$)。

3) 实验用品

仪器：分析天平、碘量瓶、碱式滴定管、洗瓶。

药品：$CuSO_4$ 晶体、KI (10%)、$Na_2S_2O_3$ (0.1000mol/L)、硫酸(1mol/L)、淀粉(0.5%)、KSCN (10%)。

4) 操作步骤

(1) 准确称取一定量的硫酸铜晶体(0.4~0.6g)于 250mL 碘量瓶中，加入 5mL 1mol/L H_2SO_4 和 100mL 水使之完全溶解。

(2) 加入 10mL 10%的 KI 溶液，立即用 $Na_2S_2O_3$ 标准溶液滴定至呈浅黄色。

(3) 加入 5mL 0.5%的淀粉溶液，继续滴至呈浅黄色。再加入 10% KSCN 溶液 10mL，振荡数秒后，再用 $Na_2S_2O_3$ 标准溶液滴定至蓝色恰好消失即为终点，此时溶液为浅灰色或白色悬浮液。

(4) 重复测定 3 次，记录每次滴定前后滴定管中 $Na_2S_2O_3$ 溶液的体积。

(5) 根据滴定时所消耗的 $Na_2S_2O_3$ 的体积，计算出结晶水数目，如表 7-9 所示。

表 7-9　碘量法测硫酸铜晶体的结晶水数①

$CuSO_4$ 晶体质量/g	0.5211	0.5200	0.5906	0.5332
消耗 $Na_2S_2O_3$ 体积/mL	20.70	20.64	23.45	21.18
结晶水数	5.004	5.015	5.010	5.004

5) 成败关键

(1) 为防止 $Na_2S_2O_3$ 分解，一般装在棕色碱式滴定管中。

(2) 溶液的酸度。酸度过低，Cu^{2+} 易水解，使反应不完全，且反应速度慢。酸度过高，I^- 被空气中的氧氧化为 I_2。为准确测定结晶水含量，溶液 pH 一般控制在 3.0~4.0。

(3) 淀粉加入时间。滴定开始时，先不加淀粉溶液，待滴至呈浅黄色，立即加入淀粉溶液。

(4) KSCN 溶液不能过早加入，应在接近终点时加入，而且加入后要剧烈摇动，有利于 CuI 沉淀转化和释放出吸附的 I_3^-。

6) 注意事项

(1) 所用 $Na_2S_2O_3$ 标准溶液的浓度要随用随标定，确保其浓度准确可靠。

(2) 终点前应向溶液中加入一定量的 KSCN 溶液，使 CuI 沉淀转化为 CuSCN 沉淀，释放出沉淀表面吸附的 I_3^-，提高测定的准确度。

(3) 测定结晶水含量要在弱酸性溶液中进行，酸度过高或过低都不利于准确测定。

(4) 滴定过程中溶液的颜色变化较为复杂，应把握其各次变化。

参考文献

北京师范大学无机化学教研室. 2001. 无机化学实验(第三版). 北京: 高等教育出版社: 65-67.
林敏. 2009. 硫酸铜晶体的制备及结晶水含量的测定. 中学化学教学参考, (10): 43.
林敏. 2010. 硫酸铜晶体结晶水含量的测定实验的改进. 化学教学, (1): 13-14.
孙忠祥. 2009. 硫酸铜晶体中结晶水含量的测定实验的误差分析. 中学化学, (7): 23.
武汉大学. 2001. 分析化学实验(第四版). 北京: 高等教育出版社: 203.
熊德琴, 揭永文. 2007. 碘量法测定硫酸铜晶体结晶水的数量. 化学工程师, (7): 30-31.

① 熊德琴，揭永文.碘量法测定硫酸铜晶体结晶水的数量. 化学工程师, 2007, (7): 31

实验 9　比较食物中维生素 C 的含量

[实验目的]

(1) 学习和探讨比较食物中维生素 C 含量测定方法的基本原理和操作技能。

(2) 探究食物中维生素 C 含量测定的最佳方法，培养化学实验设计和探究能力。

(3) 探讨组织中学生进行食物中维生素 C 含量测定实验的教学策略。

[问题研讨]

(1) 维生素 C 有哪些主要的物理性质和化学性质？比较或测定维生素 C 含量主要依据维生素 C 的什么化学性质？

(2) 食物中维生素 C 含量的测定有几种方法？各种方法的基本原理、基本公式、实验关键是怎样的？分析各种方法中可能造成误差的原因及实验操作中的注意事项。

(3) 食物中维生素 C 含量测定的几种方法的优缺点各是什么？

(4) 怎样从蔬菜和水果中提取维生素 C？如何测定蔬菜和水果中维生素 C 的含量？

(5) 如何组织中学生进行本实验？本实验可培养中学生哪些科学素质？

[实验方案设计]

(1) 参照[相关资料链接]1 碘量法测定方案。注意从样品制备、实验容器、滴管、滴液方式、溶液酸度、测定时间等影响测定结果的因素去设计重复实验，以提高测量的精确度。

(2) 参照[相关资料链接]2 2,6-二氯靛酚法测定方案，注意从样品制备、实验容器、滴管、滴液方式、测定速度、试剂纯度及用量等影响测定结果的因素去设计重复实验，以提高测量的精确度。

(3) 参照[相关资料链接]3 微型化法测定方案。注意从实验容器、溶液浓度、酸度等影响测定结果的因素去设计重复实验，以提高测量的精确度。

(4) 自主选择与统一分配相结合，使选三种测定方法的人数基本相等，测定数据共享。

[教学策略设计]

设计组织中学生进行该测定实验的实验教学方案。该方案的设计应注意以下几点。

(1) 课前：布置预习。让学生课前预习维生素 C 主要的物理性质和化学性质，比较食物中维生素 C 含量测定的实验原理。

(2) 课初：熟悉方案。由学生代表讲解各种测定方法的实验原理，让学生明确需要通过实验测定获得的数据，强调实验操作过程中的注意事项和违反操作过程可能引起的危害。

(3) 课中：规范操作。将参加实验研究的学生分成 6 人一组，各组中的每 2 人负责完成一种方法的实验测定，记录详细的实验数据，最后一起分析，形成结论。注意指导学生规范操作，提高各项测定的精确度，师-生、生-生合作，共同进入实验测定的实践活动。

(4) 课尾：分析评价。分析实验过程中出现的各种问题，学生汇报交流测定结果，并进行评价。

(5) 课后：总结反思。让学生对整个实验过程进行总结反思，写出实验报告。

[实验操作过程]

(1) 根据自己所选测定方法的实验设计方案，对苹果、橘子、西红柿、白菜等水果和蔬菜中维生素 C 的含量进行测定，并列表比较所测得的维生素 C 含量的多少。

(2) 实验操作过程中，要根据前面分析的成功关键和注意事项进行实验，尽量提高测定的精确度。

[实验教学反思]

1. 实验报告

(1) 本次实验研究的结果及其三种测定方法的优缺点比较，找出适合中学生学习的最佳方案；

(2) 自己在本次实验中的成功经验或失败教训；

(3) 结合自己的实验操作过程，重新审视上述[教学策略设计]，制定出你认为更合理的教学策略；

(4) 对本实验的改进或其他创新性想法。

2. 教师对学习者的总体表现进行评价

教师从学习态度、方案设计、实验操作技能、实验结果、实验报告等方面进行总结，对测定结果精确者予以肯定、鼓励，对误差较大者分析原因。

[相关资料链接]

1. 碘量法

1) 实验原理

维生素 C 又称抗坏血酸(简称 Vc)，是一种水溶性维生素。普遍存在于水果和蔬菜中，也是一种对人类非常重要的物质，人体缺乏维生素 C 将导致坏血病。

所以，维生素 C 通常用于防治坏血病及各种慢性传染病甚至癌症的辅助治疗。食品饮料、医药、医疗等行业都要测定食品、饮料、药品以及血液中的维生素 C 的含量。

维生素 C 的分子式为 $C_6H_8O_6$，结构式见图 7-6。由于分子中的二烯醇具有还原性，能被 I_2 氧化为二酮基。在弱酸性条件下，可被碘氧化为脱氢抗坏血酸。可利用此性质以淀粉溶液为指示剂，用 I_2 标准溶液直接滴定。

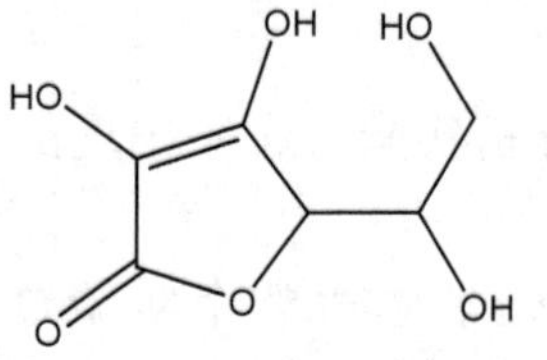

图 7-6　维生素 C 的结构式

反应方程式为

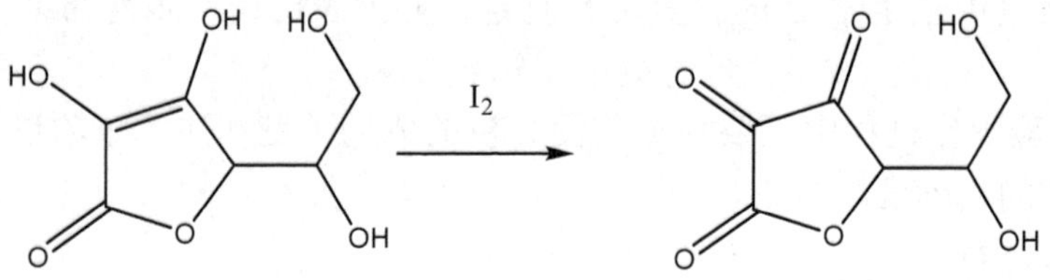

维生素 C 的还原性很强，在空气中极易被氧化，尤其在碱性介质中更甚，所以测定时加入 HAc 使溶液呈弱酸性，减少维生素 C 的副反应，避免引起实验误差。

I_2 溶液的浓度可以由已知浓度的 $Na_2S_2O_3$ 标准溶液滴定，以淀粉溶液为指示剂，滴定至蓝色刚好消失即为终点，它们之间发生如下反应：$2S_2O_3^{2-}+I_2 = S_4O_6^{2-}+2I^-$

2) 计算公式推导

由 $Na_2S_2O_3$ 和 I_2 的反应方程式，计算 I_2 标准溶液的浓度：

$$C_{I_2}=C_{Na_2S_2O_3}\cdot V_{Na_2S_2O_3}/2V_{I_2}$$

式中，$C_{Na_2S_2O_3}$ 为 $Na_2S_2O_3$ 标准溶液的浓度；$V_{Na_2S_2O_3}$ 为滴定时所用 $Na_2S_2O_3$ 溶液的体积；C_{I_2} 为 I_2 溶液的浓度；V_{I_2} 为滴定时所用 I_2 溶液的体积。

根据以上反应，可计算出食物中维生素 C 的含量。

$$C_{维生素C}\cdot V_{维生素C}=C_{I_2}\cdot V_{I_2}$$

$$m_{维生素C} = C_{I_2} \cdot V_{I_2} \cdot M_{维生素C}$$

式中，C_{I_2} 为 I_2 溶液的浓度；V_{I_2} 为滴定时所用 I_2 溶液的体积；$M_{维生素C}$ 为维生素 C 的摩尔质量。

3) 实验用品

仪器：分析天平、滴定管、移液管(100mL，20mL)、容量瓶、锥形瓶、烧杯、滴管、洗耳球、玻璃棒、洗瓶等

药品：I_2(分析纯)、KI(分析纯)、HAc、HCl、淀粉、$Na_2S_2O_3$(标准溶液)

样品：苹果、橘子、西红柿、白菜等

4) 操作步骤

A. I_2 溶液的配制

称取 3.3g I_2 和 5g KI，置于研钵中，加入少量水研磨(通风橱中操作)，待 I_2 全部溶解后，将溶液转入棕色试剂瓶中。加水稀释至 250mL，充分摇匀，放暗处保存。

B. I_2 溶液的标定

准确吸取 $Na_2S_2O_3$ 标准溶液 25.00mL 三份，分别置于 250mL 锥形瓶中，加水 50mL，2%的淀粉溶液 2mL，用 I_2 溶液滴定至呈现蓝色，30s 内不褪色即为终点。然后计算 I_2 溶液的浓度。

C. 维生素 C 含量的测定

(1) 取 10g 样品，切碎研细，加 10mL 水使维生素 C 充分溶解，过滤，收集滤液。

(2) 取 5mL 滤液于 250mL 洁净的锥形瓶中，加 20mL 水稀释，再加入 2mL 2%淀粉溶液和 1mL 2mol/L HAc 溶液，待用。

(3) 立即用 I_2 溶液滴定至呈现蓝色，30s 内不褪色即为终点。

(4) 其他果蔬按同样方法滴定。

(5) 计算并比较不同食物中维生素 C 的含量。

5) 成败关键

碘量法测定维生素 C 的准确性很大程度上取决于分析技术。测定时要综合考虑各方面因素。

(1) 浸取剂的选择：维生素 C 溶于水或乙醇中，在水溶液中易被氧化，在碱性条件下易分解，在弱酸条件中较稳定，因此在果蔬破碎时需加入 HAc 溶液，以减少维生素 C 的损失。

(2) 测定速度：维生素 C 易被热、碱、氧、光破坏。所以操作要迅速，避免维生素 C 被氧化。

(3) 滴定方式：滴定开始时，淀粉溶液要加入，待蓝色不立即消失后尽可能一滴一滴地加入，并要不断摇动锥形瓶，半分钟内不褪色即为终点。

(4) 试剂纯度及用量：试剂纯度及用量均直接影响新鲜果蔬中维生素 C 测定结果的准确度。所以选择试剂要纯度高，用量适当。

6) 注意事项

(1) 为比较食物中维生素 C 含量的高低，各种食物应取等质量，稀释时加等量的水。

(2) 因维生素 C 容易被空气中氧所氧化，提取液应随配随用。

(3) 因维生素 C 在碱性条件下易被氧化，所以应注意一定的酸碱度。

(4) 注意滴定操作终点到达时指示剂颜色变化。

2. 2,2,6-*二氯靛酚法*

1) 实验原理

还原型抗坏血酸可以还原染料 2,6-二氯靛酚，该染料在酸性中呈红色，被还原后红色消失。还原型抗坏血酸还原 2,6-二氯靛酚后，本身被氧化成脱氢抗坏血酸。在没有杂质干扰时，一定量的样品提取液还原标准 2,6-二氯靛酚的量与样品中所含维生素 C 的量成正比。

标准 2,6-二氯靛酚溶液的浓度可以由已知浓度的标准维生素 C 滴定，至溶液呈粉红色，且 15s 内不褪色为终点。它们之间发生如下反应：$2S_2O_3^{2-}+I_2 \xlongequal{} S_4O_6^{2-}+2I^-$

2) 公式推导

每毫升 2,6-二氯靛酚相当于维生素 C 的毫克数等于滴定度(T)：

$$T(\text{mg}\cdot\text{mL}^{-1}) = C\cdot V/(V_1 - V_2)$$

式中，T 为每毫升 2,6-二氯靛酚溶液相当于维生素 C 的毫克数；C 为维生素 C 标准溶液的浓度(mg · mL^{-1})；V 为吸取维生素 C 标准溶液的体积(mL)；V_1 为滴定维生素 C 标准溶液消耗 2, 6-二氯靛酚溶液的体积(mL)；V_2 为滴定空白消耗 2, 6-二氯靛酚溶液的体积(mL)。

维生素 C 含量的计算公式：

$$\text{维生素C含量(mg/100g)} = 100(V - V_0)\cdot T/W$$

式中，V 为滴定样品液时消耗 2,6-二氯靛酚溶液的体积(mL)；V_0 为滴定空白时消耗 2,6-二氯靛酚溶液的体积(mL)；W 为样品质量(g)。

3) 实验用品

仪器：打浆机，分析天平，微量滴定管，100mL 容量瓶，5mL 移液管、10mL 移液管

药品：2%草酸溶液、维生素 C 标准溶液(0.1mg · mL^{-1})、2,6-二氯靛酚溶液

样品：苹果、橘子、西红柿、白菜等

4) 操作步骤

(1) 2,6-二氯靛酚溶液的标定：吸取 10mL 已知浓度的维生素 C 标液→用 2,6-二氯靛酚滴定至溶液呈粉红色，15s 内不褪色为终点。同时，另取 10mL 浸提剂做空白试验。

(2) 样品试剂的制备：称取 100g 样品，放入打浆机中，加等量的 2%草酸溶液，迅速捣成匀浆，称取 20.00g 左右浆状样品，用 2%草酸溶液将样品移入 100mL 容量瓶中，并稀释至刻度，摇匀，过滤，颜色若深可加白陶土。

(3) 样品液的测定：吸 5mL 样液于锥形瓶→加 5mL 2%草酸→用染料滴定至粉红色，15s 内不褪色。同时，另取 10mL 浸提剂做空白试验。

(4) 根据公式计算出不同食物中维生素 C 的含量，并比较。

5) 成败关键(相关资料链接 1)

6) 注意事项(相关资料链接 1)

3. 微型化测定法

1) 测定原理(相关资料链接 1)

2) 公式推导(相关资料链接 1)

3) 实验用品

仪器：分析天平、5.00mL 微型滴定管、吸量管(5mL、2mL)、50mL 容量瓶、100mL 锥形瓶、烧杯、洗耳球、玻璃棒、洗瓶等

药品：I_2(分析纯)、KI(分析纯)、HAc、HCl、淀粉、$Na_2S_2O_3$(标准溶液)

样品：苹果、橘子、西红柿、白菜等

4) 操作步骤

A. I_2溶液的标定

准确吸取 $Na_2S_2O_3$ 标准溶液 5.00mL 三份，分别置于 100mL 锥形瓶中，加水 20mL，2%的淀粉溶液 1mL，用 I_2 溶液滴定呈现蓝色，30s 内不褪色即为终点。然后计算 I_2 溶液的浓度。

B. 维生素 C 含量的测定

(1) 取 10g 样品，切碎研细，加 10mL 水使维生素 C 充分溶解，过滤，收集滤液。

(2) 取 2mL 滤液于 100mL 洁净的锥形瓶中，加 10mL 水稀释，再加入 1mL 2%淀粉溶液和 1mL 2mol/L HAc 溶液，立即用 I_2 溶液滴定，至呈现蓝色，30s 内不褪色即为终点。

(3) 其他果蔬按同样方法滴定。

(4) 计算并比较不同食物中维生素 C 的含量。

5) 成败关键

(1)(2)(3)(4)(相关资料链接 1)

(5) 溶液的浓度：溶液的浓度不可以太低，以免引起更大的误差。

6) 注意事项(相关资料链接 1)

参 考 文 献

潘鸿章. 2001. 中学化学实验研究与创新. 海口: 南方出版社: 320-321.

孙志宽. 1992. 中学化学实验教学研究. 杭州: 杭州大学出版社: 293-297.

吴俊明, 徐承波. 1999. 化学活动课及微型实验设计与实践(上册). 北京: 北京民主与建设出版社: 162-163.

武汉大学. 2001. 分析化学实验(第四版). 北京: 高等教育出版社: 206-208.

杨晓芬. 2011. 维生素 C 制剂及蔬菜中抗坏血酸含量测定的微型化研究. 阴山学刊(自然科学版), 25(3): 26-30.

张冬梅, 汪振立, 罗六保, 等. 2010. 对新鲜果蔬中维生素 C 的测定结果影响因素研究. 江西化工, (1): 73-76.

实验 10　食醋中乙酸含量的测定

[教学目标]

(1) 掌握食醋中乙酸含量测定常用方法的基本原理和实验操作技能。

(2) 探究食醋中乙酸含量测定的最佳方法。

(3) 探讨组织中学生进行食醋中乙酸含量测定实验的教学策略。

[问题研讨]

(1) 食醋中乙酸含量的测定有几种方法？各种方法的基本原理、基本公式、实验关键是什么？分析各种方法可能造成的误差及实验操作中的注意事项。

(2) 食醋中乙酸含量几种测定方法的优缺点各是什么？

(3) 本实验对中学生能力的发展有什么促进作用？

(4) 如何组织中学生进行本实验？本实验可培养中学生什么科学态度？

[实验方案设计]

(1) 参照[相关资料链接]1 设计中和滴定实验方案。注意考虑实验容器、滴管、滴液方式、终点判断等影响测定结果的因素去设计重复实验，以提高测量的精确度。

(2) 参照[相关资料链接]2 设计电导滴定实验方案。注意考虑电流强度、溶液浓度、电极的使用等影响测定结果的因素去设计重复实验，以提高测量的精确度。

(3) 参照[相关资料链接]3 设计电位滴定法实验方案。注意考虑电流强度、溶液浓度、试剂纯度等影响测定结果的因素去设计重复实验，以提高测量的精确度。

(4) 自主选择与统一分配相结合，三种测定方法的人数基本相等，测定数据共享。

[教学策略设计]

设计组织中学生进行该测定实验的实验教学方案。该方案的设计应注意：

(1) 课前：布置预习。让学生课前预习食醋中乙酸含量测定的实验原理及有关公式推导。

(2) 课初：熟悉方案。由学生代表讲解各种测定方法的实验原理、公式推导，让学生明确需要通过实验测定获得数据，强调实验操作过程中的注意事项和违反操作过程可能引起的危害。

(3) 课中：规范操作。参加实验研究的学生每 6 人一组，各组中的每 2 人负责完成一种方法的实验测定，记录详细的实验数据，最后一起分析，得出结论。注意指导学生规范操作，提高各项测定的精确度，师-生、生-生合作，共同进入实验测定的实践活动。

(4) 课尾：分析评价。分析实验过程中出现的各种问题，学生汇报交流测定结果，并进行评价。

(5) 课后：总结反思。让学生对整个实验过程进行总结反思，写出实验报告。

[实验操作过程]

(1) 根据自己所选测定方法的设计方案进行实验操作。

(2) 实验操作过程中，根据前面分析的成功关键和注意事项进行实验，尽量提高测定的精确度。

[实验教学反思]

1. 实验报告

(1) 比较实验研究的结果及其 3 种测定方法的优缺点，找出适合中学生学习的最佳方案；

(2) 自己在本次实验中的成功经验或失败教训；

(3) 结合自己的实验操作过程，重新审视上述[教学策略设计]，制订出你认为更合理的教学策略；

(4) 对本实验的改进或其他创新性想法。

2. 教师对学习者的总体表现进行评价(一般放在下次实验之前)

教师从学习态度、方案设计、实验操作技能、实验结果、实验报告等方面进行总结，对测定结果精确者予以肯定、鼓励，对误差较大者分析原因。

[相关资料链接]

1. 中和滴定法

1) 测定原理

食醋中乙酸的含量一般为 3~4g/100mL，此外，还含有少量其他弱酸如乳酸等。用氢氧化钠滴定食醋，测定的是食醋中酸的总量，尽管如此，测定结果仍按乙酸含量计算。

乙酸含量测定可以用酸碱中和反应原理，以酚酞为指示剂，用已知浓度的氢氧化钠溶液进行中和滴定。反应方程式为：$HAc+NaOH = NaAc+H_2O$，反应产物 NaAc 为强碱弱酸盐，终点时溶液的 pH>7，因此，以酚酞作为指示剂。

NaOH 易吸收水分及空气中的二氧化碳，因此不能用直接法配制标准溶液。需要先配成近似浓度的溶液(通常为 $0.1mol\cdot L^{-1}$)，然后用基准物质邻苯二甲酸氢钾标定。标定 NaOH 的反应方程式为

$$KHC_8H_4O_4+NaOH = KNaC_8H_4O_4+H_2O$$

2) 计算公式推导

NaOH 标准溶液的浓度：

$$n_{\text{NaOH,标}}=n_{\text{KHC}_8\text{H}_4\text{O}_4}=m_{\text{KHC}_8\text{H}_4\text{O}_4}/M_{\text{KHC}_8\text{H}_4\text{O}_4}$$

$$c_{\text{NaOH,标}}=n_{\text{NaOH,标}}/V_{\text{NaOH,标}}$$

式中，$n_{\text{NaOH,标}}$为 NaOH 的物质的量；$n_{\text{KHC}_8\text{H}_4\text{O}_4}$为 $KHC_8H_4O_4$ 的物质的量；$m_{\text{KHC}_8\text{H}_4\text{O}_4}$为 $KHC_8H_4O_4$ 的质量；$M_{\text{KHC}_8\text{H}_4\text{O}_4}$为 $KHC_8H_4O_4$ 的摩尔质量；$c_{\text{NaOH,标}}$为标准溶液的物质的量浓度；$V_{\text{NaOH,标-NaOH}}$为标准溶液的体积。

食醋中乙酸的含量：

$$c_{\text{HAc}}\times V_{\text{HAc}}=c_{\text{NaOH,标}}\times V_{\text{NaOH,标}}$$

$$c_{\text{HAc}}=c_{\text{NaOH,标}}\times V_{\text{NaOH,标}}/V_{\text{HAc}}$$

式中，c_{HAc}为食醋中乙酸的物质的量浓度；V_{HAc}为食醋的体积。

3) 实验用品

仪器：烧杯、250mL 容量瓶、玻璃棒、锥形瓶、50mL 碱式滴定管、托盘天平、25mL 移液管、分析天平、洗耳球

药品：食醋、邻苯二甲酸氢钾、氢氧化钠、酚酞

4) 操作步骤

a. NaOH 标准溶液浓度的标定

(1) $0.1\text{mol}\cdot\text{L}^{-1}$ NaOH 溶液的配制：在托盘天平上称取 NaOH 固体 2.0g 于小烧杯中，加 50mL 水溶解，稍冷后转入 500mL 试剂瓶中，加水 450mL，用橡胶塞塞好瓶口，摇匀。

(2) 在分析天平上，用差减法称取三份 0.4~0.6g 邻苯二甲酸氢钾基准物分别放入三个 250mL 锥形瓶中，各加水 40~50mL 溶解后，滴加 1~2 滴 0.2%酚酞指示剂。

(3) 用待标定的NaOH溶液分别滴定至溶液呈微红色，30s 内不褪色即为终点。

(4) 记录滴定后消耗的 NaOH 溶液的体积。平行标定三次，计算 NaOH 溶液的浓度。

b. 食醋中乙酸含量的测定

(1) 用 25.00mL 移液管准确移取食醋，置于 250mL 容量瓶中，用蒸馏水稀释至刻度，摇匀。

(2) 用移液管吸取 25.00mL 上述稀释后的试液 3 份，分别置于三个 250mL 锥形瓶中，加入 0.2%酚酞指示剂 1~2 滴，用 NaOH 标准溶液滴定至溶液呈微红色，30s 内不褪色即为终点。

(3) 记录每次滴定后消耗 NaOH 溶液的体积，平行测定三次，计算食醋中乙

酸的含量。

5) 成败关键

(1) 滴定管使用和读数要准，滴定管不漏液，装液体前要用待装液润洗 3~4 次，滴定管内不要进入空气，如有则要排出，滴定过程中不要形成气泡，滴定前后读数时眼睛要与滴管中溶液的凹液面相切，开始滴定前调节滴管中的溶液在 0 刻度，滴定终点要能准确读出消耗的体积。移液管移取液体的体积要准，移取液体前要用待移取液体润洗 3~4 次，每次移取液体的体积都要在刻度线内。

(2) 食醋的稀释要准，移液管中的液体要全部转入容量瓶中，用蒸馏水稀释至刻度，摇匀。

(3) 滴定终点的判断要准，因为这一步能使本实验产生最大的误差，锥形瓶中氢氧化钠溶液落点处四周的溶液红色褪去较慢时预示快到滴定终点，这时要慢慢地、一滴一滴地滴，注意用蒸馏水冲洗粘在锥形瓶壁上的氢氧化钠溶液，溶液由无色变为浅红色且半分钟内不褪色，停止滴定。

(4) 仪器洁净：烧杯、滴定管、移液管、锥形瓶和容量瓶要洁净，仪器是否干净是本实验成败的又一关键。

(5) 分析天平要准确，使用前要校正零点，确保仪器准确可靠。

6) 注意事项

(1) 用 NaOH 滴定乙酸，达到化学计量点时反应产物 NaAc 是一种强碱弱酸盐，其溶液 pH 在 8.7 左右，酚酞的颜色变化范围是 8~10，滴定终点时溶液的 pH 正处于其中，因此采用酚酞作指示剂，而不用甲基橙和甲基红。

(2) 称取邻苯二甲酸氢钾的质量要准，称取时要用电子天平，采用差减法，使称量结果尽量精确，且邻苯二甲酸氢钾不易溶于水，要稍微加热，使其尽快溶解，勿用玻璃棒搅拌。

(3) 稀释食醋时，所取食醋的量不可太少，因为取的越少误差越大。

(4) 容量瓶内配制好的食醋溶液应随用随取，取后塞紧瓶塞，否则浓度会改变，使实验产生误差。

(5) 标定的 NaOH 标准溶液在保存时若吸收了空气中的 CO_2，再测定食醋中乙酸的浓度，用酚酞作为指示剂，则测定结果会偏高。为使测定结果准确，应尽量避免将 NaOH 溶液长时间放置于空气中。

2. 电导滴定法

1) 实验原理

电导滴定法是根据滴定过程中被滴定溶液电导的变化来确定滴定终点的一种容量分析方法。电解质溶液的电导取决于溶液中离子的种类和浓度。在电导滴定中，由于溶液中离子的种类和浓度发生了变化，因而电导也发生了变化，据此可以确定滴定终点。

用氢氧化钠滴定食醋，滴定开始时，部分高摩尔电导的氢离子被中和，溶液的电导略有下降。随后，由于形成了乙酸-乙酸钠缓冲溶液，氢离子浓度受到控制，随着摩尔电导较小的钠离子浓度逐渐增加，在化学计量点以前，溶液的电导开始缓慢上升。在接近化学计量点时，由于乙酸的水解，转折点不太明显。化学计量点以后，高摩尔电导的氢氧根离子浓度逐渐增大，溶液的电导迅速上升。作两条电导上升直线的近似延长线，其交点即为化学计量点。

2) 实验用品

仪器：DDS-11A 型电导率仪，电导电极，电磁搅拌器，搅拌磁子，25mL 碱式滴定管，200mL 烧杯，2mL 移液管。

药品：$0.1000\text{mol}\cdot\text{L}^{-1}$ NaOH 标准溶液，食醋。

3) 实验步骤

(1) 将 $0.1000\text{mol}\cdot\text{L}^{-1}$ 的 NaOH 标准溶液装入 50mL 碱式滴定管中，并记录读数。

(2) 用移液管移取 2mL 食醋于 200mL 烧杯中，加入 100mL 去离子水，放入搅拌磁子并置于电磁搅拌器上，用去离子水洗净电极并用滤纸吸干，插入电导池中，加入的食醋量以溶液淹没电极为宜。调节电极位置，开启电磁搅拌器，测量溶液电导。

(3) 用 $0.1000\text{mol}\cdot\text{L}^{-1}$ 的 NaOH 标准溶液进行测定，每加 1.00mL，测量一次电导率，共测量 20~25 个点。平行测定三次。

(4) 绘制测定曲线，由滴定曲线直线部分的交点求出化学计量点时所消耗 NaOH 标准溶液的体积，计算食醋中乙酸的含量。

4) 成败关键及注意事项

(1) 电极浸入溶液的深度应合适，搅拌磁子不能碰到电极。

(2) 注意观察化学计量点是否到达，在接近终点时滴定速度要慢，在计量点前后等量小体积加入 NaOH 标准溶液。

(3) 滴定结束时滴定管上挂着的一滴溶液用玻璃棒移入烧杯中。

(4) 每次换溶液时，都必须用蒸馏水冲洗电极数次，并用吸水纸轻轻吸干。

附 1：DDS-11A 型电导率仪的使用①

DDS-11A 型电导率仪是常用的电导率测量仪器。除能测量一般液体的电导率外，它还能测量高纯水的电导率，被广泛用于水质检测、水中含盐量、大气中 SO_2

① 资料来源：http://www.biomart.cn/experiment/430/599/627/20677.htm

含量等的测定和电导滴定等方面。

以下介绍国产 DDS-11A 型电导率仪的使用。

(1) 按电导率仪使用说明书的规定选择电极，将其放在盛有待测溶液的烧杯中数分钟。

(2) 未打开电源开关前，观察表头指针是否指零。如不指零，可调整表头螺丝使指针指零。

(3) 将“校正、测量”开关扳至“校正”位置。

(4) 打开电源开关，预热 5min，调节调正旋钮使表针满度指示。

(5) 将“高周、低周”开关扳向低周位置。

(6) “量程”扳到最大挡，“校正、测量”开关扳到“测量”位置，量程选择由大至小，至可读出数值为止。

(7) 用电极夹夹紧电极胶木帽，将其固定在电极杆上。选取电极后，调节与之对应的电极常数。

(8) 将电极插头插入电极插口内，紧固螺丝，再将电极插入待测液中。

(9) 调节“调正”调节器旋钮使指针满刻度，然后将“校正、测量”开关扳至“测量”位置。读取表针指示数，再乘上量程选择开关所指的倍率，即为被测溶液的实际电导率。将“校正、测量”开关再扳至“校正”位置，看指针是否满刻度。再扳回“测量”位置，重复测定一次，取其平均值。

(10) 将“校正、测量”开关扳到“校正”位置，取出电极，用蒸馏水冲洗后，放回盒中。关闭电源，拔下插头。

3. 电位滴定法

1) 实验原理

以玻璃电极为指示电极，饱和甘汞电极作参比电极，与试液组成工作电池。用 NaOH 标准溶液对试液进行电位滴定，通过测量工作电池的电动势随加入滴定剂体积的变化情况，绘制 ΔE-V 工作曲线、确定滴定终点。再根据滴定剂的浓度、终点时消耗滴定剂的体积和试液的取用量，求出食醋的总酸度。

2) 实验用品

仪器：25mL 碱式滴定管、pHS-25 酸度计、玻璃电极、饱和甘汞电极、电磁搅拌器。

药品：草酸标准溶液(0.1000mol · L^{-1})、NaOH 溶液(0.1mol · L^{-1})、食醋。

3) 操作步骤

(1) 安装与调试仪器：以玻璃电极为指示电极，饱和甘汞电极作参比电极，将酸度计“功能开关”拨至 mV 挡，并调好零点。

(2) 吸取食醋试液 5.00mL，置于 100mL 容量瓶中，用新煮沸并冷却的蒸馏水稀释至刻度，摇匀。吸取稀释后的试液 10.00mL，置于 100mL 烧杯中，加入 30mL

新煮沸并冷却的蒸馏水，用已标定的 NaOH 标准溶液对食醋进行电位滴定。

(3) 绘制 ΔE-V 工作曲线：以加入的滴定剂体积 V 为横坐标，以测算的电位值增量 ΔE 为纵坐标绘制 ΔE-V 工作曲线，确定滴定终点时消耗 NaOH 溶液的体积。

(4) 计算食醋的总酸度(以 HAc 的质量浓度计)。

$$\rho_{HAc}=\frac{c_{NaOH}V\times 60.06}{5.00\times 10^{-3}\times \dfrac{10}{100}}$$

式中，c_{NaOH} 为 NaOH 标准溶液的实际浓度($mol \cdot L^{-1}$)；V 为测定中消耗 NaOH 标准溶液的体积(L)；60.06 为 HAc 的摩尔质量($g \cdot mol^{-1}$)；$5.00\times 10^{-3}\times \dfrac{10}{100}$ 为食醋试液的体积(L)。

4) 注意事项(相关资料链接 1)

附 2：pHS-25 酸度计(图 7-7)的使用方法①

1. 开机

(1) 将电源线插入电源插座；

(2) 按下电源开关，电源接通后，预热 30min。

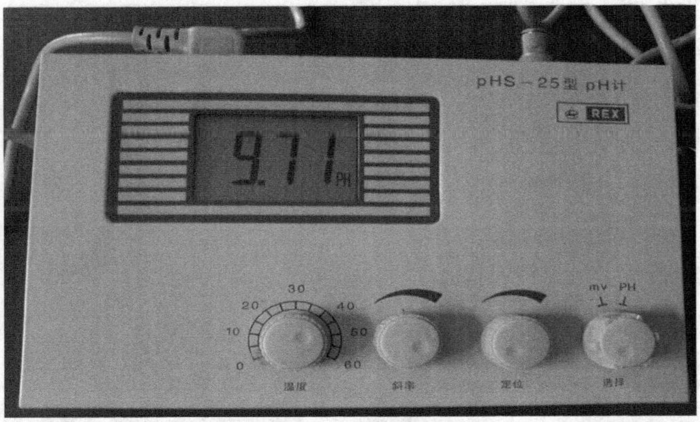

图 7-7　pHS-25 酸度计

2. 标定

仪器使用前，先要标定。一般来说，仪器在连续使用时，每天要标定一次。

(1) 在测量电极插座处拔下短路插头；

(2) 在测量电极插座处插上复合电极；

①资料来源：http://wenku.baidu.com/view/8eda7fabd1f34693daef3e33.html

(3) 把“选择”旋钮调到 pH 挡；

(4) 调节“温度”旋钮，使旋钮红线对准溶液温度值；

(5) 把“斜率”调节旋钮顺时针旋到底(调到 100%位置)；

(6) 把清洗过的电极插入 pH＝6.86 的标准缓冲溶液中；

(7) 调节“定位”调节旋钮，使仪器显示读数与该缓冲溶液的 pH 相一致(如 pH=6.86)；

(8) 用蒸馏水清洗电极，再用 pH＝4.00 的标准缓冲溶液调节“斜率”旋钮到 pH=4.00；

(9) 重复(6)~(8)的动作，直至显示的数据稳定在标准溶液 pH 的数值上，允许变化范围为±0.01pH。

注意：经标定的仪器“定位”调节旋钮及“斜率”调节旋钮不应再有变动。标定的标准缓冲溶液第一次用 pH=6.86 的溶液，第二次应接近被测溶液的 pH，如被测溶液为酸性时，缓冲溶液应选 pH=4.00；如被测溶液为碱性时，则选 pH=9.18 的缓冲溶液。

一般情况下，在 24h 内仪器不需要再标定。

3. 测量待测溶液的 pH

标定过的仪器即可用来测量被测溶液，无论被测溶液与标准溶液温度相同与否，测量步骤也有所不同。

1) 被测溶液与标准溶液温度相同时

测量步骤如下：

(1) “定位”调节旋钮不变；

(2) 用蒸馏水清洗电极头部，用滤纸吸干(图 7-8)；

(3) 把电极浸入被测溶液中，搅拌溶液，使溶液均匀，在显示屏上读出溶液 pH。

(4) 测量结束后，及时将电极套上保护套，套内装少量 3mol · L^{-1} KCl 溶液以保证电极球泡的湿润。

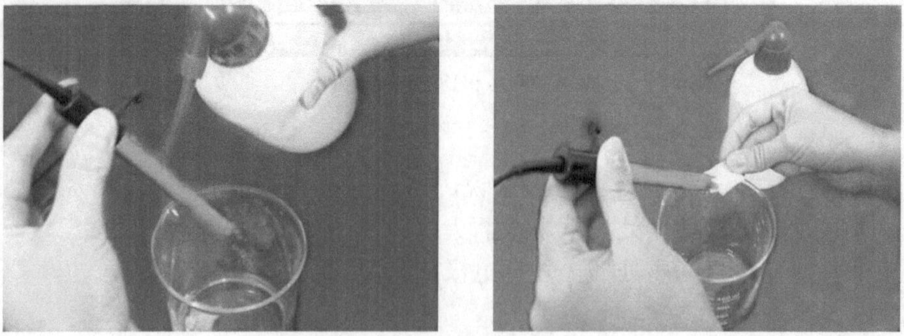

图 7-8 清洗和擦干电极

2) 被测溶液和标准溶液温度不同时

测量步骤如下：

(1)“定位”调节旋钮不变；

(2) 用蒸馏水清洗电极头部，用滤纸吸干；

(3) 用温度计测出被测溶液的温度值；

(4) 调节“温度”调节旋钮，使红线对准被测溶液的温度值；

(5) 把电极插入被测溶液内，搅拌溶液，使溶液均匀后，读出该溶液的 pH。

参 考 文 献

武汉大学. 2001. 分析化学实验(第四版). 北京: 高等教育出版社: 165.

武汉大学. 2001. 仪器分析实验(第四版). 北京: 高等教育出版社: 158.

张金桐, 叶非. 2004. 实验化学. 北京: 中国农业出版社: 209-210.

实验 11　反应条件对化学反应速率的影响

[教学目标]

(1) 掌握反应条件对化学反应速率影响的基本原理和实验操作技能。

(2) 探讨组织中学生进行反应条件对化学反应速率影响的实验教学策略。

[问题研讨]

(1) 有哪些反应条件对化学反应速率产生影响？各是怎样影响的？影响的程度如何？

(2) 本实验成功的关键是什么？实验操作中的注意事项有哪些？

(3) 本实验对中学生能力的发展有什么促进作用？

(4) 如何组织中学生开展本实验探究？本实验对中学生的情感、态度、价值观有何作用？

[实验方案设计]

每人必须选择[相关资料链接]1 提供的定性实验；对于定量实验，个人可以选择不同的方案进行实验，但必须保证每人都做一项浓度、温度和催化剂对化学反应速率的影响实验。

(1) 参照[相关资料链接]1 设计浓度、反应介质、温度和催化剂对化学反应速率影响的定性实验方案。在实验设计过程中，应注意控制变量，即改变一个影响条件时，应保证其他影响条件不变，以提高测量的准确性。

(2) 参照[相关资料链接]2~5 设计浓度、温度、催化剂对化学反应速率影响的定量实验测定方案。设计时应注意取液量筒和盛液烧杯的编号标示、溶液混合的顺序、水浴温度的控制、催化剂量的控制、计时的准确性等影响测定结果的因素，以提高测量的精确度。

(3) 如果根据其他参考资料设计“反应条件对化学反应速率影响”实验方案，与[相关资料链接]1~5 中的原理和装置差异较大，应与实验教师交流并获得同意后才能实施。

[实验操作过程]

(1) 根据自己所选测定方法的实验设计方案进行实验操作。

(2) 先做定性实验，再做定量实验，最后得出结论。

(3) 实验操作过程中，根据前面分析的成功关键和注意事项准确操作，尽量提高测定的精确度。

[教学策略设计]

结合自己的实验操作过程，设计组织中学生进行该测定实验的教学方案。该方案的设计应注意：

(1) 课前：布置预习。让学生课前预习反应条件对化学反应速率影响的原理。

(2) 课初：进行问题研讨，熟悉实验方案。对实验中相关问题进行研讨，先由学生发表意见，再由教师修正、补充；由学生代表讲解各种测定方法的实验原理，明确需要通过实验测定的数据，强调实验操作过程中的注意事项和违反操作过程可能引起的危害。

(3) 课中：规范操作。让学生 2 人一组完成浓度、温度和催化剂对化学反应速率影响的实验测定，记录详细的实验数据。注意指导他们规范操作，提高各项测定的精确度，师-生、生-生合作，共同进入实验测定的实际活动。

(4) 课尾：分析评价。分析实验过程中出现的各种问题，学生汇报交流测定结果，并进行评价。

(5) 课后：总结反思。让学生对整个实验过程进行总结反思，写出实验报告。

[实验教学反思]

1. 实验报告

(1) 实验原理、实验装置图；

(2) 实验研究的数据列表和结论；

(3) 自己在本次实验中的成功经验或失败教训；

(4) 结合自己的实验操作过程，参考针对中学生的[教学策略设计]，制订出你认为合理的教学策略；

(5) 对本实验的改进或其他创新性想法。

2. 教师对学习者的总体表现进行评价(一般放在下次实验之前)

教师从学习态度、方案设计、实验操作技能、实验结果、实验报告等方面进行总结，对测定结果精确者予以肯定、鼓励，对误差较大者分析原因。

[相关资料链接]

1. 浓度、反应介质、温度和催化剂对化学反应速率影响的定性实验

通过实验研究浓度、反应介质、温度、催化剂对双氧水分解速率的影响。

1) 设计实验方案

(1) 在实验设计过程中，应注意变量控制。例如，研究浓度对双氧水分解速率的影响时，应改变双氧水的浓度，而温度、光照、反应介质等条件则应相同。

(2) 思考怎样判断分解速率的快慢，应以什么为标准。

(3) 参照表 7-10，选择实验条件，设计实验方案。

表 7-10　浓度、反应介质、温度和催化剂对化学反应速率的影响

实验条件 / 实验内容	浓度	反应介质	温度	催化剂
浓度对双氧水分解速率的影响				
反应介质(溶液酸碱性)对双氧水分解速率的影响				
温度对双氧水分解速率的影响				
催化剂对双氧水分解速率的影响				

2) 安全提示

双氧水对皮肤、眼睛和黏膜有刺激作用，使用时不要沾到皮肤上。一旦沾在皮肤上或溅入眼中，应立即用大量清水冲洗。

双氧水容易引起其他可燃物燃烧，使用时应避免双氧水与可燃物接触。当外溢的双氧水与可燃物接触时，应立即用大量水冲洗、稀释。

3) 实施实验方案

下面的实验方案可供参考。

(1) *浓度对双氧水分解速率的影响*。向两支试管中加入相同体积的 5%和 2%的双氧水，再分别加入几滴 $FeCl_3$ 溶液，比较试管中气泡产生的速率。

(2) *反应介质(溶液酸碱性)对双氧水分解速率的影响*。向三支试管中分别加入相同体积的 5%的双氧水，然后向第一支试管中加入 5 滴 $1mol \cdot L^{-1}$ 盐酸，向第二支试管中加入 5 滴 $1mol \cdot L^{-1}$NaOH 溶液，第三支试管留作对照，比较三支试管中发生的现象。

(3) *温度对双氧水分解速率的影响*。向两支试管中分别加入相同体积的 5%的双氧水，然后把洁净的热玻璃棒(不能过热)插入其中一支试管中，比较两支试管中发生的现象。

(4) *催化剂对双氧水分解速率的影响*。分别向两支试管中加入相同体积的 5%的双氧水，然后向其中一支试管内加入几滴 $FeCl_3$ 溶液，比较两支试管中发生的现象。

实验记录如下：

实验内容	实验现象	实验结论

4) 交流和研讨

(1) 双氧水在什么条件下分解较慢，在什么条件下分解较快？

(2) 你认为应该如何保存双氧水？为什么？

(3) 你还能举出其他实例进一步说明反应条件对化学反应速率的影响吗？

双氧水见光、遇热、遇大多数金属氧化物都会加速分解。此外，反应介质(溶液的酸碱性)对双氧水的稳定性有较大的影响。在酸性条件下双氧水性质稳定，分解较慢；在碱性介质中，双氧水不稳定，分解较快。因此，双氧水应储存在阴凉、通风的地方，避免阳光直射；严禁与碱、金属及金属化合物、易燃品混存；容器应加盖并保持排气。

2. 浓度、温度和催化剂对化学反应速率影响的定量实验[$(NH_4)_2S_2O_8$与KI反应]

1) 反应原理

在水溶液中，过二硫酸铵与碘化钾发生如下反应：

$$(NH_4)_2S_2O_8+3KI \longequal (NH_4)_2SO_4+K_2SO_4+KI_3$$

离子方程式为

$$S_2O_8^{2-}+3I^- \longequal 2SO_4^{2-}+I_3^- \tag{1}$$

$(NH_4)_2S_2O_8$和KI混合时，用淀粉溶液作指示剂，同时加入一定体积的$Na_2S_2O_3$溶液,这样同时进行如下反应：

$$2S_2O_3^{2-}+I_3^- \longequal S_4O_6^{2-}+3I^- \tag{2}$$

反应(2)进行得非常快，瞬间完成，而反应(1)很慢。由于反应(1)生成的 I_3^- 立即与 $S_2O_3^{2-}$反应，生成了无色的 $S_4O_6^{2-}$和 $3I^-$，所以开始一段时间看不到颜色的变化，只有当 $S_2O_3^{2-}$耗尽时，游离出来的 I_2 才会遇淀粉反应变蓝色，实验现象十分明显。

2) 浓度对反应速率的影响

在室温下用5个量筒(贴上标签，以免混乱)分别量取表7-11中的5种溶液。1号实验操作如下：用量筒分别量取20mL 0.2mol·L^{-1}的KI溶液、4.0mL 0.2%淀粉溶液、8.0mL 0.01mol·L^{-1} $Na_2S_2O_3$溶液都加到一个100mL烧杯中，混合均匀，再量取20.0mL的过二硫酸铵($(NH_4)_2S_2O_8$)溶液迅速加入该烧杯中，同时按动秒表开始计时，并不断用玻璃棒搅拌溶液。当溶液刚出现蓝色时记录时间，填入表7-11 1号实验的空格中。

按同样的方法完成2、3、4、5号实验。其中2、3号实验是通过改变$(NH_4)_2S_2O_8$的浓度[通过改变$(NH_4)_2S_2O_8$的溶液体积和加水稀释达到]探索其对反应速率的影响；4、5号实验是通过改变KI的浓度探索其对反应速率的影响。

表 7-11　浓度对反应速率的影响[KI 和$(NH_4)_2S_2O_8$反应]

	实验编号				
	1	2	3	4	5
$0.2mol \cdot L^{-1}$ KI/mL	20.0	20.0	20.0	10.0	5.0
0.2%淀粉/mL	4.0	4.0	4.0	4.0	4.0
$0.01mol \cdot L^{-1}$ $Na_2S_2O_3$/mL	8.0	8.0	8.0	8.0	8.0
$0.20mol \cdot L^{-1}$ $(NH_4)_2S_2O_8$/mL	20.0	10.0	5.0	20.0	20.0
补充蒸馏水/mL	0	10.0	15.0	10.0	15.0
反应时间/s					

结论是：____。

3) 温度对反应速率的影响

在 100mL 的烧杯中加入 10.0mL $0.2mol \cdot L^{-1}$ 的 KI 溶液、4.0mL 0.2%的淀粉溶液、8.0mL $0.01mol \cdot L^{-1}$ 的 $Na_2S_2O_3$ 溶液，混合均匀。在一个大试管中加入 20.0mL 的过二硫酸铵$(NH_4)_2S_2O_8$溶液。将上述两种溶液放入 60℃水浴中，当溶液温度达到水浴的温度时将其迅速混合，同时按动秒表开始计时，并不断用玻璃棒搅拌，直到刚刚出现蓝色时为止，记录时间，填入表 7-12 中。

在 45℃和室温条件下重复以上实验。注意每组实验的温度差不小于 10℃，这样效果更加明显。

表 7-12　温度、催化剂对反应速率的影响[KI 和$(NH_4)_2S_2O_8$反应]

	实验编号			
	1	2	3	4
$0.2mol \cdot L^{-1}$ KI/mL	10.0	10.0	10.0	10.0
0.2%淀粉/mL	4.0	4.0	4.0	4.0
$0.01mol \cdot L^{-1}$ $Na_2S_2O_3$/mL	8.0	8.0	8.0	8.0
$0.20mol \cdot L^{-1}$ $(NH_4)_2S_2O_8$/mL	20.0	20.0	20.0	20.0
实验温度	60℃	45℃	室温	室温
$Cu(NO_3)_2$溶液	0	0	0	2 滴
反应时间/s				

结论是：____。

4) 催化剂对反应速率的影响

室温下，在150mL的烧杯中加入10.0mL 0.2mol · L^{-1}的KI溶液、4.0mL 0.2%的淀粉溶液及8.0mL 0.01mol · L^{-1}的$Na_2S_2O_3$溶液，再加入2滴$Cu(NO_3)_2$溶液，混合均匀。加入20.0mL过二硫酸铵$(NH_4)_2S_2O_8$溶液，同时按动秒表开始计时，并不断用玻璃棒搅拌，至刚好出现蓝色时为止，观察反应时间的变化，将其填入表中(自己仿照表7-12设计表)。与3)中室温条件下的实验所需时间对比，说明加入催化剂后反应速率的变化。

结论是：____。

3. 浓度、温度对化学反应速率的影响($Na_2S_2O_3$与H_2SO_4反应)

1) 反应原理

$$Na_2S_2O_3+H_2SO_4 = Na_2SO_4+SO_2+S\downarrow+H_2O$$

由于反应生成不溶于水的S，因此溶液出现乳白色浑浊。根据出现浑浊现象所需时间的长短，可以判断化学反应进行的快慢。反应进行得快，则出现浑浊现象也快。

2) 实验步骤

a. 浓度对化学反应速率的影响

取三个小烧杯，编号为1、2、3。用黑色笔在三张小纸片上画出粗细相等的三个"十"字，并用透明胶条把它们分别贴在1、2、3号小烧杯的外底中央(也可将"十"直接画在小烧杯的外底上)。按表7-13中规定的数量先分别在烧杯中加入$Na_2S_2O_3$溶液和蒸馏水，摇匀。这时从小烧杯口可以清楚地看到"十"字。然后取三支试管，分别加入2mL H_2SO_4溶液，再同时将3支试管中的H_2SO_4溶液分别加到3个烧杯中，搅拌并开始记录时间，到溶液出现的浑浊使烧杯底部的"十"字看不见时，停止计时。将时间填入表7-13中。

表7-13 浓度对化学反应速率的影响($Na_2S_2O_3$与H_2SO_4反应)

编号	加$Na_2S_2O_3$溶液的体积/mL	加H_2O的体积/mL	加H_2SO_4的体积/mL	所需时间/s
1	5	5	2	
2	7	3	2	
3	10	0	2	

b. 温度对化学反应速率的影响

把实验(1)所用的三个小烧杯洗净，保留黑色"十"字，并按表7-14规定的数量分别加入$Na_2S_2O_3$溶液和蒸馏水，摇匀。在室温条件下，向1号烧杯中加入2mL H_2SO_4溶液，并开始计时，到溶液出现的浑浊使烧杯底部的"十"字看不见时，停止计时。再把另两个烧杯分别放入盛有 60℃热水、沸水的大烧杯中保持一会儿，然后分别加入 2mL H_2SO_4 溶液，并开始记录时间，到溶液出现的浑浊使烧杯底部的“十”字看不见时，停止计时。将时间分别填入表 7-14 中。

表 7-14　温度对化学反应速度的影响($Na_2S_2O_3$ 与 H_2SO_4 反应)

编号	加 $Na_2S_2O_3$ 溶液的体积/mL	加 H_2O 的体积/mL	加 H_2SO_4 的体积/mL	温度/℃	所需时间/s
1	5	5	2	室温	
2	5	5	2	60℃	
3	5	5	2	沸水浴	

3) 问题和讨论

(1) 在做浓度、温度对化学反应速率影响的实验时，为什么溶液的总体积必须保持相等？

(2) 在实验步骤 b 中，为什么要预先使小烧杯在热水浴中温热一会儿后再加入硫酸？

4. 温度对反应速率的影响(高锰酸钾与葡萄糖反应)

1) 反应原理

酸性高锰酸钾溶液是常用的氧化剂，它被还原时溶液的紫色褪去。本实验选择酸性高锰酸钾溶液与葡萄糖溶液反应，通过溶液紫色消失所需要的时间来比较不同温度下的反应速率。

2) 实验步骤

(1) 在 50mL 烧杯中加入 5mL $KMnO_4$ 溶液、10mL 稀硫酸，用玻璃棒搅匀。

(2) 量取 20mL 葡萄糖溶液，加入大试管中。

(3) 将小烧杯和大试管放入大烧杯的热水浴中(60℃)5min。

(4) 将葡萄糖溶液加入小烧杯中，迅速用玻璃棒搅匀同时按下秒表。

(5) 观察溶液的颜色变化，记录紫色消失的时间。测量混合溶液的温度。

(6) 降低水浴的温度，再测量 2 个不同反应温度的实验数据。

3) 列表比较

列表比较 3 个不同温度下的实验数据，得出温度对化学反应速率影响的结论。

5. 影响化学反应速率因素实验的改进

1) 实验用品

试剂：2%和 12%H_2O_2 溶液、热水、MnO_2 粉末。

仪器：试管、10mL 量筒、50mL 注射器、橡胶塞、250mL 烧杯、秒表、药匙、乳胶管(自行车气门芯软管)。

2) 实验装置(图 7-9)

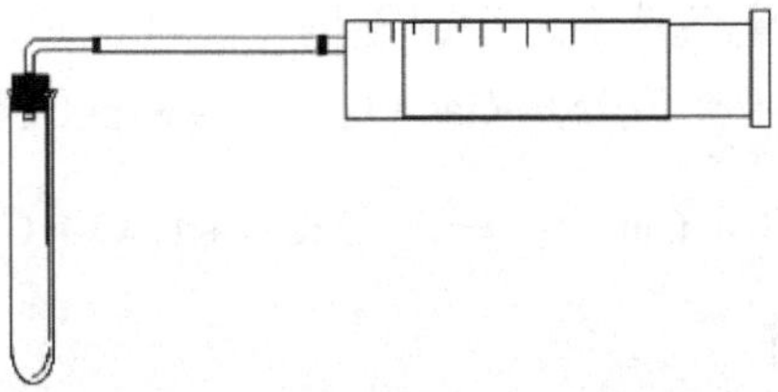

图 7-9　浓度、温度、催化剂对化学反应速率的影响实验

3) 实验步骤及记录表

【实验 7-1】浓度对化学反应速率的影响：2 位学生各取 1 支试管，分别用量筒加入 4mL 2%和 4mL 12%的 H_2O_2 溶液，用连有注射器的橡胶塞塞好试管，再把 2 支试管同时放入盛有热水的烧杯中加热，同时 1 位学生按下秒表计时，20s 时 2 位学生同时迅速拔掉试管上的塞子，读取 2 支注射器中气体的体积，做记录。

【实验 7-2】温度对化学反应速率的影响：2 位学生各取 1 支试管，都用量筒加入 4mL 12%的 H_2O_2 溶液，用连有注射器的橡胶塞塞好试管，将 1 支试管放在空烧杯中，另 1 支试管放在盛有热水的烧杯中加热，同时 1 位学生按下秒表计时，20s 时 2 位学生同时迅速拔掉试管上的塞子，读取 2 支注射器中气体的体积，做记录。

【实验 7-3】催化剂对化学反应速率的影响：2 位学生各取 1 支试管，都用量筒加入 2mL 2%的 H_2O_2 溶液，在其中 1 支试管中加入少量 MnO_2 粉末，用连有注射器的橡胶塞迅速塞好试管，同时 1 位学生按下秒表计时，20s 时 2 位学生同时迅速拔掉试管上的塞子，读取 2 支注射器中气体的体积，做记录。

4) 实验设计说明

(1) 需要预先将注射器和橡胶塞用乳胶管连接好，这样便于学生操作，节约实验时间。

(2) 在注射器的活塞上涂抹凡士林，使注射器的气密性完好，确保实验成功。

(3) 本实验为学生的活动与探究，每一大组做相同的实验，大组内 4 人 1 小组，1 人计时，2 人操作，1 人记录。本实验需要每一位学生的通力合作。

(4) 实验 3 中为使 2 支试管同时开始反应，可以把 MnO_2 粉末加在试管下端的内壁上，准备好后摇动一下使固液接触开始反应。

(5) 实验中的烧杯内热水要现用现倒，水的温度对实验成败至关重要。

(6) 本实验是定量实验，反应是否同时开始及结束很重要，特别是结束。建议计时学生到 16s 时开始读秒表，使实验学生有所准备，操作实验的两位学生到 20s 时应立即取下活塞，然后读数。

6. 用传感器研究浓度对化学反应速率的影响

在研究学习浓度对反应速率的影响时，中学教材里的实验并不能很好地说明问题。通过传感器来探究浓度对反应速率的影响，能很好地说明实验结果。

1) 实验原理

化学反应总是在一定条件下进行，不同反应物的浓度会对化学反应速率产生重要的影响。大理石的主要成分是 $CaCO_3$，它与稀盐酸反应的化学反应方程式为

$$2HCl + CaCO_3 \ = \ CaCl_2 + H_2O + CO_2\uparrow$$

2) 实验器材及试剂

朗威 DISLab6.0 数据采集器，计算机，压强传感器，大试管，单孔橡皮塞，5mL 注射器，试管架，盐酸，大理石。

3) 实验装置(图 7-10)

4) 实验过程和数据分析

(1) 配制 $0.5mol \cdot L^{-1}$ HCl、$1mol \cdot L^{-1}$HCl、$1.5mol \cdot L^{-1}$ HCl、$2mol \cdot L^{-1}$ HCl，称取 0.5g 大理石 4 份。

(2) 连接计算机、数据采集器及 4 个压强传感器，进入 V6.0 实验软件系统，点击“通用软件”。

(3) 向 4 个大试管中分别加入 0.5g 大理石，塞上连接有压强传感器的橡皮塞。

(4) 用 5mL 注射器分别吸取 1mL $0.5mol \cdot L^{-1}$ HCl、$1mol \cdot L^{-1}$ HCl、$1.5mol \cdot L^{-1}$ HCl、$2mol \cdot L^{-1}$ HCl，插在橡皮塞的针头上。打开“组合图线”，添加 4 条“压强-时间”图线，调零，点击“开始记录”。2 人同时推动 4 个注射器活塞，将不同浓度的盐酸溶液注入大试管中，观察情况(图 7-11)。

5) 实验结论

气压变化曲线表明，盐酸溶液浓度越高，化学反应速率越快。反之，则化学反应速率越慢。

6) 实验注意事项

橡皮塞与压强传感器之间的连接要紧密，不能有丝毫漏气现象；大理石颗粒大小要基本相同，尽量用小颗粒大理石；盐酸溶液量不能太大，如果溶液量超过 5mL，橡皮塞会弹出大试管口，造成实验失败。

图 7-10　压强传感器

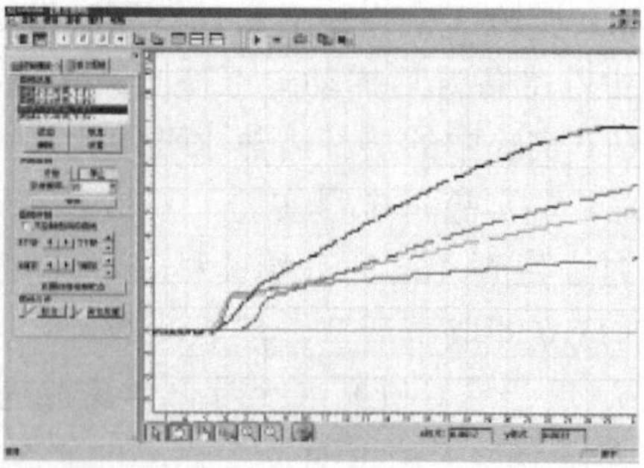

图 7-11　实验过程中气压的变化图

参 考 文 献

陈瑞芝. 2007. 对化学反应速率的实验教学研究. 化学教育, (8): 48-50.
江军, 王凯. 2006. 影响化学反应速率因素实验的改进. 教学仪器与实验, (10): 26.
李成国. 2009. 用传感器研究浓度对化学反应速率的影响. 中国教育技术装备, (29): 129.
屈艳敏. 2006. 铜与稀硝酸反应实验改进. 教学仪器与实验, (10): 26.
人民教育出版社化学室. 2000. 全日制普通高级中学教科书(实验修订本 · 必修加选修) · 化学(第二册). 北京: 人民教育出版社.
王磊. 2005. 普通高中课程标准实验教科书 · 化学. 济南: 山东科学技术出版社.

实验 12　乙醇分子结构的测定

[实验目的]

(1) 掌握乙醇结构式定量测定实验的基本原理，学会其测定的实验技能。

(2) 探究乙醇结构式的测定方法，提高科学探究能力。

(3) 探讨组织中学生进行探究性实验的教学方法。

[问题研讨]

(1) 已知乙醇的化学式为 C_2H_6O，它的结构式可能有几种？如何通过设计实验来探究它的结构？

(2) 乙醇结构式的测定有几种方法？各种方法的基本原理、实验关键是怎样的？如何解决这些问题？

(3) 乙醇结构式测定的几种方法的优缺点各是什么？

(4) 探究的基本程序包括哪几个环节？如何组织中学生进行本实验的探究活动？

[实验方案设计]

(1) 参照[相关资料链接]1 设计钠与乙醇反应测定乙醇结构式的实验方案 1。设计的方案应重点解决两个问题：①定量测量实验装置的有效性和可行性；②乙醇反应的彻底性。

(2) 参照[相关资料链接]2 设计乙醇结构式测定的改进实验方案 1。论证所采用方法的可行性。

(3) 参照[相关资料链接]3 设计乙醇结构式测定的改进实验方案 2。论证所采用方法的可行性。

(4) 自主选择与统一分配相结合，使选三种测定方法的人数基本相等，测定数据共享。

[教学策略设计]

设计组织中学生进行该测定实验的实验教学方案。该方案的设计应注意：

(1) 课前：布置预习。让学生课前预习乙醇分子结构测定的实验原理。

(2) 课初：熟悉方案。由学生代表讲解各种测定方法的实验原理，让学生明确需要通过实验测定获得的数据，强调实验操作过程中的注意事项和违反操作过程可能引起的危害。

(3) 课中：规范操作。将参加实验研究的学生分成 6 人一组，各组中的每 2 人负责完成一种方法的实验测定，详细记录实验数据，最后一起分析，得出结论。注意指导学生规范操作，提高各项测定的精确度，师-生、生-生合作，共同进入实验测定的实践活动。

(4) 课尾：分析评价。分析实验过程中出现的各种问题，学生汇报交流测定结果，并进行评价。

(5) 课后：总结反思。让学生对整个实验过程进行总结反思，写出实验报告。

[实验操作过程]

(1) 根据自己所选测定方法的实验设计方案进行实验操作。

(2) 实验操作过程中，根据前面分析的成功关键和注意事项进行实验，尽量提高测定的精确度。

[实验教学反思]

1. 实验报告

(1) 通过本次实验研究的结果及比较三种测定方法的优缺点，找出适合中学生学习的最佳方案；

(2) 自己在本次实验过程中的成功经验或失败教训；

(3) 结合自己的实验操作过程，重新审视上述[教学策略设计]，制订出你认为更合理的教学策略；

(4) 对本实验的改进或其他创新性想法。

2. 教师对学习者的总体表现进行评价

教师从学习态度、方案设计、实验操作技能、实验结果、实验报告等方面进行总结，对测定结果精确者予以肯定、鼓励，对误差较大者分析原因。

[相关资料链接]

1. 实验方案 1

1) 实验原理

乙醇羟基上的氢原子可以被金属取代，通过测定反应放出的氢气质量，可以确定乙醇的结构式。

2) 计算公式推导

乙醇分子里有 6 个氢原子，设能被钠置换的氢原子个数是 x。实验时约用 2.9mL 无水乙醇(密度：$0.78\text{g}\cdot\text{cm}^{-3}$)，与足量的钠充分反应，得到氢气 550mL(已换算成标准状况)，由此可以求乙醇分子里与钠反应的氢原子数。

$$C_2H_6O + x\,Na = C_2H_{6-x}ONa + \frac{x}{2}H_2\uparrow$$

$$\frac{2.9\times0.78}{46}=0.05 \qquad \frac{0.55}{22.4}=0.025$$

$$所以\frac{0.05}{1}=\frac{0.025}{\frac{x}{2}} \qquad x=1$$

因此，在乙醇分子里只有 1 个氢原子被钠置换，所以乙醇的结构式是

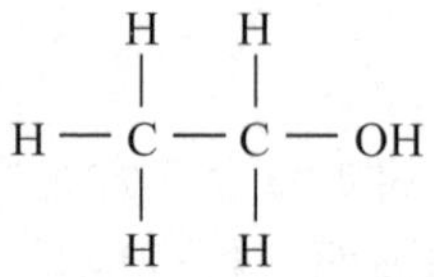

3) 实验用品

仪器：铁架台、圆底烧瓶、洗瓶、集气瓶、量筒、导管、橡皮管、滴管

药品：无水乙醇、金属钠

4) 操作步骤

(1) 按照图 7-12 所示安装实验装置并检查装置的气密性。

(2) 用弹簧夹夹住橡皮短导管 a，打开橡皮导管 b。从 T 形管通气，使集气瓶和量筒间的导管充满水，量筒内导管的一端正好浸入水面以下。记下水面高度，然后用弹簧夹夹紧 c，装上橡皮导管 b，开启 a 处弹簧夹。

在干燥的 250mL 烧瓶里投入去掉氧化层的金属钠薄片 1.5g，连接好装置，用滴定管慢慢滴入 2.9mL 无水乙醇(同时开启 c 处弹簧夹)。反应接近完成时，用小火间断加热烧瓶，让乙醇和钠反应完全。反应停止后，等烧瓶完全冷却，量筒和集气瓶里的水调整到在一个平面上。记下量筒里水面的高度，两次体积之差就是氢气的体积(换算成标准状况约 550mL)。

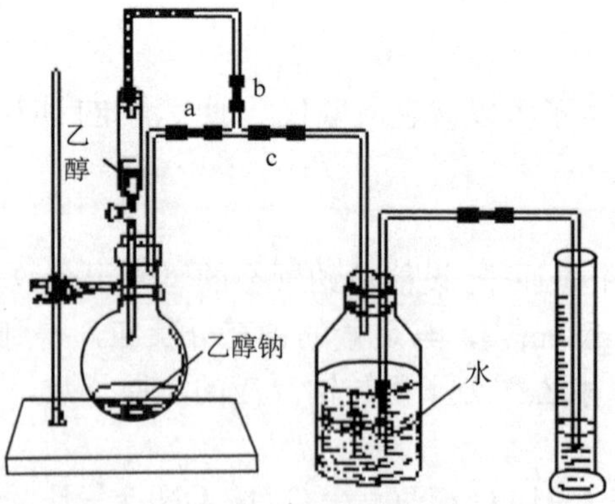

图 7-12　乙醇和钠的定量反应 I

5) 成败关键及注意事项

实验成败的关键是氢气的体积是否接近理论值。

(1) 要保证装置的气密性，所用仪器必须干燥。

(2) 实验所需乙醇，必须是无水纯净的化学试剂，不能用 95%乙醇或普通酒精代替。如果含有水或有机酸、酯等杂质，也能与金属钠发生反应放出氢气，因而得不到正确结果。

(3) 加入乙醇的量必须准确，金属钠过量，并使乙醇全部与之反应。

(4) 滴加乙醇不能太快，否则反应过于激烈，温度升高，使一部分乙醇蒸气和氢气一起进入集气瓶而溶于水中，测得的氢气量减少，造成实验失败。

2. 实验改进方案 1

1) 实验原理(见相关资料链接 1)

2) 计算公式推导(见相关资料链接 1)

(1) 记录实验时的温度和大气压并根据 $\frac{P_0V_0}{T_0}=\frac{P_1V_1}{T_1}$ 将两次测得的氢气体积校正到标准状况时的体积(V_{H_2})。

(2) 根据实验消耗乙醇的体积($V_{乙醇}$)和它的密度($0.78g\cdot mL^{-1}$)，求出消耗乙醇的质量(m)。

$$m=V_{乙醇}\times 0.78g\cdot mL^{-1}$$

(3) 设 1mol 乙醇(46g)与足量钠起反应可放出 x mL 氢气。

根据两次实验结果，分别计算 x_1、x_2 的值。

$$m : V_{H_2}=46 : x$$

$$x=\frac{V_{H_2}\times 46}{m}\ (mL)$$

求得的 x_1、x_2 的平均值为实验所测定的数据。根据所测数据推导出乙醇的结构式。

3) 实验用品

仪器：铁架台、具支试管、锥形瓶、量筒、导管、橡皮管、注射器

药品：无水乙醇、金属钠珠、二甲苯

4) 操作步骤

(1) 按图 7-13 所示装置，具支试管内装入混有 1g 钠珠的二甲苯，试管的胶塞中央插入一个事先抽入 2mL 99.5%无水乙醇的注射器。

(2) 检查装置的气密性后，用注射器准确地加入 0.5mL 无水乙醇，乙醇与钠珠接触后发生反应，生成的氢气收集到量筒内。当反应速率变慢时再加入 0.5mL 无水乙醇，使钠珠继续与乙醇发生反应。当反应接近停止时，可将试管稍稍加热。

等到没有气体产生、装置冷却到室温时，准确读出量筒上的刻度，这就是室温下1mL 无水乙醇与足量钠反应生成氢气的体积。

(3) 更换一支干燥的具支试管，使 2mL 无水乙醇与 2g 钠珠反应，准确记录生成氢气的体积，并计算出 1mL 无水乙醇平均生成氢气的体积。

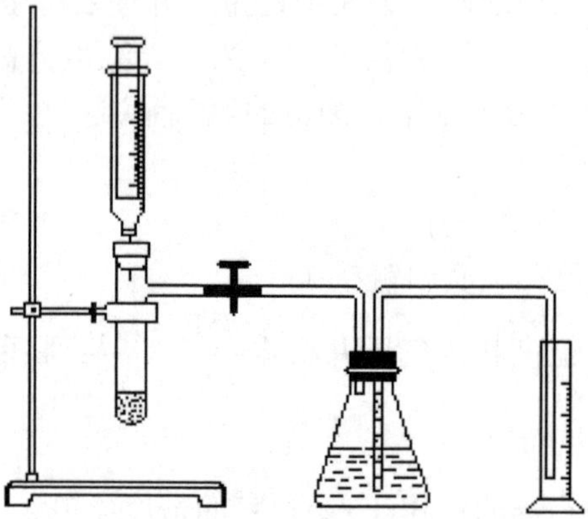

图 7-13 乙醇结构式的测定 Ⅱ

5) 成败关键及注意事项

实验成败的关键是氢气的体积是否接近理论值。

(1)(2)(3)与方案 1 相同。

(4) 加入无水乙醇的速度不宜太快，以防反应生成的热使乙醇气化，来不及回流就随着氢气进入锥形瓶。

(5) 钠与乙醇要充分反应。为此，在实验时加入与钠或乙醇都不反应的二甲苯(或用精制煤油)，把钠制成小钠球分散在二甲苯中，阻止钠与乙醇反应生成乙醇钠附着在钠的表面呈胶冻状。

6) 说明

本实验改进是在具支试管里放入 1g 去氧化层的金属钠后，再加入 10mL 的化学纯二甲苯。小心微热具支试管使钠熔化，然后振荡具支试管，使金属钠分散成小球，以增大反应物的接触面积。二甲苯不与金属钠作用，但能溶解乙酸钠；它在这里作分散剂，以保证乙醇与金属钠完全反应。当具支试管冷却到室温后，再连接装置，滴加乙醇，其他步骤同上。改进后的实验效果更好。

3. 实验改进方案 2

1) 实验原理(见相关资料链接 1)

2) 公式推导(见相关资料链接 2)

3) 实验用品

仪器：铁架台、具支试管、碱式滴定管、导管、橡皮管、注射器

药品：无水乙醇、金属钠

4) 操作步骤

(1) 按图 7-14 安装实验装置并检查气密性。

(2) 拔出 A 管口橡皮塞(将插在塞上的注射器中吸入 1mL 99.5%的无水乙醇，排尽空气)。

(3) 升高 C 管，使 B 管内水面上升至刻度“0”，固定。

(4) 称取金属钠 0.20g，切成半粒绿豆大小，迅速放入 A 管底，立即塞上塞子。旋推 1mL 注射器的活塞，将 0.25mL 无水乙醇分 3~5 次逐滴滴在钠粒上，使乙醇跟钠完全反应。

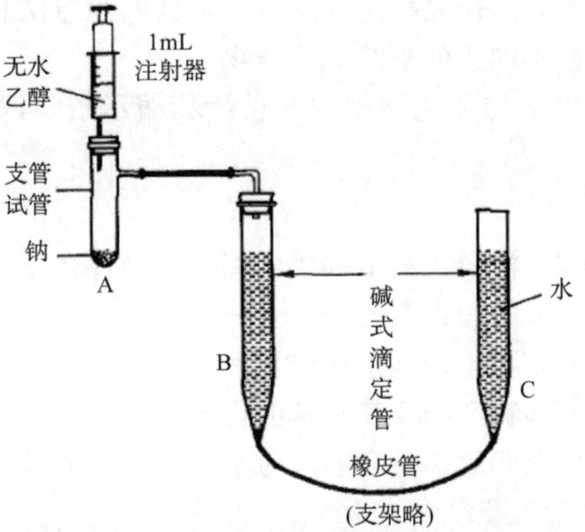

图 7-14 乙醇结构式的测定 Ⅲ

5) 成败关键及注意事项

(1)(2)(3)与方案 1 相同。

(4) 加入无水乙醇的速度不宜太快，且要旋推注射器玻璃活塞，以免试管内反应激烈，产生的氢气多，压强大而使氢气外逸。

(5)为利用 B 管上端(无刻度)测量，可在刻度“0”处向上贴一刻度标尺。

参考文献

刘正贤. 1994. 中学化学实验大全. 上海：上海教育出版社: 371.

潘鸿章. 2001. 中学化学实验研究与创新. 海口：南方出版社: 271.

潘明先. 2008. 测定乙醇分子结构演示实验的研究. 化学教育, (1): 71-72.

孙志宽. 1992. 中学化学实验教学研究. 杭州：杭州大学出版社: 216-219.

第 8 章　有机物反应的实验

实验 13　纤维素的水解和酯化

[教学目标]

(1) 掌握纤维素的水解及酯化原理和规范操作要领。

(2) 学习用正交设计法探究纤维素水解的最佳实验方法和条件。

(3) 了解纤维素在不同条件下的酯化产物。

(4) 通过纤维素水解与酯化微型教案设计和演示教学，训练探究式演示教学技能。

[问题研讨]

(1) 纤维素的结构、性质及其水解反应的原理是什么？

(2) 影响纤维素水解的因素有哪些？

(3) 实验过程中如何防止纤维素的炭化？

(4) 如何有效验证水解产物及其水解的程度？

(5) 在进行银镜反应和费林反应前，对水解产物的酸碱性应如何处理？

[实验方案设计]

(1) 阅读资料链接文献或查阅其他相关文献，明确影响纤维素水解和酯化的速率、程度的因素。重点归纳各类参考资料中对纤维素种类、H_2SO_4 浓度、加酸方式、加热方式、水解产物及酯化产物的验证方法等实验因素的处理方法。

(2) 参看有关正交设计的资料(如卫子光. 2000. 化学实验设计与研究. 天津: 南开大学出版社)，了解正交表的使用方法，会运用正交表进行实验探讨。

(3) 分析比较资料，初步形成实验设计思路。

(4) 注意设计纤维素水解液配制、银氨溶液配制和银镜反应的实验方案。

(5) 注意纤维素酯化的条件和酯化产物的检验方法。

(6) 本实验的教学目的是帮助中学生了解纤维素的重要化学性质——水解和酯化，从而使学生更能从本质上构建纤维素的结构模型。在演示实验教学设计中，应体现探究性。应注意引导学生从原有知识和经验入手，即在了解淀粉性质的基础上，提出假设：纤维素是否也可以水解？由纤维素的结构联想到能否发生酯化反应？进而引导学生设计实验，检验假设，得出结论。如果假设能成立，则说明纤维素是由若干个“单糖”构成，纤维素结构中含有醇羟基等。引发学生的思考与讨论，甚至做出更深层次的探究活动。

[教学策略设计]

设计组织中学生进行该实验的教学方案。该方案的设计应注意：

(1) 课前：布置预习。让学生课前预习纤维素的水解和酯化原理、水解产物如何检验、酯化的条件和产物。

(2) 课初：熟悉方案。由学生代表讲解纤维素水解和酯化的实验原理，让学生明确需要通过实验结果的测定来确定水解的产物，酯化实验过程中要控制条件。强调实验操作过程中的注意事项和违反操作过程可能引起的危害。

(3) 课中：规范操作。将参加实验研究的学生分成 4 人一组，各组中的每 2 人负责完成纤维素的水解及酯化的实验，记录详细的实验过程及测定结果，最后一起分析，得出结论。注意指导学生规范操作，提高各项测定的精确度，师-生、生-生合作，共同进入实验测定的实际活动。

(4) 课尾：分析评价。分析实验过程中出现的各种问题，学生汇报交流测定结果，并进行评价。

(5) 课后：总结反思。按“实验原理(含化学方程式)、问题探讨、操作要点、实验结果、实验反思”的程序写出实验报告。

[实验原理]

1. *纤维素的水解*

由理论的学习，我们知道纤维素不溶于水，也不溶于一般有机溶剂，而且不具有还原性，但它在纤维素酶或无机酸存在下能完全水解，并定量地得到 D-葡萄糖，且具有还原性，因为其含有游离的半缩醛羟基，所以在溶液中能还原银离子和铜离子。其反应方程式如下：

$$\underset{\text{纤维素}}{(C_6H_{10}O_5)_n} + nH_2O \xrightarrow[\triangle]{\text{催化剂}} n\underset{\text{葡萄糖}}{C_6H_{12}O_6}$$

检验半缩醛羟基：

(1) 蓝色 $Cu(OH)_2$ 变成砖红色的 Cu_2O。

$$CuSO_4+2NaOH \longrightarrow Cu(OH)_2\downarrow+Na_2SO_4$$

$$2CH_2OH(CHOH)_4CHO+2Cu(OH)_2 \xrightarrow{\triangle} 2CH_2OH(CHOH)_4COOH+Cu_2O\downarrow+2H_2O$$

(2) 发生银镜反应。

$$CH_2OH(CHOH)_4CHO+2Ag(NH_3)_2OH \xrightarrow{\triangle} CH_2OH(CHOH)_4COONH_4+$$
$$2Ag\downarrow+3NH_3+H_2O$$

2. 纤维素的酯化

纤维素与浓硝酸和浓硫酸的混合液反应时，纤维素分子中的羟基与硝基会发生酯化反应，也可以说为硝化反应，得到纤维素硝酸酯(火棉药)。

$$\left[(C_6H_7O_2)\begin{matrix}OH\\OH\\OH\end{matrix}\right]_n + 3n\text{HO}-NO_2 \xrightarrow{\text{浓 }H_2SO_4}$$

纤维素　　　　硝酸

$$\left[(C_6H_7O_2)\begin{matrix}O-NO_2\\O-NO_2\\O-NO_2\end{matrix}\right]_n + 3nH_2O$$

纤维素硝酸酯

而实际上纤维素分子中的羟基不可能全部酯化，它的酯化程度与酸的浓度和反应条件(温度、时间等)有关。不同酯化程度的醋酸纤维有不同的性能和用途。纤维素硝酸酯受热时分解，放出大量的热，并产生大量气体。其主要反应是

$$2\left[(C_6H_7O_2)\begin{matrix}ONO_2\\ONO_2\\ONO_2\end{matrix}\right] \xrightarrow{\triangle} 6CO_2\uparrow + 6CO\uparrow + 3N_2\uparrow + 3H_2\uparrow + 4H_2O$$

[实验用品]

仪器与材料：大试管(25mm×200mm)、试管(15mm×180mm)、试管夹、试管架、铁架台(附铁夹、十字头)，酒精灯、坩埚夹、烧杯(100mL、250mL)、表面皿(Φ70mm)、尖嘴导管(长 20mm)、台秤、火柴、抹布。

药品：脱脂棉、浓硫酸(90%)、30%NaOH 溶液、2%$CuSO_4$溶液、浓硝酸、2%硝酸银、2%稀氨水。

[实验研究步骤]

因为用纤维素酶水解所需时间长且成本高，所以本实验只研究用酸水解纤维素的方法。但当硫酸浓度低于 70%时，纤维素较难溶解；浓度过高时，硫酸的脱水能力明显增强，很容易使纤维素炭化。所以本实验要求控制好温度，用 90%的浓硫酸水解纤维素，其优点是水解时间短。

1. 通过实验比较纤维素水解的方案

(1) 分别在 4 个大试管底部放入一小团大小、质量相同的脱脂棉，并用玻璃棒压紧密。

(2) 在①号大试管中加入 10 滴浓硫酸，用玻璃棒把棉花捣成糊状，在沸水浴中加热 5min。(为什么要用硫酸？)

(3) 在②号大试管中加入 4 滴蒸馏水，再加入 10 滴浓硫酸，用玻璃棒捣成糊状。

(4) 在③号大试管中滴加蒸馏水至脱脂棉浸湿，边振荡边滴加 1.3~1.4 倍水滴

数的浓硫酸，用玻璃棒捣成糊状后，加蒸馏水至原体积的 2 倍，摇匀，置沸水浴中摇动加热 8min，取出冷却。

(5) 在④号大试管中加入 10 滴浓硫酸，用玻璃棒把棉花捣成糊状，立即加入 2mL 蒸馏水稀释、摇匀。放在沸水中边加热边摇动 5min，取出冷却。

观察比较 4 支大试管中的水解液的颜色、状态、溶解程度等。现象及原因记录在下表：

试管编号	现象	原因
①		
②		
③		
④		

2. 通过实验比较水解程度

1) 用 $Cu(OH)_2$ 检验

分别从 4 支大试管中取出等量的水解液置于 4 支小试管中，加入过量的 NaOH 溶液(为什么要过量？)，用 pH 试纸检验呈蓝色时即可，稍冷，滴入 3 滴 2%的 $CuSO_4$ 溶液，有蓝色絮状物生成，于沸水浴中加热，记录生成砖红色沉淀的时间及颜色的深浅。

试管编号	沉淀颜色的深浅	生成砖红色沉淀的时间
①		
②		
③		
④		

思考：为什么不先加 $CuSO_4$ 溶液，再加 NaOH 溶液至呈碱性？

2) 用 $Ag(NH_3)_2OH$ 溶液检验

分别在 4 个小试管中加入 2mL2%的硝酸银溶液，振荡试管，同时滴加 2%的稀氨水，直到析出的沉淀恰好溶解为止(制得澄清的银氨溶液)，再分别从 4 支大试管中取出等量的水解液置于这 4 支小试管中，在温水浴里加热 3~5min，观察并记录实验现象。

试管编号	出现银镜的时间	银镜的光亮程度
①		
②		
③		
④		

结论是：____。

3. 纤维素的酯化

火药棉的制备：在 1 支大试管中，加入 4mL 浓硝酸，小心振荡下加入 8mL 浓硫酸。待温度冷却到室温，把一小团棉花用玻璃棒浸入混酸中，再将试管浸在 60~70℃的热水浴中边加热边用玻璃棒搅动。8min 后，用玻璃棒挑出棉花，放在烧杯中充分洗涤，再在流水下冲洗，洗时用手将棉花撕开，洗完后，把水挤干，放在表面皿上用水浴干燥(思考：为什么要用水浴？)，得浅黄色、干燥的硝酸纤维素(火药棉)。

检验硝酸纤维素的酯化程度：取一小团硝化棉，包住火柴头，用酒精灯点燃，若硝化棉被点燃，而火柴头不燃，说明硝化充分；若硝化棉被点燃，同时火柴头也被引燃，则证明硝化不充分。(思考：为什么？)

比较火药棉和脱脂棉的区别：用坩埚夹夹取一块火药棉放在灯焰上(观察燃烧情况)。另夹一小块脱脂棉并点燃。比较两者燃烧情况有何不同。

[注意事项]

1. 纤维素水解的注意事项

(1) 所用脱脂棉的量不要太多，否则不易充分水解，影响实验效果。

(2) 所加浓硫酸的浓度要适中，一般以 80%~90%为宜。如加太浓的硫酸则会使纤维素炭化，变黑；如加太稀的硫酸，则会影响纤维素水解的进行。

(3) 水解时加热的温度不要太高，否则也会使纤维素炭化。

(4) 所加氢氧化钠的量应是过量的，以使生成的 $Cu(OH)_2$ 变为易反应的 $[Cu(OH)_4]^{2-}$，且不能生成黑色的 CuO 沉淀，避免对红色 Cu_2O 沉淀的干扰。

2. 纤维素酯化的注意事项

实验过程中浓酸要小心使用，生成物是无烟炸药的主要成分，实验过程要多加小心，注意防火。

[实验教学反思]

1. 实验报告

(1) 本次实验研究的结果及实验控制条件的选择；

(2) 自己在本次实验中的成功经验或失败教训；

(3) 结合自己的实验操作过程，重新审视上述[教学策略设计]，制订出你认为更合理的教学策略；

(4) 对本实验的改进或其他创新性想法。

2. 教师对学习者的总体表现进行评价(一般放在下次实验之前)

教师从学习态度、方案设计、实验操作技能、实验结果、实验报告等方面进行总结，对测定结果精确者予以肯定、鼓励，对误差较大者分析原因。

[相关资料链接]

1. 纤维素快速水解演示实验的改进

纤维素水解成葡萄糖难一些，主要是纤维素中葡萄糖单元间的化学键较强。为了使水解速率有明显的提高，所加的催化剂浓度应大一些。在本反应中化学反应速率问题与化学平衡问题比较，前者占据了矛盾的主要方面。另外，在生成的葡萄糖的验证过程中，不管是加银氨溶液还是加新制的氢氧化铜溶液之前都要先进行中和反应，这样就要另加入一种酸碱指示剂。为此，我们可选用硫酸铜作为酸碱指示剂(从硫酸铜溶液转变成氢氧化铜的过程中有颜色的突变)，同时硫酸铜还作为生成新制氢氧化铜的原料，减少了试剂的种类和操作的步骤。具体操作步骤如下：

(1) 取 0.2g 左右脱脂棉用玻璃棒送入试管底部，滴入 3 滴水。

(2) 在上述试管中继续加入浓硫酸 6~10 滴至能使棉花完全湿润为止，用玻璃棒将棉花搅成糊状。

(3) 如果是冬季做实验，请在热水中(或在酒精灯火焰上微热)加热约 1min，其他季节只需放置 1~2min 即可。

(4) 在反应物中加入 3 滴 10%的硫酸铜溶液。

(5) 在试管中加入 30%的氢氧化钠溶液，直至观察到淡蓝色的溶液颜色突然变深，继续加入 10 滴左右氢氧化钠溶液，此时就可看到有红黄色至红褐色物质生成。如果还没有发生上述现象，请在酒精灯火焰上微热一会儿即可。

2. 用正交实验法探讨纤维素水解的最佳实验条件

1) 水平指标的确定

影响纤维素水解和银镜反应的因素很多，通过查阅有关资料，总结归纳出 13 个影响因素，如表 8-1 所示，还可以通过前期对比实验，优选出如表 8-2 所示的因素初水平。

表 8-1　实验因子表

因素 / 水平	A 纤维素种类	B 水解方式	C 加酸方式	D H_2SO_4 /%	E 水解液加热	F 水解液 pH	G NaOH /%	H 水解液过滤	I $AgNO_3$ /%	J 5%NaOH 加一滴	K 氨水：水	L 水解液用量	M 水溶温度/℃
1	脱脂棉	研钵	先酸后水	72	不加热	8	5	不过滤	1	不加	1：5	10 滴	70
2	滤纸	烧杯玻璃	先水后酸	74	加热	9	10	过滤	2	加	1：10	15 滴	80

实验指标的确定：本实验以银镜反应的质量为指标，主观确定其评分标准。

表 8-2 因素水平表

实验号 \ 因素	A 加酸方式	B H_2SO_4/%	C 水浴温度/℃
1	先酸后水	72	70
2	先水后酸	74	80
3	边酸边水	76	90

2) 实验步骤(以最佳实验为例)

(1) 水解液的配制：称取 0.2g 脱脂棉于小烧杯中，在搅拌下加入 50 滴浓 H_2SO_4，使纤维素初步水解成无色黏稠液体，然后边搅拌边滴加 16 滴水，使之达到实验方案中规定的水平(76%H_2SO_4)，将纤维素初步水解液在 70℃的水浴中加热约 3min，水解液呈亮棕色，取出冷却后，加入 2 滴酚酞指示剂，用 10% NaOH 调整溶液变粉红色，此时 pH 为 9，用玻璃漏斗过滤，以除去未水解的纤维素和冷却后结晶析出的 Na_2SO_4。

(2) 银氨溶液的配制：取 2%$AgNO_3$ 溶液 2mL 于一洁净试管中，逐滴加入 1∶5 氨水，边滴边摇，至沉淀刚好溶解为止，为防止氨水过量，可再回滴 2 滴 $AgNO_3$ 溶液。

(3) 银镜的生成：取银氨溶液 2mL 于试管中，滴加 10 滴纤维素水解液，搅拌均匀后，在 90℃水浴上加热，片刻后，即可观察到光亮的银镜生成。

3) 试验方案的设计及其结果的直观分析

本正交实验是三因素、三水平的实验，所以选用 $L_9(3^4)$正交表来安排实验(表 8-3)。

表 8-3 实验方案及其结果的直观分析 $L_9(3^4)$

实验号 \ 因素	A 加酸方式	B H_2SO_4/%	C 水浴温度/℃	实验指标 银镜的质量评分
1	1(先酸后水)	1(72)	1(70)	87
2	2(先水后酸)	2(74)	2(80)	81
3	3(边酸边水)	3(76)	3(90)	96
4	1	2	3	93
5	2	3	1	83
6	3	1	2	88
7	1	3	2	91
8	2	1	3	94
9	3	2	1	85

注：纤维素选 0.2g 脱脂棉

4) 结论

从极值的大小可知，影响本实验的因素主次关系为

$$\text{主} \xrightarrow{[\text{水浴温度}][\text{加酸方式}][H_2SO_4\%]} \text{次}$$

本实验的最佳条件是：A1 B3 C3，即加酸方式为先酸后水，H_2SO_4的质量分数为 76%，水浴温度为 90℃。由于最佳条件不包括在 1~9 号实验中，特补做一次验证性实验，片刻可得光亮的眼镜，从而证实以上结论是正确的。

优点：本实验操作简单，银镜效果好，重复性好，成功率为 100%，实验全过程大约需用 10min，所以可行性强。

5) 注意事项

(1) 水解纤维素的 H_2SO_4 和水加入速度要慢，要边搅边加，防止因加水放出的热使温度升高而将纤维素炭化变黑，初步水解液一旦变黑就影响银镜效果。

(2) 水解液在 70℃下水浴加热时，时间不宜过长，约 3min 水解液变亮棕色即取出，时间太长水解液易炭化变黑，影响银镜效果。

(3) 水解液用较浓的 NaOH(10%)来中和，并用酚酞作指示剂可加快中和过程，减小中和后水解液的体积，如果碱太稀且加入量太大，则单位体积内所含水解产物的量相应减少，还原作用减弱，银镜析出慢且颜色发黑。

参 考 文 献

唐清, 周湘. 2001. 用正交试验法探讨纤维素水解的最佳实验条件. 化学教育, 8: 9-10.

文庆城. 2003. 化学实验教学研究. 北京：科学出版社: 112-118.

熊言林, 陈红. 2002. 纤维素快速水解演示实验的改进. 化学教育, 10: 45-48.

实验 14　乙酸乙酯的合成

[教学目标]

(1) 加深对酯化反应的认识，掌握酯化反应进行的条件及方法。

(2) 探究提高乙酸乙酯产率的方法和途径。

[问题研讨]

在个人搜集有关资料、预习及思考的前提下，以研究小组为单位讨论解决下列问题：

(1) 从实验原理分析，酯化反应有什么特征？

(2) 在实验中如何创造条件促进酯化反应向生成物方向进行？

(3) 本实验是采取乙酸过量还是乙醇过量的方式使反应向正方向进行？为什么？

(4) 实验中浓 H_2SO_4、饱和 Na_2CO_3 溶液各起什么作用？

(5) 应根据哪种物质的用量计算产率？如何计算？

(6) 有人说喝酒的时候，在白酒里加一些醋，喝起来又香又不醉人，从化学反应的角度分析可能吗？白酒的香味是从哪里来的？

[实验方案设计]

(1) 阅读参考资料或查阅其他相关文献，明确乙酸乙酯合成的反应条件，知道促进酯化反应向生成物方向进行的方法。

(2) 分析比较资料，初步形成实验设计思路。

(3) 本实验的教学目的是帮助中学生了解酯化反应，酯化反应的条件，温度控制，主反应和副反应产物，提高产率的途径等。

[教学策略设计]

设计组织中学生进行该实验的教学方案。该方案的设计应注意：

(1) 课前：布置预习。让学生课前预习乙酸乙酯的合成原理、反应条件、产物等。

(2) 课初：熟悉方案。由学生代表讲解乙酸乙酯实验原理，让学生明确乙酸乙酯合成的反应条件的控制，强调实验操作过程中的注意事项和违反操作过程可能引起的危害。

(3) 课中：规范操作。将参加实验研究的学生分成 2 人一组，各组单独完成乙酸乙酯的合成，并记录详细的实验过程及结果，最后一起分析，得出结论。注意指导学生规范操作，提高各项测定的精确度，师-生、生-生合作，共同进入实验的实际活动。

(4) 课尾：分析评价。分析实验过程中出现的各种问题，学生汇报交流测定结果，并进行评价。

(5) 课后：总结反思。按“实验原理(含化学方程式)、问题探讨、操作要点、实验结果、实验反思”的程序写出实验报告。

[实验原理]

在有浓硫酸存在并加热的条件下，乙酸与乙醇作用发生酯化反应，生成乙酸乙酯。

主反应：$CH_3COOH+CH_3CH_2OH \xrightleftharpoons[110\sim120℃]{浓硫酸} CH_3COOC_2H_5+H_2O$

副反应：$CH_3CH_2OH \xrightleftharpoons[140℃]{浓硫酸} CH_3CH_2OCH_2CH_3 + H_2O$

反应中，浓硫酸除起催化作用外，还吸收反应生成的水，使反应向有利于乙酸乙酯生成的方向进行。若反应温度超过 130℃，则促使副反应发生，生成乙醚。

由于酯化反应是可逆反应，一般只有 2/3 的原料转化成酯，为了获得高产率的酯，本实验采用增加醇的用量及不断将产物酯和水蒸出的措施，使平衡向右移动。

[实验用品]

仪器与材料：试管、试管夹、铁架台、酒精灯、单孔橡胶塞、导管、烧杯、分液漏斗。

药品：乙醇、冰醋酸、浓 H_2SO_4、饱和 Na_2CO_3 溶液、饱和 NaCl 溶液

[实验研究步骤]

现行教材和资料中介绍乙酸乙酯合成实验的方法有很多种，但从操作层面来看只有两种类型：蒸馏法和回流法。

1. *蒸馏法*

在一支大试管里加入 4mL 乙醇和 3mL 冰醋酸，再缓缓地加入 2mL 浓硫酸，振荡使其混合均匀，按图 8-1 所示连接装置。开始时用小火加热混合液，以后逐渐提高加热温度，但不可以使溶液沸腾(为什么？)，或用水浴加热，保持温度在 60~70℃，产生的蒸气经导管通到饱和 Na_2CO_3 溶液的液面上。数分钟后，在饱和

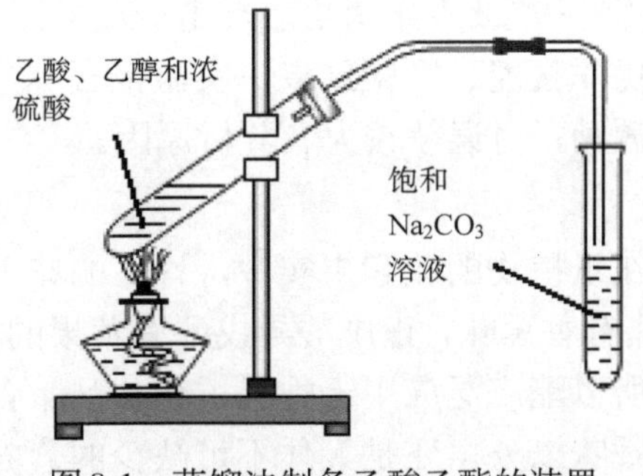

图 8-1　蒸馏法制备乙酸乙酯的装置

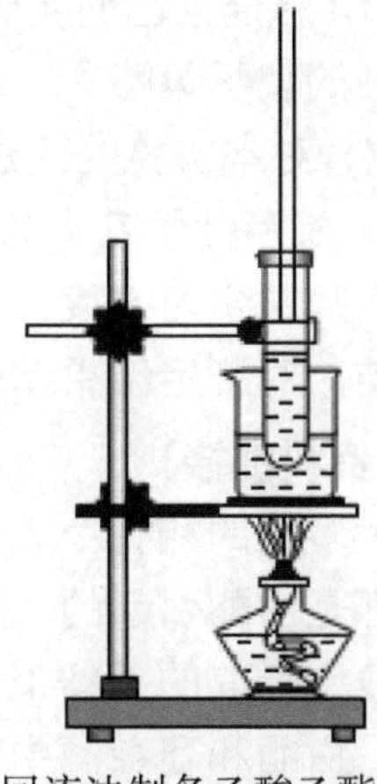

图 8-2　回流法制备乙酸乙酯的装置

Na_2CO_3溶液的液面上看到有透明油状物生成，并可以闻到一种特殊的香味，这就是生成的乙酸乙酯。当管内混合液只剩下原来的1/3时停止加热。

2. 回流法

往试管中注入3mL乙醇、2mL浓硫酸，试管用单孔塞配一根竖直的长玻璃导管作为冷凝管(不宜过短，以30cm左右为宜)，做成一个冷凝回流的装置。把试管放在沸水里加热3~5min，然后从沸水中取出冷却(或放在冰水中冷却)。装置如图8-2所示。向混合液中加入2mL水，振荡后静置片刻，可以看到水与酯的界面，然后将此溶液倒进盛有饱和 NaCl 的小烧杯中，反应中没有作用完的乙酸和乙醇则溶于饱和 NaCl 溶液中，而酯则因盐析作用浮在水层上面，可用分液漏斗把乙酸乙酯分离出来。

[注意事项]

饱和 Na_2CO_3 溶液可以使生成的酯分离出来，但由于都是无色液体，液面不明显，为了看清酯和水层的界面，加入少量在水层和酯层中溶解度不同的有色试剂即可。

方法一：在收集酯的试管中加入少量高锰酸钾，振荡试管，静置分层，可见上层溶液颜色很浅，下层为紫色，几分钟后紫色逐渐变为棕色，这证明溶液中含有未反应的乙醇，被高锰酸钾氧化，使锰(Ⅶ)还原为(Ⅳ)。

方法二：在收集酯的试管中加入少许碘，则上层为褐色，下层为无色，若加入少量硫酸铜，则上层为无色，下层为蓝色。

[实验教学反思]

1. 实验报告

(1) 本次实验研究的结果及实验条件的选择；

(2) 自己在本次实验中的成功经验或失败教训；

(3) 结合自己的实验操作过程，重新审视上述[教学策略设计]，制定出你认为更合理的教学策略；

(4) 对本实验的改进或其他创新性的想法。

2. 教师对学习者的总体表现进行评价(一般放在下次实验之前)

教师从学习态度、方案设计、实验操作技能、实验结果、实验报告等方面进行总结，对测定结果精确者予以肯定、鼓励，对误差较大者分析原因。

[相关资料链接]

大多数的酯有令人愉快的香味，存在于植物的花和果实中，许多的花香和水果香都是由酯引起的。例如，乙酸异戊酯有香蕉味，正戊酸异戊酯有苹果的香味，从菠萝中提取的香精中含有乙酸乙酯。所以酯广泛应用于香料、化妆品、食品、饮品、白酒和葡萄酒中。一些酯除了有香味以外，还是人体不可缺少的营养品。

以上提到的酯，大部分来自于天然的花、果实和树叶，但从大自然中提取的酯总是有限的，人们弄清楚这些香料成分和结构以后，不再满足于自然的赐予，开始研究并合成更多的香料。

1. 自然界中的酯

酯广泛存在于植物的花、叶和果实中，有特殊的香气，这些植物的花、叶和果实成为天然化妆品和香精的主要原料，一些植物富含有香气的有机物，其中很多成分就是酯。

白玉兰树叶含月桂烯、柠檬酸、芳樟醇、松油醇、丁香酚甲醚、异丁酸甲酯、异戊酸乙酯等成分，因此白玉兰花香纯厚，深受人们喜爱。对白玉兰花采用浸提法可生产白玉兰花浸膏(浸膏得率为 2.2%~2.5%)，广泛用于化妆品、食用香料。对白玉兰花叶采用常压直接蒸气蒸馏可得白玉兰花叶油(产出率为 0.2%~0.28%)，用于配制各种花香型香水、香皂、化妆品香精。

茉莉花主要含有茉莉酮、茉莉酮酸甲酯、茉莉内酯、吲哚、乙酸芳樟酯等成分。因此，茉莉花清香宜人，对茉莉花采用浸提法可生成茉莉浸膏(产出率为 0.25%左右)。茉莉浸膏广泛用于各种花香型香水、香皂和化妆品香精中，起主香精或修饰剂作用。对茉莉花采用水蒸气蒸馏可生成茉莉花油(产出率为 0.3%左右)，茉莉花油可广泛用于日用品、食品。此外，茉莉浸膏经进一步提纯还可以生产茉莉精油，它是配制高级化妆品的佳品。采用吸收法还可用茉莉花生产茉莉香酯，直接用于化妆品香精中。此外，由于茉莉花还具有催眠、抗抑郁作用，因此可用于医药保健。

栀子花含乙酸苄酯、乙酸芳樟酯、乙酯苏合香脂等成分。因此栀子花香深受世人喜欢。对栀子花采用浸提法可生成栀子花浸膏(产出率为 0.1%~0.13%)，可广泛用作化妆品香料和食品香料。采用水蒸气蒸馏法可生成栀子花油(产出率为 0.02%左右)。栀子花油可配制多种花香型香水、香皂、化妆品香精。此外，可用减压分馏法将栀子花油的乙酸苄酯及乙酸芳樟酯分离出来，作为日常化妆品常用主香剂或协调剂，也常用于食品，如口香糖的香精。

桂花主要含有紫罗兰酮、芳樟醇、香叶醇、橙花醇、松油醇、癸内酯、壬醇、水芹烯等成分。因此桂花具有一种极为优雅的香味。对桂花用浸提法可生产桂花浸提膏(产出率为 0.13%~0.2%)。桂花浸膏是中国特产，除出口外，国内广泛用于食品、化妆品、香皂香精中。

将鲜薄荷草晒至半干，再行蒸馏可生产薄荷油(产出率为 0.5%~0.6%)。薄荷油主要含薄荷醇(75%~85%)、薄荷酮(5%~15%)、乙酸薄荷酯、萜烯等成分。薄荷油在牙膏、口腔卫生用品香精和口香糖中用量较大，也可作为烟草香精调味剂。在医药上有祛风、消炎、镇痛等药效，具有兴奋、止呕、抗抑郁作用。用于皮肤或黏膜，可产生清凉感以减轻不适及疼痛。

2. 白酒中的酯

我们知道中国的白酒在世界上是很有名的，不同品牌的白酒具有不同的味道和营养价值，这是为什么呢？

中国白酒是世界上七大蒸馏酒之一，经过3000多年的发展，白酒已成为人们生活中不可缺少的“调味剂”。研究结果显示，白酒的主要成分是乙醇和水(占总量的98%~99%)，但乙醇不是酒的主要营养成分，也不是酒的有害成分，每毫升纯乙醇可生产29.288J热量，相当于脂肪的供热量，所以适量饮酒对人体是有益的。但是，并非所有的酒都对人体有益，因为白酒的香气、口味和质量，是由溶于其中的酸、酯、醇、醛等种类众多的有机化合物和微量成分(占总量的1%~2%)决定的。

白酒有不同的香味。1979年，中国第三届全国评酒会将白酒划分为酱香型、清香型、浓香型、米香型和其他香型5种类型。白酒的香气成分主要是酯类和酸类物质。至1998年，白酒中的香味成分已检出342种，其中定量检出的达180种以上。经中国原轻工业部确认，浓香型白酒的主体香味成分是乙酸乙酯，清香型白酒的主体香味成分是乙酸乙酯，这些香味物质都是在水果、谷物、蔬菜等天然食物中能够找到的，对人体没有伤害。但酱香型白酒中，酸、酯、醇类天然物质只是作为助香成分，其主体香味物质至今尚不明确，对人体的影响也没有定论。经过五粮液集团近半个世纪的探索与研究，特别是气相色谱分析技术、质谱分析技术、高压液相色谱分析技术及计算机技术等高新技术应用后，五粮液中已检出170种以上的物质，除去色谱骨架成分，微量成分大约在150种左右，主要包括有机酸、酯类、醇类、芳香化合物、含氮化合物(包括氨基酸)等。五粮液中的乙酸、乳酸、乙酸乙酯、丁酸乙酯、乳酸乙酯、异戊醇等物质都是人体健康所必需的，所以说喝五粮液是有营养的。

为什么劣质酒喝了会头疼？因为在白酒的生产中，会产生一些有害杂质，如杂醇油、甲醇和甲醛。杂醇油是酒的芳香成分之一，但含量过高，能使神经系统充血，使人头疼；甲醇发生急性中毒时，会出现头疼、恶心、胃部疼痛、视力模糊等症状。甲醇还会在体内积蓄，不易排出，在体内代谢产生甲酸和甲醛，能引起慢性中毒；甲醛毒性比甲醇大30倍左右，是一种原生质毒物，能使蛋白质凝固，10g甲醛可使人死亡，甲醛中毒时出现咳嗽、胸痛、灼烧感、头晕、意识丧失及呕吐等现象。

参考文献

马建峰. 2006. 化学实验教学论. 北京: 科学出版社: 157-161.
郑长龙. 2002. 化学实验教学论. 北京: 高等教育出版社: 152-154.

实验 15　石油的催化裂化

[教学目标]

(1) 了解石油催化裂化的原理和过程；

(2) 掌握催化裂化的实验演示操作技能；

(3) 研讨石蜡催化裂化演示实验的教学方法。

[问题研讨]

(1) 石油催化裂化的实验原理是什么？

(2) 本实验成功的关键是什么？

(3) 实验结束后，试管内壁附着的少量石蜡应如何除去？

(4) 本实验中有哪些不安全的因素(包括环境污染)？如何消除？

(5) 本实验对中学生能力的发展有什么促进作用？可培养中学生什么科学态度？

(6) 作为准教师，如何组织中学生进行本实验？

[实验方案设计]

本实验是一种典型的有机物裂化反应实验。认识通过裂化反应制取气体的实验装置特点和培养相关实验操作技能是实验重点，实验设计都应围绕这两个重点进行。

(1) 参照[相关资料链接] 设计石蜡催化裂化演示实验方案。注意从实验原理、反应装置、冷凝装置、验证装置(包含尾气吸收)、操作要点、实验过程中可能出现的问题及解决办法等几个方面进行全面设计。

(2) 如果根据其他参考资料设计某种气体的制备和相关性质实验，与[相关资料链接]中的原理和装置差异较大，应与实验教师交流并获得同意才能实施。

(3) 每组选择两种催化剂进行气体的制备和相关性质实验。可以自主选择与统一分配相结合，使选两个实验的学生数目大致相同。

[教学策略设计]

(1) 课前：布置预习。让学生课前按照实验原理→反应装置→冷凝装置→验证气体装置(包括尾气吸收)→操作要点→注意事项的顺序预习，做到实验前胸有成竹。

(2) 课初：熟悉方案。由学生代表讲解该实验的制备方案。使他们进一步明确实验原理、装置特点、操作要点和实验预期目标，强调实验操作过程中的注意事项和违反操作过程可能引起的危害。

(3) 课中：规范操作。学生 2~4 人一组，密切配合，规范操作，真实记录，根据教师的授课要求，或直接探究，或验证猜想，从而完成该种气体的制备和相关性质的学习。

(4) 课尾：分析评价。分析实验过程中出现的各种问题，学生汇报交流实验现象和实验结论，并进行评价。

(5) 课后：总结反思。按“实验原理(含化学方程式)、实验装置图、操作要点、实验现象及结论、实验反思及讨论”的程序写出实验报告。

[实验操作过程]

(1) 根据自己所选石油催化裂化实验的设计方案进行实验操作。

(2) 实验过程中，按照“仪器安装(从下到上，从左到右)→气密性检查→催化剂的制备或选择→填装药品→加热→收集或观察现象、随时记录→停止反应→废气处理→拆卸仪器→回想反思→打扫卫生”的程序进行。

[实验教学反思]

1. 实验报告

(1) 石油催化裂化实验原理(化学方程式)、实验装置图、实验现象和实验结论；

(2) 自己在本次实验中的成功经验或失败教训；

(3) 结合自己的实验操作过程，重新审视上述[教学策略设计]，制定出你认为更合理的教学策略；

(4) 对本实验的改进或其他创新性想法。

2. 教师对学习者的总体表现进行评价(一般放在下次实验之前)

教师从学习态度、方案设计、实验操作技能、实验结果、实验报告等方面进行总结，对实验过程中出现的问题进行分析。

[相关资料链接]

石油在国民经济中占有非常重要的地位，人们往往以血液对人体的重要性来比喻石油与工业的关系，把石油称为工业血液。

原油是黏稠的油状液体，有臭味，通常为棕褐色或暗绿色。石油的组成很复杂，随着产地不同而异。构成石油的主要元素是碳和氢，碳占 83%~87%，氢占 11%~14%，此外，还含有氧、氮和硫等元素，通常总含量在 1%以下，还含有少量的金属元素。石油的基本组成是烃类，此外还含有非烃类和高分子化合物。烃类中含烷烃、环烷烃、芳香烃等，这些是石油加工利用的主要对象，以烷烃为主的石油，蒸馏后油渣中的主要成分是石蜡。石油经过蒸馏以后，只能得到 15%~20%的汽油，而且这些汽油的质量不好，由于现代社会生活需要大量的优质汽油，裂化反应就是解决这个矛盾的重要手段。

1) 实验原理

裂化反应就是利用相对分子质量较大的烷烃在高温和催化剂的条件下，变成相对分子质量较小的烷烃和烯烃来达到生产优质汽油的目的。催化裂化反应温度较低(400~500℃)产品质量也较好，裂解产物主要是烯烃、炔烃和短链的烷烃。

2) 实验用品

仪器与材料：硬质大试管、试管、广口瓶、直角导管、煤气灯或酒精灯、铁架台及附件、乳胶管、单孔橡皮塞、双孔橡皮塞、尖嘴玻璃管。

药品：石蜡、0.01%高锰酸钾溶液、0.3%溴水、1∶4 稀硫酸、氧化铝粉末、二氧化硅、硫酸铝饱和溶液、浓氨水。

3) 催化剂的选择及制备

本实验可选用的催化剂有氧化铝、氢氧化铝、无水三氯化铝、碎陶瓷颗粒(粒径为 5~8mm)、分子筛、沸石等。为了使演示实验与工业过程尽可能一致，可以用硅酸铝作催化剂，也可以用复合催化剂(由氧化铝、无水三氯化铝、二氧化硅以 1∶1∶0.5 组成的混合物)。

4) 实验操作

用氧化铝作催化剂，实验装置如图 8-3 所示。

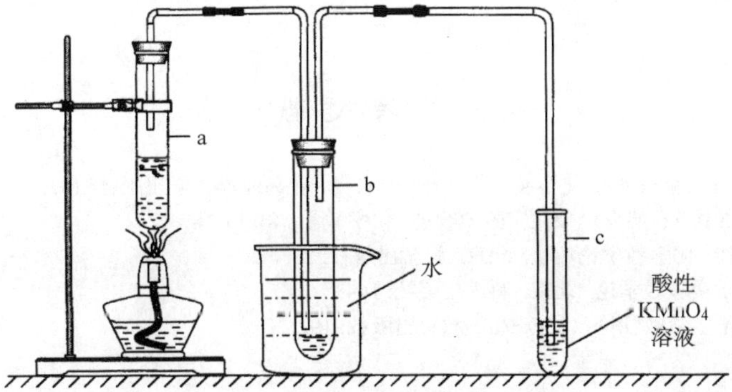

图 8-3　石油的催化裂化

(1) 检查装置的气密性后，在干燥的硬质大试管 a 中放入 2g 石蜡(可以用蜡烛代替)和 3g 粉末状的氧化铝，加入 2~3 粒沸石，混匀。加热大试管 a，等石蜡熔化后，持续加热 5~10min，可观察到浸入冷水中的试管 b 中逐渐有液体出现，试管 c 中高锰酸钾溶液颜色逐渐褪去，在试管 c 处收集适量放出的气体可点燃。

(2) 把试管 b 中的液体取出，闻一下气味，然后用滴管吸取少量液体分别滴加到盛有酸性高锰酸钾溶液和溴水的两支试管中，观察溶液颜色的变化。

5) 注意事项

(1) 盛石蜡和氧化铝的试管要干燥，否则加热后，由于含有水分会发生崩爆现象，出现“叭叭”的响声。

(2) 本实验成败的关键之一是催化剂表面活性要高。市售的氧化铝纯度较高，但表面活性很差，一般利用新制的氧化铝。氧化铝的制法：用饱和硫酸铝溶液与浓氨水反应生成白色氢氧化铝沉淀，经抽滤、洗涤、再抽滤、再洗涤，然后高温灼烧使氢氧化铝分解，就可以得到活性较高的氧化铝。注意：如受条件所限，用市售的氧化铝作催化剂时，使用前最好放在蒸发皿中加热，处理后可以提高其表面活性。

(3) 控制反应温度，也是保证本实验成功的重要因素。石蜡分解温度较高(773K 左右)，普通酒精灯较难达到，应选用火力较大的酒精灯，并在酒精灯火焰上加一金属丝网卷成的罩。网罩能改善供氧情况，稳定火焰，提高反应温度。如用酒精喷灯加热，则易出现爆沸、管道堵塞和试管破裂等现象。

(4) 所用的高锰酸钾溶液(或溴水)的浓度要稀一些(高锰酸钾溶液以淡红色为宜，溴水以淡黄色为宜)，溶液的体积也要适宜，以防反应生成的不饱和烃较少时，不能使高锰酸钾溶液(或溴水)褪色，导致实验失败。

(5) 实验结束后，应趁热将试管内的剩余物质倾倒出。内壁附着的少量蜡可加汽油或松节油洗去。

参 考 文 献

毕华林, 傅尚奎, 韩庆奎. 1998. 化学实验教学研究. 青岛: 青岛海洋大学出版社: 192.

蒯世定, 蒯文艺. 2010. 石蜡催化裂化实验的改进. 化学教学, (8): 17-18.

李广洲, 陆真. 2010. 化学教学论实验. 北京: 科学出版社: 82.

马建峰. 2010. 化学实验教学论. 北京: 科学出版社: 164.

郑长龙. 2002. 化学实验教学论. 北京: 高等教育出版社: 192.

实验16 乙醛的制备和性质

[教学目标]

(1) 掌握乙醇在催化剂和受热条件下氧化生成醛的实验演示技能。

(2) 掌握乙醛的银镜反应演示实验的基本操作技能。

(3) 探究乙醛的制备和性质实验的演示方法和教学方法。

(4) 通过实验的探究过程，培养良好的科学态度和方法。

[问题研讨]

(1) 乙醛的制备实验原理是怎样的？

(2) 用乙醇制备乙醛时，选择氧化剂的关键技术是什么？操作应注意哪些问题？

(3) 所需要的氢氧化铜和银氨溶液现用现配制的原因是什么？影响溶液配制的关键因素是什么？

(4) 本实验中有哪些不安全的因素(包括环境污染)？如何消除？

(5) 刺激性或有毒气体的制备和性质实验朝着微型、密闭的方向发展，对此你有何看法或建议？

(6) 本实验对中学生能力的发展有什么促进作用？可培养中学生什么科学态度？

[实验方案设计]

本实验是中学化学教学中一个典型的有机化学实验，课程标准中要求学生能够掌握醛基的检验方法。醛典型的性质就是对氧化剂敏感，在制取实验和性质实验中应注意氧化剂的选择和一些技术关键，以防深度氧化。

(1) 参照[相关资料链接]1、2、3分别设计乙醛的实验室制备和相关性质实验方案。

(2) 如果根据其他参考资料设计乙醛的制备和相关性质实验，与[相关资料链接]中的原理和装置差异较大，应与实验教师交流并获得同意才能实施。

(3) 自主选择与统一分配相结合，使选3个实验的学生数目大致相同。

[教学策略设计]

本实验是中学化学教学中一个典型的有机化学实验，课程标准中要求学生能够掌握醛基的检验方法。该方案的设计应注意以下几点。

(1) 课前：布置预习。让学生课前按照实验原理→发生装置→性质检验装置→尾气吸收装置→操作要点→注意事项的顺序预习，做到实验前胸有成竹。

(2) 课初：熟悉方案。由学生代表讲解乙醇氧化法制备乙醛的方案。使他们进一步明确实验原理、装置特点、操作要点和实验预期目标，强调实验操作过程中的注意事项和违反操作过程可能引起的危害。

(3) 课中：规范操作。学生 2~4 人一组，密切配合，规范操作，真实记录，根据教师的授课要求，或直接探究，或验证猜想，从而完成该种气体的制备和相关性质的学习。

(4) 课尾：分析评价。分析实验过程中出现的各种问题，学生汇报交流实验现象和实验结论，并进行评价。

(5) 课后：总结反思。按“实验原理(含化学方程式)、实验装置图、操作要点、实验现象及结论、实验反思及讨论”的程序写出实验报告。

[实验操作过程]

(1) 根据自己所选乙醛的制备和相关性质实验的设计方案进行实验操作。

(2) 实验过程中，按照“安装仪器(从下到上，从左到右)→气密性检查→填装药品→加热制取→收集或观察现象、随时记录→性质检验→停止制气→废气处理→拆卸仪器→回想反思→打扫卫生”的程序进行。

[实验教学反思]

1. 实验报告

(1) 乙醛的制备和相关性质实验的实验原理(化学方程式)、实验装置图、实验现象和实验结论；

(2) 自己在本次实验中的成功经验或失败教训；

(3) 结合自己的实验操作过程，重新审视上述[教学策略设计]，制订出你认为更合理的教学策略；

(4) 对本实验的改进或其他创新性想法。

2. 教师对学习者的总体表现进行评价(一般放在下次实验之前)

教师从学习态度、方案设计、实验操作技能、实验结果、实验报告等方面进行总结，对实验过程中出现的问题进行分析。

[相关资料链接]

1. 空气氧化法

1) 实验原理

乙醇在铜或银作为催化剂的情况下，能被空气中的氧所氧化，生成乙醛。

$$2Cu+O_2 \xlongequal{\triangle} 2CuO$$

$$CH_3CH_2OH + CuO \xlongequal{\triangle} CH_3CHO + Cu + H_2O$$

在实验室可以用银氨溶液来检验乙醛的性质。

$$CH_3CHO+2Ag(NH_3)_2OH \longrightarrow CH_3COONH_4+2Ag\downarrow+H_2O+3NH_3\uparrow$$

2) 实验用品

仪器：烧杯、具支试管、小试管、硬质玻璃管、导管、酒精灯、铁架台、铁夹、气唧、橡皮塞、火柴。

药品：无水乙醇、铜丝、5%硝酸银溶液、2%的氨水、蒸馏水、碱石灰。

3) 仪器安装

按图 8-4 安装好仪器。

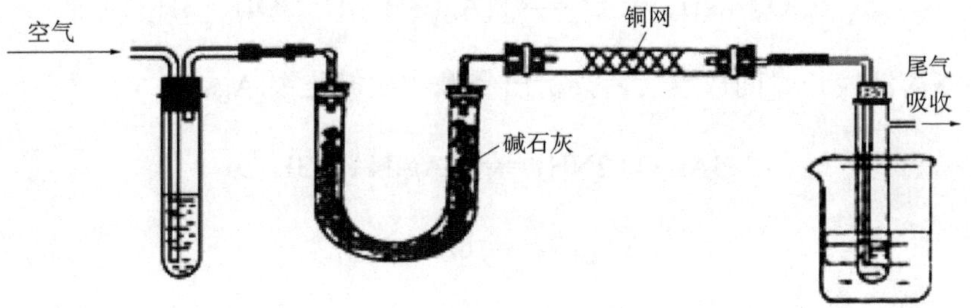

图 8-4　空气氧化法制乙醛

4) 实验操作

(1) 作为催化剂的铜丝，可取之于电线。电线中的细铜丝不处理即可直接使用，若用稀硝酸处理其效果更佳。

(2) 先将铜丝放置在细的硬质玻璃管中，铜丝可绞缠在一起制成铜网，以增加接触面。它的两端塞以少量的石棉绒或玻璃丝，以防在鼓气时铜丝滑动。在大试管中加入约 10mL 无水乙醇。

(3) 操作时应先预热玻璃管，再以氧化焰加热铜丝集中处，然后用气唧鼓入空气和乙醇蒸气的混合气体，当其通过加热的铜丝时，可以观察到铜丝的颜色呈规律变化：紫红色与黑色交替变化，同时发出明亮的光。这证明 Cu 被氧化成 CuO 后，CuO 作氧化剂把乙醇氧化成具有刺激性气味的气体乙醛，而 CuO 本身又被还原成 Cu。

(4) 从铜丝的发热和发光现象，可证明此反应是放热反应。该反应开始需要加热。当铜丝发热和发光后即可移去酒精灯。利用放出的热维持反应温度。如果停止鼓入空气和乙醇蒸气，铜丝立即暗下来，继续再鼓，铜丝又红亮，现象十分明显。

(5) 生成的乙醛气体进入到银氨溶液中，盛有银氨溶液的试管放在 60~70℃的水浴中，几分钟后，可以看到银氨溶液试管中产生光亮的银镜。

(6) 尾气的处理：多余的乙醛气体可以直接通入水中。

5) 注意事项

(1) 空气氧化法实验中，乙醇必须用无水乙醇，否则鼓入空气时不能保证铜丝红热，放热现象不明显。

(2) 银氨溶液的配制和保存。

用一试管取 5%硝酸银溶液，逐滴向其中加入 2%的氨水至沉淀刚好溶解即可。

$$2Ag^{+}+2NH_3\cdot H_2O(\text{少量}) = Ag_2O\downarrow+2NH_4^{+}+H_2O$$

$$Ag_2O+4NH_3\cdot H_2O = 2[Ag(NH_3)_2]^{+}+2OH^{-}+3H_2O$$

银氨溶液较长时间放置后，会析出易爆物质氮化银(Ag_3N)

$$3Ag_2O+2NH_3 = 2Ag_3N\downarrow+3H_2O$$

$$2Ag_3N = 6Ag+N_2\uparrow$$

因此银氨溶液不能长期储存，使用时必须现用现配，剩下的银氨溶液可用硝酸银处理。

(3) 使用银氨溶液时必须注意以下几个问题：第一，所用试管必须洗刷干净；第二，配制银氨溶液时氨水不能过量；第三，水浴温度在 70℃左右。

(4) 实验完毕应及时将试管里的废液倾去，管内壁上的银镜可加稀硝酸加热除去(这一过程需在通风橱中进行)，然后再用水洗净。

2. 重铬酸钾氧化法

1) 实验原理

乙醇也能被酸性重铬酸钾溶液氧化，生成乙醛。

$$3CH_3CH_2OH+K_2Cr_2O_7+4H_2SO_4 = 3CH_3CHO+K_2SO_4+Cr_2(SO_4)_3+7H_2O$$

2) 实验用品

仪器：烧杯、大具支试管、小试管、分液漏斗、导管、酒精灯、铁架台、铁夹、橡皮塞、火柴。

药品：无水乙醇、5%重铬酸钾溶液、新制氢氧化铜、稀硫酸溶液、蒸馏水。

3) 仪器安装

按图 8-5 安装好仪器，安装顺序应遵循从下至上、从左到右的原则。

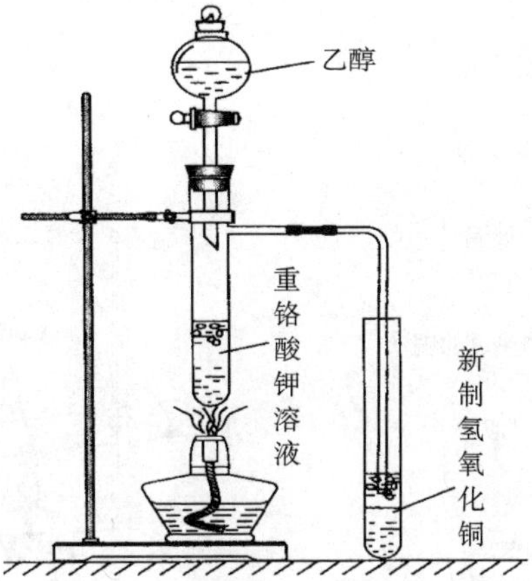

图 8-5　重铬酸钾氧化法制乙醛

4) 实验操作

在大具支试管内盛放 5mL 5%的重铬酸钾溶液，同时加入 2mL 稀硫酸，并小火加热混合液接近沸腾，用分液漏斗逐渐加入约 1mL 乙醇，反应几分钟以后可看到具支试管中液体变为绿色，新制氢氧化铜变为砖红色。

5) 注意事项

(1) 乙醇在重铬酸钾的硫酸溶液中氧化成乙醛，乙醛能继续氧化成乙酸，如果要得到乙醛，就必须把生成的乙醛立即从反应混合物中蒸馏出去(乙醛的沸点为 20.8℃)，使之不与氧化剂接触。

(2) 实验要求用新制的氢氧化铜是因为：新制的“$Cu(OH)_2$”是一个特定的模糊的表述，真正氧化乙醛的是其中的 $Na_2[Cu(OH)_4]$，而非 $Cu(OH)_2$，$Cu(OH)_2$ 不能氧化乙醛。

$$CuSO_4+4NaOH \xlongequal{} Na_2[Cu(OH)_4]+Na_2SO_4$$

$$CH_3CHO+2Na_2[Cu(OH)_4] \xlongequal{} CH_3COONa+Cu_2O\downarrow+3NaOH+3H_2O$$

(因为 $Na_2[Cu(OH)_4]$为可溶物，所以生成物 Cu_2O 应标出“↓”)

3. 乙醇氧化生成乙醛演示实验的改进

1) 实验用品

试剂：无水乙醇、CuO 粉末、无水 $CuSO_4$ 粉末、碱性品红、亚硫酸氢钠、浓盐酸等。

器材：直径 1 ㎝、长 12 ㎝的两通硬质试管、橡胶塞、镊子、酒精灯、250mL 烧杯、脱脂棉等。

2) 实验装置

传统的实验装置见图 8-6。

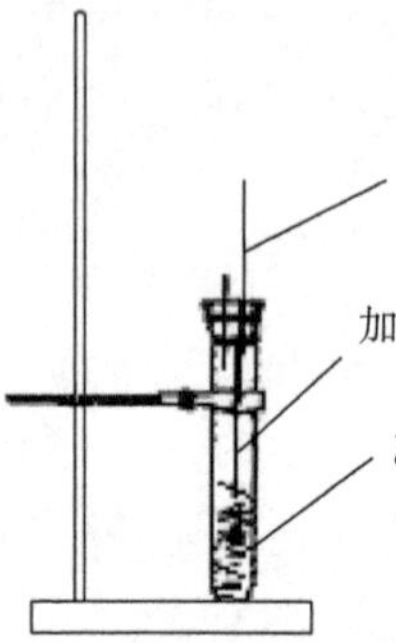

图 8-6　传统的实验装置图

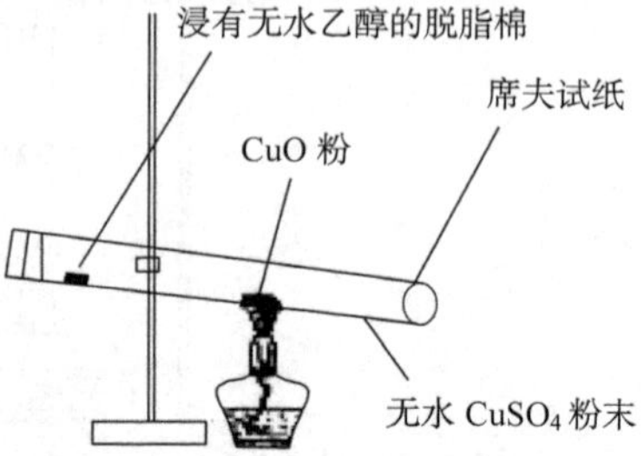

图 8-7　改进后实验装置图

3) 实验步骤与现象

(1) 制备席夫试纸：将 0.5g 碱性品红溶解于 100mL 热水中。冷却后，加 1g 亚硫酸氢钠和 10mL 浓盐酸，最后用蒸馏水稀释至 200mL 储存备用。实验时取一张试纸，用剪刀剪成直径略大于试管的圆片，滴取数滴试剂均匀地浸湿圆片滤纸，即制得所需试纸。

(2) 在两通玻璃试管一端离管口 4cm 处装 CuO 粉末，另一端塞上脱脂棉，并用滴管吸取无水乙醇滴在棉团上，浸透即可，立即套上橡胶塞，再从试管下口装入无水 $CuSO_4$ 粉末且管口略朝下，固定在铁架台上。

(3) 如图 8-7 所示连接好装置，用酒精灯在 CuO 粉末处加热，半分钟后把酒精灯移往脱脂棉处慢慢加热脱脂棉，再用镊子夹一席夫试纸靠在试管口，则很快就会清楚地看到黑色的 CuO 粉末变成红色的单质铜，白色的无水 $CuSO_4$ 粉末变成蓝色的 $CuSO_4·5H_2O$，且试管口的席夫试纸也变成紫色。

4) 改进后装置的优点

(1) 实验装置简单明了，易操作，两通管可用破的试管代替，废物利用，加强学生回收利用的意识，提高对资源充分利用的能力。

(2) 实验现象明显直观，符合化学演示实验的要求，并全面体现了本实验的原理与本质。

(3) 改进后的实验其不同的颜色使实验现象更明显突出，真正符合演示实验的要求，全体同学可直接看清楚不同的颜色变化，增加了实验的趣味性，烘托课堂气氛，可提高学生学习的积极性，激发学生学习的欲望，使之处于兴奋状态，继而创设问题情境，讨论各种现象产生的原因，这样老师与学生就可以相互讨论，在讨论中解决问题，形成师生互动的局面。改进的乙醇氧化生成乙醛实验，还可以清楚地从现象中知道乙醇氧化过程也产生了水，使学生对醇氧化产物有一个直观全面的认识，加深了对乙醇的了解和掌握。教师可以通过类似的实验过程设问"为什么有水生成?"，激励学生产生强烈的求知欲望从而主动地获取知识，充分发挥学生的智力潜能，积极地去思考和探索，分析问题、解决问题。

(4) 微型、绿色、节俭化的实验得到了充分的体现。本实验试剂用量少、污染减小，席夫试纸可以吸收尾气乙醛，而生成的 $CuSO_4 \cdot 5H_2O$ 与 Cu 极易分离回收再利用，符合强化环境意识，提倡化学实验绿色化的教学理念。

参 考 文 献

毕华林, 傅尚奎, 韩庆奎. 1998. 化学实验教学研究. 青岛: 青岛海洋大学出版社: 188.

李广洲, 陆真. 2010. 化学教学论实验. 北京: 科学出版社: 85-87.

刘英杰. 2009. 对乙醛和新制的 $Cu(OH)_2$ 反应中有关问题的探讨. 中学化学教学参考, (3): 27-28.

马建峰. 2010. 化学实验教学论北京: 科学出版社: 168-170.

肖常磊, 钱扬义. 2007. 中学化学实验教学论. 北京: 化学工业出版社: 55-56.

第三篇　综合实践活动实验研究

综合实践活动是以学生为主体开展的活动，学生在活动中主要以实践探究的形式进行学习，整个活动从设计到实施都是以学生学习为中心进行的。教师在活动中主要起启发、引导作用，教师应具有敏感的探究意识和较强的实践能力。只有这样，才能较好地指导学生开展探究性活动。因此，这部分内容重点培养师范生的探究意识和实践能力。

本部分在基础实验研究的基础上，选择了研究性学习实验研究、现代信息技术在化学实验教学中的应用和自主设计实验，通过这些实验活动，学生可以进一步巩固所学的化学实验基本知识、实验方法和基本操作技能，学会设计实验、设计研究方案，训练实验研究的能力，培养学生的化学实验综合研究能力。

第 9 章　研究性学习实验研究

实验 17　空气中甲醛气体含量的简易测定

[实验目的]

(1) 学习和探讨空气中甲醛(HCHO)气体含量简易测定的方法和技能。

(2) 掌握用高锰酸钾测定空气中甲醛气体含量的方法。

(3) 培养实验设计和创造性思维能力。

(4) 探讨组织中学生进行研究性学习实验的方法。

[实验原理]

甲醛的分子结构中含有醛基(—CHO)，因而易发生氧化反应。HCHO 与强氧化剂高锰酸钾在酸性条件下，可发生如下反应：

$$4KMnO_4+5HCHO+6H_2SO_4 = 4MnSO_4+11H_2O+2K_2SO_4+5CO_2\uparrow$$

此反应可利用 $KMnO_4$ 溶液的颜色变化指示反应是否完成。

[实验内容与问题讨论]

在个人搜集有关资料、预习及思考的前提下，以研究小组为单位讨论解决下列问题：

(1) HCHO 分子结构中含有什么基团？此基团决定了 HCHO 具有什么重要的化学性质？

(2) 酸性 $KMnO_4$ 溶液具有什么重要的化学性质？高锰酸钾溶液显何颜色，其显色的灵敏度如何？

(3) 气液反应的一般装置是怎样的？要使气液反应完全，其实验装置和操作各应注意什么？

(4) 用酸性 $KMnO_4$ 溶液氧化 HCHO 测定室内 HCHO 的含量，对 $KMnO_4$ 溶液的浓度有何要求？

(5) $KMnO_4$ 溶液的稳定性如何？如何配制和存放 $KMnO_4$ 标准溶液？

[实验用品]

器材：分析天平、1000mL 容量瓶、2.5mL 注射器、50mL 注射器、六孔井穴板、烧杯、玻璃棒、1mL 移液管、100mL 棕色容量瓶

药品：高锰酸钾(分析纯)、硫酸(分析纯)

[实验研究步骤]

1. 实验研究方案的设计

研究小组在“实验内容与问题讨论”的基础上，设计出本课题实验研究的初步方案。设计实验方案时应注意：

(1) 从 HCHO 易被氧化的性质着手，选择在溶液中有颜色变化的 $KMnO_4$ 作氧化剂。

(2) 从空气中 HCHO 含量不多的特点出发，配制低浓度的 $KMnO_4$ 溶液。

(3) 从 $KMnO_4$ 溶液的不稳定性出发，设计相应的标准溶液配制与存放方法。

(4) 从气体与液体尽可能完全反应的需要出发，设计实验测定装置和操作方法。

(5) 从化学反应方程式中 $KMnO_4$ 的质量可推知 HCHO 的质量，将 HCHO 的质量与通入空气的体积联系起来，设计相应的实验装置和计算方案。

(6) 以室内空气中 HCHO 气体的最高允许浓度 $0.08mg \cdot m^{-3}$ 为标准，设计出相应的超标和不超标方案。

(7) 从可能存在的测定误差出发，设计误差尽可能小的实验测定方案。

2. 实验研究方案的介绍与评析

由组长(也可轮流)介绍本组设计的实验测定方案，教师组织学生评析。研究性学习实验方案的评析可灵活机动，对于分组共题的，可相互评析，对于一组一题的，可教师与组员评析；评析的时间、地点也可不同。本实验方案的评析应重点围绕以下几方面进行：

(1) 实验方案(尤其是实验装置、实验操作)的科学性、可行性。

(2) $KMnO_4$ 标准溶液的配制与存放方法。

(3) 实验测定结果的计算与讨论。

3. 实验探究

研究小组按评析调整后的实验方案进行研究性学习活动——居室中实地测定空气中 HCHO 的含量，教师参与一个组的实验活动或巡视指导。

4. 实验研究结果的表达交流

各研究小组汇报本组实验研究的方法、过程和结果以及存在的问题，教师组织学生讨论、分析：引导学生分析、解决实验测定中存在的问题；引导学生对测定结果的误差进行分析。本实验测定存在的主要问题是 $KMnO_4$ 溶液的不稳定性会导致实验测定结果偏高；抽气的速度过快，会造成甲醛反应不完全，导致测定结果偏低。

教师在组织各组汇报交流的基础上，进行小结、评优，强化和激励研究性学习活动。

5. 实验教学研究结果报告

课后结合实验报告重点总结如下内容：

(1) 本组实地测定的结果及其误差分析，减少误差的措施；

(2) HCHO 含量测定的实验装置(气体与液体物质充分反应)对自己的启示；

(3) 组织中学生开展此研究性学习实验的组织方案；

(4) 本次实验的最大收获。

[相关资料链接]

1. 居室的豪华装潢往往带来 HCHO 对室内空气的污染

常温下，甲醛是一种无色、有特殊刺激性气味的气体，易溶于水，在室温时极易挥发，随温度上升挥发速度加快，是世界卫生组织(WHO)确定的致癌物和致畸形物之一。我国于 1995 年颁布实施了《居室空气中甲醛的卫生标准》(GB/T16127—1995)，规定居室空气中甲醛的最高允许浓度为 $0.08mg/m^3$。

HCHO 可经呼吸道、消化道及皮肤被人体吸收，引起组织蛋白的凝固坏死，具有杀伤力。长期接触低剂量的 HCHO 还可引起呼吸道疾病，引起新生儿体质降低，染色体异常，甚至引起鼻咽癌。有关资料显示，我国有 80%左右的家居装修因为使用了人造板材、油漆、涂料等含有甲醛的材料而导致室内空气中甲醛含量严重超标，新装修的居室成了“毒气室”，一般 HCHO 污染的程度随装潢的豪华程度增加而加大。

2. 利用 $KMnO_4$ 作氧化剂和指示剂测定 HCHO 含量的简易方法

1) 原理

HCHO 具有强还原性，易被氧化剂氧化。以酸性 $KMnO_4$ 溶液作氧化剂，每丌溶液中只要有 10^{-5}mol $KMnO_4$ 即可显示出紫红色，与 HCHO 气体完全反应后溶液由紫红色变为无色，所以 $KMnO_4$ 既可作氧化剂，又可作指示剂。反应方程式如下：

$$4KMnO_4+5HCHO+6H_2SO_4 = 4MnSO_4+11H_2O+2K_2SO_4+5CO_2\uparrow$$

2) 实验步骤

(1) $KMnO_4$ 标准溶液配制。准确称取 1.5800g $KMnO_4$，用少量水溶解后转移到 1000mL 容量瓶中，准确定容(注意：$KMnO_4$ 溶液色深，液面弯月面不易看出，读数时应参看液面的最高线)。取此溶液 lmL 稀释 100 倍，即得 1×10^{-4}mol/L 的 $KMnO_4$ 溶液。配制好的溶液存放在清洁带塞的棕色瓶中，注意随用随配。

(2) 按图 9-1 连接好实验装置。用 2.5mL 注射器准确移取 2mL 1×10^{-4}mol/L 的 $KMnO_4$ 溶液，注入六孔井穴板的一个孔穴内，加入 3 滴 6mol/L 的 H_2SO_4 溶液，盖好盖子。

将此装置置于待测的居室内，缓慢抽气(应慢慢抽拉活塞，否则反应不完全，测定结果会偏低)，每次抽气 50mL，直到紫红色褪尽为止，记录抽气次数。

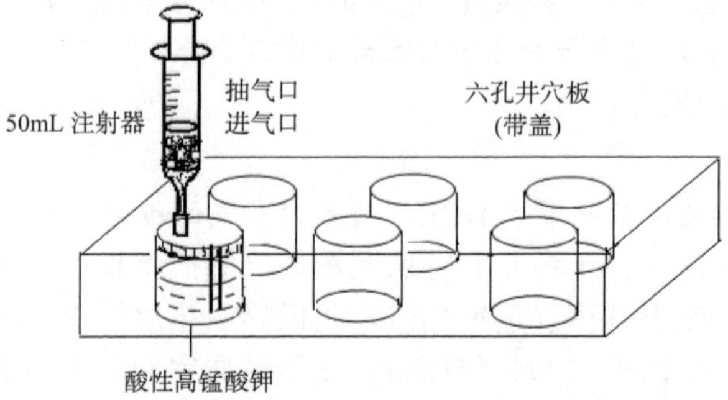

图 9-1　测定室内空气污染的实验装置

3) 计算室内 HCHO 气体浓度

依据抽气次数及化学方程式计算室内空气中 HCHO 的含量(近似含量)。

3. $KMnO_4$ 的不稳定性

$KMnO_4$ 氧化能力强，易和水中的有机物、空气中的尘埃及氨等还原性物质反应，此外，$KMnO_4$ 还能自行分解：

$$4KMnO_4+2H_2O = 4KOH+4MnO_2+3O_2\uparrow$$

在中性溶液中，$KMnO_4$ 自行分解的速度很慢，但 Mn^{2+} 和 MnO_2 的存在能加速其分解，见光分解得更快。另外，市售的 $KMnO_4$ 中常会有少量 MnO_2 等杂质。可见，$KMnO_4$ 溶液的浓度容易改变，必须正确地配制(精确的分析测定时必须对 $KMnO_4$ 溶液进行标定)和保存。正确配制和保存的溶液应呈中性，注意避光、防尘，不含 MnO_2。

4. 甲醛的鉴别

品红醛试剂可以鉴别甲醛。品红醛试剂(也称 Schiff 试剂)是在品红溶液中通 SO_2 所得的无色溶液。醛类可使无色的品红醛试剂显紫红色，且很灵敏。但是，HCHO 所显的紫红色加 H_2SO_4 后不消失，而其他醛加 H_2SO_4 后所显颜色褪去，因此，品红醛试剂可用于鉴别 HCHO。

参 考 文 献

华中师范大学，东北师范大学，陕西师范大学，等. 1987. 分析化学实验(第二版). 北京：高等教育出版社: 324.

兰建祥. 2004. 研究性学习一例——居室装修后室内空气中甲醛浓度的测定. 中学化学教学参考, (1-2): 76-77.
仇亚洁. 2001. 重视室内环境保护. 中学化学教学参考, (10): 55-57.
文庆城. 2003. 化学实验教学研究. 北京: 科学出版社: 165-168.
谢冬. 2000. 甲醛与环保纺织. 化学教育, (7-8): 4-5.
张晓琳, 东良, 晁辉, 等. 2001. 室内空气中甲醛气体简易测定法. 化学教学, (10): 9-10.

实验 18　用铝、稀硫酸、烧碱为原料制取氢氧化铝

[实验目的]

(1) 探讨制取氢氧化铝的多种合成路线。

(2) 从绿色化学的角度(原子利用率、环境因子)设计制取氢氧化铝，对学生进行绿色化学的教育，增强学生的环保意识和能力。

(3) 学习和体验研究性学习实验，探讨组织中学生进行研究性学习实验的教学方法。

[实验原理]

按反应方案不同，制取氢氧化铝分别有三种实验原理：

(1) $3H_2SO_4+2Al \xlongequal{\quad} Al_2(SO_4)_3+3H_2\uparrow$

$Al_2(SO_4)_3+6NaOH \xlongequal{\quad} 3Na_2SO_4+2Al(OH)_3\downarrow$

(2) $2Al+2NaOH+2H_2O \xlongequal{\quad} 2NaAlO_2+3H_2\uparrow$

$2NaAlO_2+H_2SO_4+2H_2O \xlongequal{\quad} Na_2SO_4+2Al(OH)_3\downarrow$

(3) $3H_2SO_4+2Al \xlongequal{\quad} Al_2(SO_4)_3+3H_2\uparrow$

$2Al+2NaOH+2H_2O \xlongequal{\quad} 2NaAlO_2+3H_2\uparrow$

$Al_2(SO_4)_3+6NaAlO_2+12H_2O \xlongequal{\quad} 3Na_2SO_4+8Al(OH)_3\downarrow$

[实验内容与问题讨论]

在个人搜集有关资料、预习及思考的前提下，以研究小组为单位讨论解决下列问题：

(1) 什么叫绿色化学？绿色化学有何特点？

(2) 什么叫原子利用率？什么叫环境因子？

(3) 用铝、稀硫酸、烧碱为原料制取氢氧化铝有几种合成路线？如何从绿色化学的角度选择合理的途径？

(4) 在组织中学生进行该研究性学习实验教学过程中，如何对他们进行环保教育，培养他们的环保意识？

[实验用品]

器材：烧杯、量筒、玻璃棒、托盘天平

药品：铝片、硫酸(分析纯)、氢氧化钠(分析纯)

[实验研究步骤]

1. 实验研究方案的设计

研究小组在“实验内容与问题讨论”的基础上，设计出本课题实验研究的初步方案。设计实验方案时应注意：

(1) 在小组讨论的基础上，从三种物质相互反应的原理出发，提出多条合成路线的假设；

(2) 综合分析、比较，通过原子利用率和环境因子的具体计算，探究经济又可行的绿色反应途径，使设计的实验方案符合绿色化学的要求。

(3) 在选择合理途径的基础上，再设计出操作步骤。

2. 实验研究方案的介绍与评析

由组长(也可轮流)介绍本组设计的实验研究方案，教师组织学生评析。本实验的评议应重点围绕以下方面进行：①绿色化学途径；②科学、合理的实验操作方案。

3. 实验探究

各研究小组按评析后调整的研究方案进行实验探究，教师参与一个组的实验探究或巡视指导。

4. 实验研究结果的表达交流

各研究小组汇报本组实验研究的途径、方法和结果及存在问题，并展示制取物——$Al(OH)_3$。教师组织讨论、评议，并在此基础上进行小结，评优，强化和激励研究性学习活动。

5. 实验教学研究结果报告

结合实验报告重点总结如下内容：

(1) 本实验的绿色化学途径及其依据；

(2) 组织中学生进行此研究性学习实验的组织方案；

(3) 本次实验最大的收获。

[相关资料链接]

1. 绿色化学的相关知识

1) 绿色化学的定义

绿色化学(green chemistry)又称环境无害化学(environmental benign chemistry)，是指用化学的技术、原理和方法去消除对人体健康、安全和生态环境有毒有害的化学品。绿色化学的着眼点是使污染消灭在生产的源头，使整个合成过程和生产工艺对环境友好，这是治本、治根，是从根本上消除污染的对策。这时的合成反应就是“绿色反应”，这时的化学工业就是“绿色化学工业”，整个化学就可称为“绿色化学”。

2) 绿色化学的特点

绿色化学所研究的中心问题是使化学反应及其产物具有以下特点：①采用无

毒无害的原料；②在无毒无害的条件(催化剂、溶剂)下进行；③具有“原子经济性”，即反应具有高选择性，极少副产品，甚至实现“零排放”；④产品是环境友好的。因此绿色化学可以看成是进入成熟期的更高层次的化学。

3) 原子经济性和原子利用率

“原子经济性”(atom economy)是绿色化学的一个专有名词。绿色化学的“原子经济性”是指在化学品合成过程中，合成方法和工艺应被设计成能把反应过程中所用的所有原料尽可能多地转化到最终产物中；“原子利用率”是原子经济的指标之一，它是化学反应中目标产物的摩尔质量与所有生成物的摩尔质量之和的比值。理想的原子利用率是100%，即参加化学反应的所有原子都转化到目标产物中。

按照绿色化学的要求，化学反应必须是：①最大限度地利用原料；②最大限度地减少废物排放。

原子经济性的反应：

$$A+B \longrightarrow C(\text{产物})+D(\text{副产物}) \qquad C \gg D \text{ 或 } D=0$$

4) 环境因子

“环境因子”是指废物的质量与产品质量的比值，其中废物指产品以外的所有其他物质，没有考虑是否可以分离后再利用。环境因子越大，则过程产生的废物越多，造成的资源浪费和环境污染也越大。废物越少，其环境因子的值就越小，对环境保护越有利。对于原子利用率为100%的原子经济性反应，环境因子为零。

5) 零排放

“零排放”是化工生产过程的理想状态，即不排放“三废”以及其他污染环境的产物。它一方面要控制生产过程的废弃物排放，将其减少到零；另一方面将已排放的废弃物充分利用。

6) 绿色化学的12条原则

Anasta 和 Warner 提出绿色化学的12条原则，这些原则可作为开发和评估一条合成路线、一个生产过程、一个化合物是不是绿色的指导方针和标准；

(1) 预防(prevention)。防止产生废物，比在它产生后再处理更好。

(2) 原子经济性(atom economy)。设计合成方法时，应尽可能使材料都转化为目标产品。

(3) 无害(或少害)的化学合成(less hazardous chemical syntheses)。所采用的原料对人类与环境都应当是低毒或无毒的。

(4) 设计无危险的化学品(design safer chemicals)。设计生产的产品要限制其毒性。

(5) 安全的溶剂和助剂(safer solvents and auxiliaries)。所使用的辅助物质，包括溶剂、分离试剂和其他物品，应是无害的。

(6) 设计要讲求能效(design for energy efficiency)。考虑化学加工过程的能源对环境和经济的影响，并应尽量节省。

(7) 使用可再生的原料(use renewable feedstocks)。当技术和经济上可行时，原料都应可再生。

(8) 减少衍生物(reduce derivatives)。尽量减少和避免利用衍生化反应。因为这样需要添加额外的试剂并且可能产生废物。

(9) 设计要考虑降解(design for degradation)。化学产品的设计应使它们在功能结束时，可分解为无害的降解产物，不在环境中长期存在。

(10) 为了预防污染进行实时分析(real-time analysis for pollution prevention)。开发新的分析方法，能够进行实时的生产过程监测，并在有害物质形成之前予以控制。

(11) 催化作用(catalysis)。采用具有高选择性的催化剂。

(12) 防止事故发生的安全化学(inherently safer chemistry for accident prevention)。化学过程中选用的物质，应使其尽可能地减少发生化学事故的潜在可能性，包括释放有毒气体、爆炸以及着火等。

2. Al、稀 H_2SO_4、NaOH 为原料制取 $Al(OH)_3$ 的三种方案

(1) 先使 Al 跟稀 H_2SO_4 反应生成 $Al_2(SO_4)_3$，再和 NaOH 反应生成 $Al(OH)_3$。

$$3H_2SO_4+2Al = Al_2(SO_4)_3+3H_2\uparrow$$

$$Al_2(SO_4)_3+6NaOH = 3Na_2SO_4+2Al(OH)_3\downarrow$$

(2) 先使 Al 跟 NaOH 反应生成偏铝酸钠 $NaAlO_2$，再跟稀 H_2SO_4 反应生成 $Al(OH)_3$。

$$2Al+2NaOH+2H_2O = 2NaAlO_2+3H_2\uparrow$$

$$2NaAlO_2+H_2SO_4+2H_2O = Na_2SO_4+2Al(OH)_3\downarrow$$

(3) 先使 Al 分别跟稀 H_2SO_4 和 NaOH 反应，将得到的产物 $Al_2(SO_4)_3$ 和 $NaAlO_2$ 反应生成 $Al(OH)_3$。

$$3H_2SO_4+2Al = Al_2(SO_4)_3+3H_2\uparrow$$

$$2Al+2NaOH+2H_2O = 2NaAlO_2+3H_2\uparrow$$

$$Al_2(SO_4)_3+6NaAlO_2+12H_2O = 3Na_2SO_4+8Al(OH)_3\downarrow$$

以上三种方案哪一种符合绿色化学的要求，应从原子利用率和环境因子两个方面综合考虑。

3. 有关利用原子利用率和环境因子的计算

例如，制取氧气主要有下列三种方案：

(1) $2KClO_3 \xrightarrow[\Delta]{MnO_2} 2KCl + 3O_2\uparrow$

(2) $2H_2O_2 \xrightarrow{MnO_2} 2H_2O + O_2\uparrow$

(3) $2KMnO_4 \xrightarrow{\Delta} K_2MnO_4 + MnO_2 + O_2\uparrow$

由以上反应方程式看出，其原子利用率分别为

(1) $原子利用率 = \dfrac{3O_2}{2KCl+3O_2} = \dfrac{96}{149+96} = 39.18\%$

(2) $原子利用率 = \dfrac{O_2}{2H_2O+O_2} = \dfrac{32}{36+32} = 47.06\%$

(3) $原子利用率 = \dfrac{O_2}{K_2MnO_4+MnO_2+O_2} = \dfrac{32}{197+87+32} = 10.13\%$

环境因子分别为：

(1) $环境因子 = \dfrac{2KCl}{3O_2} = \dfrac{149}{96} = 1.55$

(2) $环境因子 = \dfrac{2H_2O}{O_2} = \dfrac{36}{32} = 1.13$

(3) $环境因子 = \dfrac{K_2MnO_4 + MnO_2}{O_2} = \dfrac{197+87}{32} = 8.88$

由以上分析看出，理论上制备相同量的目标产物氧气，方案(3)原子利用率最低，产生的副产物最多，环境因子最大，方案最差；方案(2)原子利用率最高，产生的副产物最少，且无毒无害，环境因子最小，实现了零排放，因而，方案(2)是最佳方案。

参 考 文 献

纪红兵, 佘远斌. 2007. 绿色化学化工基本问题的发展与研究. 化工进展, (5): 605-614.

彭晖冰, 罗耀华. 2004. 绿色化学与绿色化学教育. 长春师范学院学报, (3): 83-85.

文庆城. 2003. 化学实验教学研究. 北京: 科学出版社: 169-173.

朱文祥. 2001. 绿色化学与绿色化学教育. 化学教育, (1): 1-4.

实验 19　叶绿体色素的提取和分离

[实验目的]

(1) 了解色谱法的基本原理，学习纸色谱法的实际操作。

(2) 通过实验探究，提高师范生的实验设计能力和运用知识解决日常社会生活问题的能力。

(3) 学习和体验研究性学习实验，探讨组织中学生进行该研究性实验学习的教学方法。

[实验原理]

色谱法，又称层析法，是 1906 年俄国植物家 Michael Tswett 发现的。他将植物叶子的色素通过竖直的装填有吸附剂的玻璃管，各种色素以不同的速率流动后形成不同的色带而被分开，他称这种方法为色谱法。随着色谱技术的发展，分离对象已不再局限于有色物质。层析过程是利用混合物中各组分性质的差异(如吸附力、分子的大小、分配系数等)，使各组分在两相(一相为固相，与待分离的物质进行可逆的吸附、溶解、交换等作用；另一相为流动相，推动固定相与待分离的物质朝一个方向移动)中的分布程度不同，从而使各组分以不同的速率移动而达到分离的目的。以气体作为流动相的称为气相色谱，以液体作为流动相的称为液相色谱。

按操作形式不同，色谱法分为纸色谱、柱色谱、薄层色谱等。本实验涉及纸色谱法。纸色谱法：滤纸可看成是一种惰性载体，固定吸附于纸纤维上的水为固定相，上升的溶剂为流动相。将混合物样品点在纸的一端，并使纸接触溶剂，因各组分性质不同在固定相和流动相之间进行无数次溶解、吸附分配，结果由于不同物质在滤纸上随着溶剂移行速率不同而被分离。在相同的条件下，可以用移动的距离来鉴定物质。

[实验内容与问题讨论]

在个人搜集有关资料、预习及思考的前提下，以研究小组为单位讨论解决下列问题：

(1) 叶绿体中色素的提取原理是怎样的？

(2) 选择溶剂时应注意什么？

(3) 叶绿素本身不稳定，在研磨时应注意什么问题？

(4) 分离色素时，滤液细线和层析液之间应注意什么？

(5) 分离和提纯天然物质的一般方法有哪些？

[实验用品]

器材：烧杯、量筒、滴管、锥形瓶、漏斗、分液漏斗、研钵、玻璃棒、载玻片、天平、铁架台及附件、剪刀、滤纸、圆形滤纸(直径为 15cm)、布、玻璃纤维。

药品：95%乙醇、石油醚、丙酮、石英砂、无水硫酸钠、碳酸钙、氧化铝、菠菜或蒲公英等新鲜植物叶片。

[实验研究步骤]

1. 实验研究方案的设计

研究小组在“实验内容与问题讨论”的基础上，设计出本课题实验研究的初步方案。

设计实验方案时应注意：

(1) 设计用新鲜的颜色较深的叶片或事先制好的叶干粉进行叶绿素提取和分离的一个具体的实验方案。

(2) 由于丙酮易挥发且有毒，方案中应把握好丙酮的用量及实验操作的速度。

(3) 色素的提取和分离操作是决定实验成败的关键，注意操作细节。

2. 实验研究方案的介绍与评析

由组长或组员代表介绍本组设计的实验方案，教师组织学生评析。本实验对研究方案的评议应重点围绕以下内容：

(1) 选择的实验条件是否合理。

(2) 实验操作过程是否科学。

(3) 在提取和分离色素过程中是否注意正确的细节操作。

3. 实验探究

各研究小组按评析后调整的研究方案进行实验探究，教师参与一个小组的实验研究或巡视指导。

4. 实验研究结果的表达交流

各研究小组汇报本组实验研究的方法、工艺和结果及存在的问题，并展示分离的色素。教师组织学生讨论、评议，并在此基础上，进行小结，评优，强化和激励研究性学习活动，以促进学生探究精神的培养和实践能力的提高。

5. 实验教学研究结果报告

结合实验报告重点总结如下内容：

(1) 成功提取和分离色素是本实验的成败关键，包括制备滤液、划滤液点、对色素进行分离等。

(2) 组织中学生进行此研究性学习实验的方案。方案应包括实验的组织形式、对实验研究方案设计的要求、教师指导内容、学生讨论交流的内容与形式、研究结果的表达方式等；

(3) 本次实验的最大收获或体会。

[相关资料链接]

1. 纸层析法提取叶绿体中的色素

1) 叶绿体色素的提取

(1) 取菠菜或蒲公英的新鲜叶片 4~5 片(2g 左右)，洗净、擦干，去掉中脉，然后将叶片剪碎，放入研钵中。

(2) 研钵中加入少量的石英砂(约 1g)和碳酸钙粉(约 1g)。加入 4mL 95%乙醇，研磨至溶液显墨绿色。

2) 叶绿体色素的分离

(1) 将滤纸裁成长 12.5cm、宽 1cm 的长方形，并减去滤纸一端的两角，如图 9-2 所示。

(2) 吸取少量稍微呈糊状的研磨液，涂在干净的载玻片上 1/4 处，用右手持另一干净的载玻片，使其短边接触液滴，两载玻片呈 30°~40°角，向左迅速轻推(不可拉)，以便涂成一层均匀地薄层，即制成滤液涂片，然后将滤纸条剪角端在 1cm 处折 180°，将折处在研磨液平面上蘸一下(要快而平)，达到划滤液细线的效果，为了加速干燥，可轻轻用嘴吹，干燥后重复蘸 2、3 次，便可得到一条均匀细齐的滤液细线。

(3) 用 500mL、高 11.5cm 的烧杯作为层析容器。层析液用石油醚和丙酮的混合液(石油醚：丙酮 = 9：1)，将滤纸条放入烧杯中，见图 9-3，层析液不能浸没滤液线(滤纸的上端可以用透明胶带粘贴在烧杯口壁上)，实验效果见图 9-4。

图 9-2　滤纸条示意图

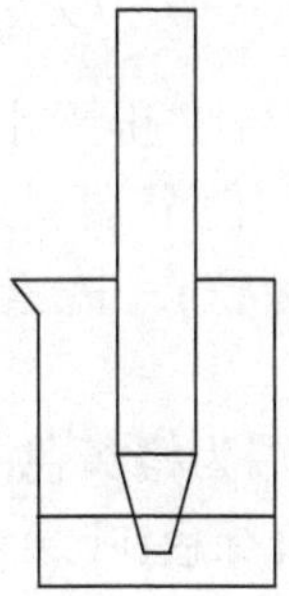
图 9-3　纸层析示意图

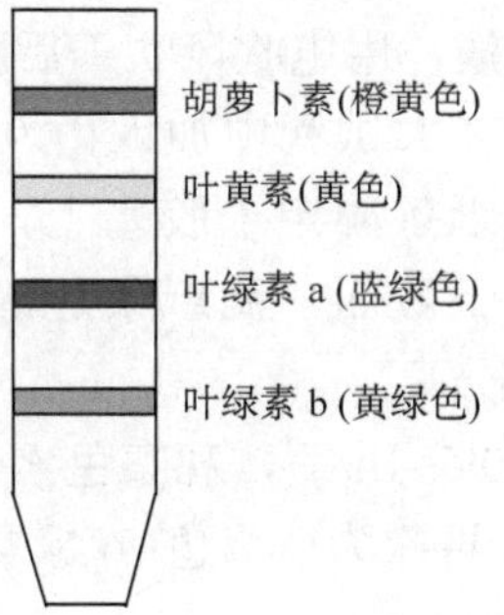

图 9-4　条形滤纸法实验效果示意图

也可以用培养皿进行实验：取直径为 11cm 的干燥圆形定性滤纸，用毛细管吸取色素滤液，在滤纸的中央点成圆形的色素斑，重复 4~5 次，然后取一枚缝衣针，穿一条细棉线，在棉线末端打个结，将针穿过滤纸上的色素斑中心，在距离结约 4cm 处剪断棉线，取一直径 10cm 的培养皿，加入 5mL 层析液，把上述圆形滤纸扣在培养皿底上面，无线结的一面朝下，棉线则浸没在层析液中，再将培养皿盖扣在滤纸上，实验效果见图 9-5。

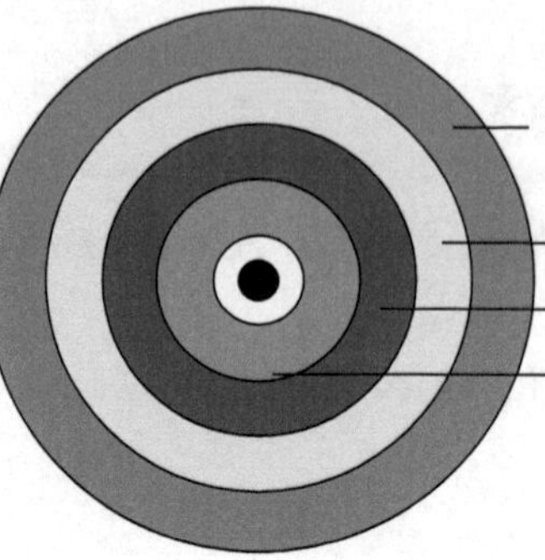

图 9-5 圆形滤纸法实验效果示意图

2. 平面色谱法提取和分离叶绿体中的色素

1) 实验步骤

准备工作：要恰当选择叶片，洗净，风干。

称取新鲜叶子 2g，放入研钵中。首先在研钵中加 2mL 乙醇及少许碳酸钙和石英砂(共约 1g)，迅速而充分地研磨，研成黄绿色浆后，再加入 2mL 乙醇继续研磨，直到出现墨绿色液体，将研磨液过滤，过滤时再加 2mL 乙醇冲洗研钵，冲洗液可以倒入漏斗，即得色素提取液。

取准备好的滤纸条(1.5cm×22cm)，在离一端 1cm 处划一长约 1.5cm、宽约 0.5cm 的窄条。

用毛细管取叶绿素浓缩液点于窄条上端，注意一次所点溶液不可过多，如色素过淡，用电吹风吹干后再点 1~2 次。

在大试管中加入由 9~12 份石油醚与 1 份无水乙醇组合成的混合液。然后将滤纸条固定于胶塞上，插入试管内，使窄端浸入带溶液的试管中(色素点要略高于液面，滤纸条边缘不可碰到试管壁)。盖紧软木塞，直立于阴暗处进行色谱分离。

0.5~1h 后，观察色素带分布。最上端为橙黄色(胡萝卜素)，其次为黄色(叶黄素)，再次为蓝绿色(叶绿素 a)，最后是黄绿色(叶绿素 b)。

[注意事项]

(1) 要恰当选择叶片，实验证明，虽然各种植物叶片叶绿素的种类及含量基本相同，但那些叶片蜡质厚或输导组织发达的叶片难研磨，实验效果差，不宜做实验材料。而菠菜叶、白菜叶等肉质化叶片易于破碎，效果较好。

(2) 叶片在研磨前，必须去掉叶柄及粗的叶脉，叶片尽量剪得细碎些，这样有利于研磨。对不干净的叶片应用抹布擦净，不宜用水冲洗，水分是造成色素提取困难的重要原因。另外，研磨前，若时间充裕，新鲜叶片最好风干数小时，蒸发掉部分水分后再使用。

(3) 制备滤液(叶绿体中的色素提取)，这是进行色素分离的前提条件。高等植物叶绿体中的色素有叶绿素a、叶绿素b、叶黄素、胡萝卜素。它们都是不溶于水，只溶于酒精、丙酮、石油醚等有机溶剂的物质。在该实验中用无水乙醇作溶剂。操作时常出现的问题是：①绿叶还未充分研磨，2mL无水乙醇已挥发得差不多了；②研磨不充分，得到滤液色素含量太低；③二氧化硅和碳酸钙加得太多，使滤液中含大量的碳酸钙，滤液浑浊。

针对上述情况，可以在实验中做出相应的处理。例如，将“少许”二氧化硅和碳酸钙的用量进行量化(约1g)，乙醇的量可增加到6mL。这6mL乙醇可分3次倒入，每次加入2mL。首先在研钵中加入少许的二氧化硅、碳酸钙、2mL乙醇，迅速而充分地研磨，研成黄绿色浆后，再加入2mL乙醇继续研磨，直至出现墨绿色液体，将研磨液过滤，过滤时再加入2mL乙醇冲洗研钵，冲洗液可倒入漏斗，乙醇主要分三次加入，不但充分发挥了乙醇的提取作用，而且容易过滤，滤液色泽深，数量大。

(4) 划滤液点。该过程虽然不是决定实验成败的关键，却也关系着实验效果的好坏，这一步骤处理不好，容易出现的问题是：分离后，色素带颜色太浅、同一色素带出现宽窄不同的区域、色素带不整齐等。根据自制滤液颜色的深浅程度，重复划滤液点2~6次。这样处理后的色素带都明显，又细又直。

(5) 对色素进行分离。这个操作步骤是决定实验成败的关键。必须符合以下要求：①一定不要让展开剂没及滤纸上的滤液细线，否则色素将溶于展开剂中，不能出现分离现象；②滤纸条必须略为斜靠着烧杯内壁插入层析液中，而不能将滤纸条紧贴着烧杯内壁放下，否则会因为滤纸条与烧杯壁间的“毛细管”现象，使滤液细线实际上浸没在层析液中，不出现色素分离，整个实验前功尽弃。

(6) 过滤的垫物最好选用单层尼龙布或脱脂棉，不宜用纱布。若用脱脂棉，一定要薄，不宜太大、太多，否则会吸附大量色素，并延长过滤时间。不宜用纱布，是因为纱布网眼大，弃渣易漏入滤液而堵塞毛细吸管，影响划线，且大量色素尤其是含量最少的胡萝卜素易被吸附，会降低色素提取液的浓度。另外，过滤时可用研臼轻轻挤压研磨液及漏斗以加快过滤速度。由于实验室条件有限，可以选用滤纸。

[拓展与迁移]

1. 分离和提纯天然物质的一般方法

分离和提纯是将混合物中的几种物质各自分开，从而得到几种较为纯净的物质的过程，它不同于物质的除杂(有时候也称物质的提纯)，将物质中混有的杂质分离出来或者除去的过程称为物质的除杂或提纯。分离和除杂既有联系又有区别：物质的分离对于被分离出来的物质有纯度要求，即分离出来的物质必须都是纯净物；而除杂对分离出来的杂质并无纯度要求，而且还常常通过化学变化使杂质变为其他较易被分离的物质而被除去。在整个分离或提纯的过程中必须注意不增加新的物质；被分离或提纯的物质不能改变。

分离和提纯天然物质一般有物理方法和化学方法。

1) 物理方法

(1) 过滤法：分离液体与固体的方法。

(2) 结晶法：蒸发溶剂法，适用于溶解度受温度影响变化不大的固体物质，如从海水中提取食盐；冷却热饱和溶液法，适用于溶解度受温度影响变化较大的固体物质，如分离氯化钠与硝酸钾的混合物，降温后首先析出硝酸钾的晶体。

(3) 蒸馏法：利用沸点不同分离互溶液体混合物的方法。

(4) 色谱法，又称层析法：利用混合物中各组分性质的差异使各组分在两相中的分布程度不同，从而使各组分以不同的速率移动而分离的方法。

(5) 洗气法：一般是利用气体混合物中各种气体在水中或其他吸收剂中的溶解度或反应情况的差异加以提纯分离的方法。

2) 化学方法

(1) 逸出气体法：试剂与杂质反应，产生气体，除去杂质。

(2) 产生沉淀法：把杂质转化成沉淀过滤除去。

(3) 置换法：把杂质通过置换反应而除去。

(4) 加热法：杂质受热易分解，通过加热把杂质除去。

(5) 转换法：把杂质通过化学反应转化成主要成分。

2. 天然色素

天然色素是从动、植物中提取的，有虫胶色素、姜黄素、红曲米、酱色、叶绿素铜钠盐、胡萝卜素等。天然色素对人体无害，但因来源少，提取困难，成本高，着色差，在加工、储存过程中很容易褪色和变色，而影响其感官性能。我们看到的五颜六色的食品，大多数使用了化学合成着色剂，人工合成的着色素一般以煤焦油为原料制成，故又称其为煤焦油色素或苯胺色素。品种有靛蓝、亮蓝、胭脂红、柠檬黄、落日黄等。合成色素具有色泽鲜艳、成本低廉、着色力强等优点。但合成着色剂无营养价值，对人体有一定的毒性，具有致泄和致癌作用。因此，国家对这种色素的使用有严格的限制，胭脂红的最大使用量为 0.05g/1000g；柠檬黄、落日黄、靛蓝，最大使用量为 0.1g/1000g。在使用范围上，只允许用在汽水、果汁、配制酒、糖果、糕点、彩带包衣和青红丝等食品中，其他食品均不得加入，如虾片、冰棍、香肠等。专供婴幼儿食用的主、辅食品中，更不得加入人工合成色素。

可是市场上供应的饮料和食品，含色素量远远超过国家标准。过多饮用颜色重的食品，不但影响神经脉冲传递，而且使体内激素和营养的代谢过程受到干扰，如长期食用这种食品，有害物质积累在体内，引起唇口麻木、腹泻腹痛，导致记忆力衰退，行为怪异等。所以人们在购买食品时，应尽量少买或者不买那些“色彩缤纷”的食品，对含人工合成色素的食品，应挑选颜色浅或较浅的，以防食后有损健康。

当然，食用天然色素也不是完美无缺的，也存在一些需要改进的缺陷。

(1) 大部分天然色素对光、热、氧、金属等敏感，稳定性较差；

(2) 绝大多数天然色素染着力较差，染着不易均匀；

(3) 天然色素对 pH 变化十分敏感，色调会随之发生很大变化；

(4) 天然色素种类繁多、性质复杂，就一种天然色素而言，专用性较强，应用范围较窄。

不过从发展趋势预测，食用天然色素的研究开发有广阔的前景。除了研究开发新的食用天然色素以外，还必须加强天然色素使用过程中色素稳定化技术的研究，以及食用天然色素副产物的利用和资源的保护及可持续发展利用等问题的研究。

参考文献

龚正元, 柏如意. 2011. 层析法提取和分离菠菜叶绿体中色素的实验研究. 化学教育, (2): 60-63.

李广洲, 陆真. 2010. 化学教学论实验. 北京: 科学出版社: 92-96.

肖常磊, 钱扬义. 2007. 中学化学实验教学论. 北京: 化学工业出版社: 194-196.

实验 20　自制植物酸碱指示剂及其变色范围的测试

[实验目的]

(1) 学习代用指示剂的制取和测试其变色范围的简易方法。

(2) 通过实验探究培养学生的实验设计能力和动手能力。

(3) 探讨组织中学生进行研究性学习实验的方法。

[实验原理]

酸碱指示剂一般是弱的有机酸或有机碱，其共轭酸碱具有不同的结构和颜色，当溶液的 pH 改变时，共轭酸碱发生相互转变，从而使溶液的颜色发生改变。

自然界中有些植物的花、茎、叶、根和果实中含有一些植物色素，如花青素，它们均有庞大的共轭体系或共轭双键结构，在酸碱溶液的作用下因发生共轭结构的改变而变色。因此，可利用某些植物的花、茎、叶、根和果实的浸出液作酸碱指示剂。本次用红萝卜的皮和红色月季花的花朵来做实验，经过一定的处理后，用它们的浸出液做成酸碱指示剂(试液或试纸)。

[实验内容与问题讨论]

在个人搜集有关资料、预习及思考的前提下，以研究小组为单位讨论解决下列问题：

(1) 什么是酸碱指示剂？其变色原理是什么？

(2) 为什么某些植物的花、茎、叶、根、果实等可制作酸碱指示剂？

(3) 制取指示剂时，对所选择的花瓣的颜色有何要求？

(4) 在制作过程中，采取什么方法有利于花青素溶解而又不易腐烂变质？

(5) 对所制的指示剂溶液浓度有何要求？

(6) 如何配制 pH 为 1~14 的各种溶液？

(7) 用配制好的 pH 溶液，如何测定指示剂的变色范围？指示剂的用量为多少较合适？

[实验用品]

器材：红萝卜皮、红色月季花的花瓣、大试管、研钵、离心机、离心试管、量筒、白布、滤纸、漏斗、pH 试纸。

药品：氨水、盐酸、氢氧化钠、乙醇、乙酸。

[实验研究步骤]

1. 实验研究方案的设计

研究小组在“实验内容与问题讨论”的基础上，设计出本课题实验研究的初步方案。

设计实验方案时应注意：

(1) 详细写出从植物(红萝卜皮、红色月季花的花瓣)中溶解出花青素最佳的步骤和方法。

(2) 配制 pH 分别为 1~14 的溶液时，注意各溶液的准确用量(最好用表格来表示)和配制方法。

(3) 测定自制指示剂不同 pH 条件下显色的简易操作和记录表格的设计。

(4) 注意组内实验研究内容分工的设计。

2. 实验研究方案的介绍与评析

由组长介绍本组设计的实验方案，教师组织学生评析。本实验对研究方案的评议应重点围绕以下内容进行：

(1) 花青素溶解的方法。

(2) pH 溶液的配制方案。

(3) 测试方法的可行性、方案的详尽和易操作性。

3. 实验探究

各组按调整后的实验研究方案进行实验探究。教师参与一个组的实验探究或巡视指导。实验过程中注意分工、合作，使每位组员都有动手动眼的机会，在 pH 分别为 1~14 溶液的配制过程中，注意所量取溶液体积的准确性，以减少实验误差；注意制取足量的植物浸取液；注意在测试不同 pH 条件下浸取液显色情况时，探索加入的浸取液的合适量。

4. 实验研究结果的表达交流

各研究小组汇报本组实验研究的方法和结果及实验过程中存在的问题，展示自制的植物酸碱指示剂。教师组织学生讨论，在此基础上进行小结、评优，强化和激励研究性学习活动。

5. 实验教学研究结果报告

结合实验报告重点总结如下内容：

(1) 自制的植物酸碱指示剂的简要操作过程。

(2) 自制的酸碱指示剂不同 pH 条件下的显色情况和大致变色范围。

(3) 本次实验成败的关键。

(4) 中学生开展此研究性学习实验的组织方案。

(5) 本次实验的最大收获。

[相关资料链接]

1. 花青素相关信息

花青素(anthocyanidin)，又称花色素，是一类广泛存在于自然界植物中的水溶性天然色素，属于黄酮类化合物。它是植物的主要呈色物质，水果、蔬菜、花卉等五彩缤纷的颜色大部分与之有关。花青素在植物体内以配糖体的形式存在，水解后即成为糖类和花青素。花青素能溶于水，易溶于乙醇，具有两性，它们与酸生成的盐常呈红色，而它们的金属盐则常是蓝色或蓝绿色，在中性溶液中呈紫色。利用花青素的上述性质，取某些植物的花、茎、叶、根和果实中含有的汁液就可作酸碱指示剂。如用作酸碱指示剂的石蕊，就是从石蕊地衣中得到的色素。

花青素广泛存在于所有深红色、紫色或蓝色的蔬菜水果的组织中，如葡萄、黑莓、无花果、樱桃、甜菜根、茄子、紫甘薯、紫苏、黑(红)米、牵牛花等。

目前已知有 6 种天然花青素。它们的俗名为：氯化天竺葵色素、氯化青芙蓉色素、氯化飞燕草色素、芍药色素、锦葵色素和报春色素。我们经常遇到的紫色或紫红色的植物色素，主要是属于氯化青芙蓉色素。

2. 代用指示剂的制取

将某些新鲜植物的花瓣、叶片、果皮等用清水洗干净，放入研钵中，用玻璃棒或杵捣烂，加乙醇 1~2mL(应视花瓣等植物的数量而定)，按制取浓溶液的要求浸泡几分钟后，再捣几次，使其溶解，再加 2mL 蒸馏水稀释，最后用洁净的白布包裹，挤出汁液。如汁液浑浊，则把汁液倒入离心试管中，离心分离残渣，取出上层澄清的溶液即可作代用指示剂。用不同 pH 溶液测试，可知不同 pH 条件下该浸取液的显色情况。

把滤纸裁成普通石蕊试纸大小，放在试液里浸泡 10min，取出晾干，即成试纸。

3. 代用指示剂制取的注意事项

(1) 对花瓣的选择：颜色越深越好。

(2) 如选用紫色或红色的萝卜，只取其表皮，不要把肉质刮下来。方法是“刮”不是“切”。

(3) 在制作的过程中加少量乙醇的目的，一是有利于花青素的溶解，二是防腐。

(4) 所制的指示剂溶液浓度不宜过稀，因此在将花瓣等含花青素的植物部分捣烂时，不宜多加水，1~3mL 即可，视所取花瓣等植物的数量而定。

(5) 因要进行不同 pH 条件下浸取液的显色情况测定，所以应考虑充足的浸取液的量的制取。

4. 配制 pH 溶液系列

取洁净的大试管 14 只，依次贴上 1~14 序号的标签，排列在试管架上。然后根据表 9-1 配制 pH 溶液，倒入相应序号的试管中，混合均匀备用。

5. 测试自制指示剂变色范围的方法

各取 1~14 的 pH 溶液系列各 1mL，依次排列后，分别依次滴加 5 滴(视溶液而定)左右自制指示剂，观察并记录指示剂在不同 pH 条件下的显色情况，并将结果记录于制定的表中。

表 9-1　pH 系列溶液的配制

pH	量取所需溶液的体积/mL(浓度均为 1mol/L)				H_2O 体积/mL
	NaOH	$NH_3 \cdot H_2O$	CH_3COOH	HCl	
1				2	18
2				0.2	19.8
3			1.2		18.8
4	2.6		17.4		
5	7.8		12.2		
6	9.8		10.2		
7		10	10		
8		10.2		9.8	
9		12.2		7.8	
10		17.4		2.6	
11		1.2			18.8
12	0.2				19.8
13	2				18
14	20				

6. 可供制作酸碱指示剂的一些常见的植物及其在酸碱溶液中的变色情况，见表 9-2。

表 9-2　几种常见花和植物所做的指示剂在不同酸碱溶液中的显色情况

<table>
<tr><th rowspan="2">名称</th><th rowspan="2">原色</th><th colspan="14">在不同 pH 溶液中的显色情况</th></tr>
<tr><th>1</th><th>2</th><th>3</th><th>4</th><th>5</th><th>6</th><th>7</th><th>8</th><th>9</th><th>10</th><th>11</th><th>12</th><th>13</th><th>14</th></tr>
<tr><td>大红月季</td><td>玫瑰红</td><td colspan="2">红</td><td colspan="4">粉红</td><td>浅红</td><td colspan="2">蓝绿</td><td colspan="3">黄绿</td><td colspan="2">黄</td></tr>
<tr><td>红牵牛花</td><td>玫瑰红</td><td colspan="2">红</td><td>浅红</td><td colspan="3">粉红</td><td>浅红</td><td colspan="4">蓝</td><td>浅蓝</td><td colspan="2">黄</td></tr>
<tr><td>紫胡萝卜皮</td><td>桃红</td><td colspan="3">橘红</td><td colspan="3">粉红</td><td>浅红</td><td colspan="3">浅紫色</td><td>深紫</td><td colspan="2">蓝黄</td><td>黄</td></tr>
<tr><td>一串红</td><td>黄</td><td colspan="4">粉红</td><td colspan="3">无色</td><td colspan="3">蓝</td><td>深蓝</td><td colspan="3">黄</td></tr>
<tr><td>粉红月季</td><td>肉色</td><td colspan="3">粉红</td><td colspan="4">无色</td><td colspan="6">浅黄</td><td>黄</td></tr>
<tr><td>红凤仙花</td><td>红色</td><td colspan="4">橘红</td><td colspan="3">肉色</td><td colspan="4">蓝黄</td><td colspan="3">黄</td></tr>
<tr><td>红美人蕉</td><td>紫红</td><td colspan="4">粉红</td><td colspan="3">肉色</td><td colspan="6">蓝黄</td><td>黄</td></tr>
<tr><td>紫扁豆花</td><td>红</td><td>粉红</td><td colspan="5">浅黄</td><td colspan="6">黄绿</td><td colspan="2">黄</td></tr>
<tr><td>大丽花</td><td>红</td><td>粉红</td><td colspan="5">浅黄</td><td colspan="6">黄绿</td><td colspan="2">黄</td></tr>
</table>

7. 理想植物指示剂的一般标准

(1) 制取指示剂的植物原料易得，价格低廉，制取的方法简单。

(2) 指示剂的变色范围较广，颜色反应的速率较快，呈色鲜明、持久。

(3) 敏感性强，用量少，对弱酸弱碱的稀溶液，都能准确鉴别。

(4) 指示剂对氧化剂、还原剂以及被测溶液的颜色反应较稳定，利于保存。

参考文献

崔迎春. 2003. 有关植物色素、酸碱指示剂的研究性学习活动. 化学教学, (3): 21-22.

罗先平, 陶鹂. 2004. 化学教学中研究性学习的探索——自制植物酸碱指示剂及其变色范围的测试. 高等函授学报(自然科学版), (8): 35-39.

孙志宽. 1992. 用紫罗兰作指示剂的实验. 化学通报, (5): 252-254.

文庆城. 2003. 化学实验教学研究. 北京: 科学出版社: 175-180.

西南师范学院化学系. 1988. 中学化学教学法实验. 北京: 高等教育出版社.

实验 21　大米酿酒

[实验目的]

(1) 初步掌握大米酿酒的方法、条件及实验操作技能。

(2) 通过了解大米酿酒，提高学生的实验设计能力和运用知识解决日常生活问题的能力。

(3) 学习和体验研究性学习实验，探讨组织中学生进行大米酿酒研究性学习实验的教学方法。

[实验原理]

大米中含有丰富的淀粉，淀粉在酒化酶的作用下，在 32℃(以糯米为例)左右发酵，经过水解糖化、酒化制成酒酿。

$$\underset{\text{淀粉}}{(C_6H_{10}O_5)_n} + nH_2O \xrightarrow[\text{糖化酶}]{\text{淀粉酶}} n\underset{\text{葡萄糖}}{C_6H_{12}O_6}$$

$$\underset{\text{葡萄糖}}{C_6H_{12}O_6} \xrightarrow{\text{酒化酶}} 2C_2H_5OH + 2CO_2\uparrow$$

[实验内容与问题讨论]

在个人搜集有关资料、预习及思考的前提下，以研究小组为单位讨论解决下列问题：

(1) 简述大米酿酒的原理。

(2) 什么是熟料酿酒？什么是生料酿酒？各法如何处理大米？

(3) 大米酿酒的适宜温度是多少？为什么？

(4) 选择什么样的淀粉酶、酒化酶有利于制取酒酿？

(5) 大米酿酒对发酵容器有什么要求？

(6) 粗制乙醇时应收集什么温度范围的馏分？为什么？

(7) 如何检验生成的乙醇？

[实验用品]

器材：缸、罐、塑料桶或玻璃容器作发酵容器、温度计、500mL 蒸馏烧瓶、锥形瓶、冷凝管、酒精灯、铁架台及附件、单孔橡皮塞、胶管。

药品：大米(粳米、籼米、糯米)、酒曲、氢氧化钠溶液、碘化钾溶液。

[实验研究步骤]

1. 实验研究方案的设计

研究小组在“实验内容与问题讨论”的基础上，设计出本课题实验研究的初步方案。

设计实验方案时应注意：

(1) 设计用熟料或生料酿酒(或糯米酿甜酒)的一个具体操作的实验方案。

(2) 注意选择和探究大米酿酒的最佳条件。

(3) 因本实验时间长达几天，实验过程中对温度也有特殊要求，实验方案应注意对这方面的处理设计，注意实验的可行性。

2. 实验研究方案的介绍与评析

由组长(也可轮流)介绍本组设计的实验测定方案，教师组织学生评析。研究性学习实验方案的评析可灵活机动，对于分组共题的，可相互评析，对于一组一题的，可教师与组员评析；评析的时间、地点也可不同。本实验对研究方案的评议应重点围绕以下内容进行：

(1) 选择的实验条件是否合理。

(2) 实验操作过程是否科学。

(3) 是否针对本实验对时间、温度要求的特殊性，设计出可操作性的实验过程。

3. 实验探究

各研究小组按评析后调整的研究方案进行实验探究，教师参与一个小组的实验研究或巡视指导。

由于本实验过程时间长达 3~4 天，对实验温度又有特殊的要求，实验分几个阶段完成，因此应开放实验室。实验探究时间可由学生自由安排，不一定要求在统一的时间内完成，实验过程中应注意对反应物温度的控制与观察。

4. 实验研究结果的表达交流

各研究小组汇报本组实验研究的方法、工艺和结果及存在的问题，并展示制取的酒酿。教师组织学生讨论、评议，并在此基础上，进行小结、评优、强化和激励研究性学习活动，以促进学生探究精神的培养和实践能力的提高。

5. 实验教学研究结果报告

结合实验报告重点总结如下内容：

(1) 大米酿酒实验成败关键的包括材料、温度、酒化酶、发酵容器的选择等；

(2) 组织中学生进行此研究性学习实验的方案。方案应包括实验的组织形式、对实验研究方案设计的要求、教师指导内容、学生讨论交流的内容与形式、研究结果的表达方式等；

(3) 本次实验的最大收获或体会。

[相关资料链接]

1. 传统酿造米酒的方法

1) 酒的酿造原理

酒是用粮食、水果等含淀粉或糖的物质经过发酵制成的含乙醇的饮料，如白酒、葡萄酒等。

酿酒可分为三个过程。第一是糊化过程，淀粉吸水而膨胀，加热使其进一步水解、糊化。在α-淀粉酶的作用下，直链的淀粉分子被割切为较短的葡萄糖链，成为低分子的糊精。第二个过程是糖化，糊精在β-淀粉酶作用下被进一步切割，成为麦芽糖或葡萄糖分子。第三个过程就是酒化过程，也称发酵过程。这个过程中，葡萄糖经过多种酒化酶的层层催化作用，逐步转变为乙醇和二氧化碳。由于酒曲中微生物产生的酶种类很多，原料中除淀粉或糖类外还含有许多其他成分，所以在酿造的过程中，除产生乙醇和二氧化碳之外，还产生了酸、酯等其他物质，从而构成了酒的诱人芳香味。

2. 酿酒条件的选择

a. 酿酒原料的选择

发酵法制乙醇原料有多种，可以是含淀粉的农产品，如谷类、薯类或野生植物果实等；也可用制糖厂的废糖蜜；或者用含纤维素的木屑、植物茎秆等。这些物质经一定的预处理后，经水解(用废糖蜜作原料不经这一步)、发酵，即可制得乙醇。发酵法制酒一般选用谷类如大米、玉米、大麦等，制酒酿一般选用大米，主要因为大米价格较低廉，淀粉含量远高于玉米、大麦等，而蛋白质、脂肪含量则较低，见表9-3。

表9-3　大米、玉米、大麦主要成分的比较

	大米	玉米	大麦
淀粉/%	76~80	66~70	60~65
蛋白质/%	5~8	8~11	9~12
脂肪/%	0.3~2	4~5	2~3
水分/%	11~13	12~13	12~13

大米种类又很多，有粳米、籼米、糯米等，熟料制酒一般选用糯米；生料制酒一般选用市售早米，粉碎后通过40目筛。

根据分组情况，也可以让不同的小组采用不同的原料进行实验探究。

b. 下曲水温及用量的选择

无论是生料还是熟料，下曲水温(原料加入发酵容器内的水温)不能超过36℃，因为下曲后升温的幅度为5~8℃。水温超过42℃时，发酵剂就会衰老甚至死亡。下曲量在冬季和夏季应有不同。冬季为0.7%~0.8%，夏季为0.5%~0.6%，以原料的总量计算。

生料发酵制酒精，当原料与加水比为1∶3时出酒量较高，所以应控制二者之比为1∶3。

c. 酒曲(含有糖化酶、酒化酶等催化剂)及其选择

酒曲中含有大量的微生物，这些微生物产生的一些酶能把淀粉或糖水解成葡

萄糖，再把葡萄糖变成酒精和二氧化碳。酒是微生物新陈代谢的产物，也是酶催化作用的结果。

毫无疑问，酒曲的质量是出酒率高低的关键。质量好的酒曲，能把原料内淀粉和糖分全部发酵为酒精，出酒率自然就高，所以应选择优质新鲜的酒曲。

制取酒曲比较复杂，可到食品店或酒厂购得。

如果愿意自己制取糖化酶，可采用下述方法：

将大麦洗净，加 2 倍水，使大麦吸水膨胀，每天换水 2、3 次，浸泡 2~4 日后取出放在平盘上，在 15~17℃的温度下一星期以后，生长的大麦芽长达 1~2cm。此时即可进行通风干燥，然后磨成粉状即成糖化酶。

d. 发酵容器的选择

关于发酵容器，生产规模小者，可采用缸、罐、塑料桶作发酵容器(不用铁、铝或铜等制品，最好用瓷器)，生产规模大者，可采用水泥池或不锈钢发酵罐作发酵容器。无论采用何种发酵容器，发酵前都应该洗净和杀菌消毒，尤其是作过酱菜的坛、罐更应清除其异味。学生实验或家庭实验属于小型生产，可采用缸、罐、塑料桶或玻璃容器作发酵容器，并要洗净和杀菌消毒。

3) 大米酿酒的步骤

a. 熟料酿酒

(1) 称取糯米 1kg，放在淘米箩中用水洗净，除去杂质后，用凉水浸泡 12h，以泡透不酥，手指能捏成粉末为好。

(2) 沥去水，把糯米放在蒸锅里蒸熟蒸透，以米饭无白心，不黏不烂为好。

(3) 将蒸熟的糯米饭盛在洁净的面盆里(在实验室做实验时，可放在干净的水槽或大烧杯里)，用筷子将米饭挑松，快速冷至 30~35℃。将 10g 酒曲研成粉末，加入少量温开水或冷开水调成浑浊液，分数次(留下少量)加入糯米饭中，搅拌均匀，使饭分散成粒状。

(4) 把完全拌匀酒曲的米饭倒进洁净、用开水烫过(作用是灭菌、加热容器)的容器中，轻轻压实，在中间留有一个直径为 1~2cm、深入底部的小圆孔，再在米饭表面撒一点酒曲粉，然后将容器盖好，放在 30~35℃的环境中，保温 2 天(必要时用装有温水的热水袋加热)，发酵基本完成，即制得甜酒酿。注意：热缸、冷饭是制酒酿的关键。

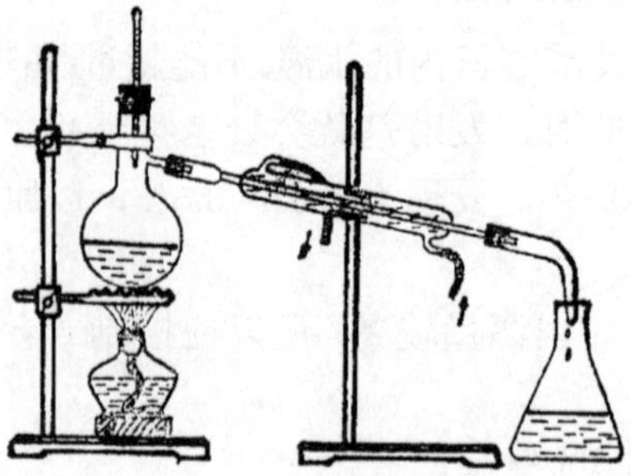

图 9-6　蒸馏装置

(5) 将上述发酵液，倒入蒸馏烧瓶进行蒸馏，蒸馏时严格控制温度，收集 75~83℃的馏分，即为粗制乙醇。实验装置如图 9-6 所示。

b. 生料酿酒

(1) 在 500mL 蒸馏烧瓶中，放置 100g 米粉，加水 300mL，加糖化酶(每克原料加 340 酶活力单位)，加酵母 3%，充分搅拌后，放在 28~35℃培养箱(或能保温的容器)中糖化发酵。

(2) 4 天后取出，进行蒸馏，收集 75~83℃的馏分，即为粗制乙醇。实验装置同图 9-6。

c. 检验生成的乙醇

(1) 燃烧实验。取 2mL 制得的乙醇，倒在蒸发皿中，引火点燃，见到蓝色火焰，即是乙醇。

(2) 碘仿实验。在试管里加入 1mL 制得的乙醇和 5mLNaOH 溶液，加入碘的碘化钾溶液，边加边振荡，直到加入的碘的碘化钾溶液不再褪色为止。把试管浸在 60℃的水浴中温热片刻，就有黄色碘仿晶体析出。

2. 生大米酿酒法①

在用生大米酿酒时，一般都是先将大米蒸煮使淀粉糊化，然后再进行糖化和发酵。为了节省能源，日本采用生大米不进行蒸煮而直接酿酒的方法。

1) 制作方法

(1) 所用的酶制剂为 α-淀粉酶、葡萄糖淀粉酶、酸性蛋白酶和酸性羧基肽酶等，所用原料为整粒的生大米，其方法是将生大米加水浸泡、加酶制剂进行糖化，然后加酵母发酵。

(2) 用大米(米曲)3kg、水 8L，在室温条件下，制成曲液。第一次加料：醪液温度为 15℃，加入大米 15kg，水 15L。第二次加料：醪液温度为 10℃，加入大米 28kg，加水 33L。第二次加料：醪液温度为 8℃，加入大米 54kg，水 77L。

(3) 第一次投料后，让酵母繁殖一天，每天升温 1℃，直到 15℃，然后保温发酵直到结束。

2) 生米酿酒特点

(1) 整粒大米即使浸泡在水里也不会膨胀，所以不像蒸米醪液那样黏稠。米粒吸水后仍然在底部堆积为一层，而酵母则悬浮于上清液中，这和蒸米醪液的性质是不同的。

(2) 发酵初期，醪液密度较小，大米被糖化酶糖化所产生的糖，立刻就被酵母发酵，没有多余的糖残留着。

(3) 发酵停止后，大米的溶解和糖化仍在继续进行，所以还原糖和氨基酸会大量增加。

(4) 所酿米酒的氨基酸组成，取决于所用蛋白酶的性质。

---

① 资料来源：http://www.tech-food.com/kndata/1017/0035515.htm

(5) 因为醪液分成上下两层，所以容易把酒糟分离出来，而且酒糟和一般米酒的酒糟也不同。

3) 产品特点

外观金黄色，具有绍兴酒的香味，感官指标很好，香味成分比蒸米酿制的酒高，高级醇和乙酸异戊酯含量也比较高，酒度为18%~21%。

参 考 文 献

华东师范大学《化学教学》编辑部. 1999. 化学活动课及微型实验设计与实践(上册). 北京: 民主与建设出版社: 141-142.

生大米酿酒法. http://www.tech-food.com. 2009-08-19.

文庆城. 2003. 化学实验教学研究. 北京: 科学出版社: 181-185.

夏云梯, 陈卫平, 朱克美. 1986. 大米生料酒精发酵的研究. 食品与工业, (1): 50.

喻致祥. 1986. 烹调作料酒研制报告. 食品与工业, (6): 1.

实验 22 水样硬度的测定

[实验目的]

(1) 了解水的硬度概念和测定水硬度的意义。

(2) 掌握用 EDTA 测定水硬度的方法。

(3) 训练和培养学生运用已学知识解决实际问题的意识和能力。

(4) 学习和体验研究性学习实验，探讨组织中学生进行研究性学习实验的方法。

[实验原理]

水里一般含有 Ca^{2+}、Mg^{2+}、Fe^{3+}、Al^{3+}等阳离子和 HCO_3^-、CO_3^{2-}、Cl^-、SO_4^{2-}和 NO_3^-等阴离子，由于 Ca^{2+}、Mg^{2+}含量远远高于其他几种阳离子的含量，因此通常用 Ca^{2+}和 Mg^{2+}总含量来表示水的硬度。通常，把溶有较多量的 Ca^{2+}和 Mg^{2+}的水称为硬水；只溶有微量或不含 Ca^{2+}和 Mg^{2+}等离子的水称为软水。我国以 Ca^{2+}和 Mg^{2+}总量折合成 CaO 的量来计算水的硬度，1L 水中含有 10mg CaO 为 1 度，表示为 1°。

生活、生产、科研等不同用途的水，对硬度有不同的要求，所以水硬度的测定具有重要的作用。测定水的硬度，一般采用配位滴定法。目前应用最多的方法是在 pH≈10 的氨性缓冲溶液中，用铬黑 T(EBT)作指示剂，以乙二胺四乙酸(简称 EDTA)标准溶液直接滴定水中 Ca^{2+}和 Mg^{2+}总量，当溶液由紫红色变为蓝色时，即为终点。

水样中加入指示剂：$EBT+Me+(Ca^{2+}、Mg^{2+}) \longrightarrow$ Me-EBT(紫红色)

滴定开始到终点前：$H_2Y^{2-}+Me \longrightarrow MeY^{2-}+2H^+$

滴定至终点时：$H_2Y^{2-}+$Me-EBT(紫红色) $\longrightarrow MeY^{2-}+2H^++$EBT(蓝色)

[实验内容与问题讨论]

在个人搜集有关资料、预习及思考的前提下，以研究小组为单位讨论解决下列问题。

(1) 什么叫硬水？在我国，水的硬度如何表示？生活用水的硬度一般是多少？

(2) 水样硬度的测定一般用配位滴定法，如果用 EDTA 为标准来进行滴定，其滴定原理如何？其操作步骤如何？

(3) 进行配位滴定，用 EBT 作指示剂时，为什么要在 pH≈10 的氨性缓冲溶液中进行？如何配制此缓冲溶液？滴定终点时，溶液的颜色如何变化？滴定接近终点时，应特别注意什么？

(4) 在滴定开始前，为什么要加三乙醇胺溶液？其作用是什么？

(5) 如何配制和标定 EDTA 标准溶液？为什么用聚乙烯塑料瓶存放 EDTA 标

准溶液？标定 EDTA 的指示剂是什么？该指示剂如何配制？

(6) 如何通过滴定计算出水样的硬度？

(7) 如何结合中学教学内容，组织学生开展本实验的研究性学习？

[实验用品]

器材：碱式滴定管、锥形瓶、容量瓶、移液管、洗耳球、烧杯、分析天平、称量瓶。

药品：0.02mol/ L EDTA、氨性缓冲溶液、NaOH 溶液、铬黑 T 指示剂、1∶1 三乙醇胺、$CaCO_3$ 标准溶液。

[实验研究步骤]

1. 实验研究方案的设计

研究小组在“实验内容与问题讨论”的基础上，设计出本课题实验研究的初步方案。

设计实验方案时应注意：

(1) 方案应详尽，应有各种溶液的配制方法和相应的浓度。因为本实验涉及溶液比较多，尤其是标准溶液就有两种。

(2) 注意操作步骤和操作方法的设计。

(3) 注意组内实验研究分工的设计。

2. 实验研究方案的介绍与评析

教师在审阅学生实验研究方案的基础上，有目的、有针对性地让学生(从每小组选一人)分别介绍他们的实验研究方案，并组织评析。本实验方案的评议应重点围绕测定方法的可行性、方案的详尽和可操作性进行。在讨论交流的基础上，学生进一步自我调整方案。

3. 实验研究

各组按调整后的实验研究方案进行实验探究。教师参与一个组的实验探究或巡视指导。实验过程中注意分工、合作，使每位组员都有动手动眼的机会，在滴定观察过程中都有他人合作，以减少实验误差。

4. 实验研究结果的表达交流

各研究小组汇报本组实验研究的过程、方法和结果、实验过程中存在的问题，教师组织讨论交流。通过这种交流方式，深入地了解本实验的研究方法、过程与实验结果的更多知识。在此基础上，教师组织学生依据实验结果、实验过程进行评析，对实验情况进行小结。

5. 实验教学研究结果报告

结合实验报告重点总结如下内容：

(1) 水样硬度测定的有关计算及其结果；

(2) 用 EDTA 滴定测定水样硬度的方法；

(3) 配制和标定 EDTA 标准溶液的方法；

(4) 组织中学生开展此研究性学习实验的简要方案；

(5) 本次实验的最大收获。

[相关资料链接]

1. 水硬度相关知识

1) 水硬度分类

水的总硬度指水中钙、镁离子的总浓度，其中包括碳酸盐硬度(通过加热能以碳酸盐形式沉淀下来的钙、镁离子，故又称暂时硬度)和非碳酸盐硬度(加热后不能沉淀下来的那部分钙、镁离子，又称永久硬度)。

按水的总硬度大小可将水质分类为 5 类(表 9-4)。

表 9-4 水的硬度分类表

水硬度分类	指标范围
很软水	0°~4°
软水	4°~8°
中等硬水	8°~16°
硬水	16°~30°
很硬水	30°以上

生活、生产、科研等用途不同的水，对硬度有不同的要求，生活用水的硬度要求小于 25°。

2) 硬水的简易辨别方法

试管里注入适量的水样，再加入少量的肥皂水，振荡。水样为硬水时，就会发生沉淀。其原理是：肥皂的主要成分是硬脂酸钠 $Na(C_{18}H_{35}O_2)$，肥皂跟水样中的 Ca^{2+} 或 Mg^{2+} 反应生成 $Ca(C_{18}H_{35}O_2)_2$ 或 $Mg(C_{18}H_{35}O_2)_2$ 沉淀。

2. 乙二胺四乙酸(简称 EDTA)的络合性及金属离子指示剂

测定水的硬度，目前应用最多的方法是以乙二胺四乙酸标准溶液直接滴定水中 Ca^{2+} 和 Mg^{2+} 总量。EDTA 是一种良好的配合剂，它有六个配位原子，几乎能与所有的金属离子形成稳定的螯合物。

EDTA 在酸度不同的水溶液中存在形式不同，以 H_6Y^{2+}、H_5Y^+、H_4Y、H_3Y^-、H_2Y^{2-}、HY^{3-}、Y^{4-} 7 种形式存在，有六级离解平衡：

$$H_6Y^{2+} \rightleftharpoons H^+ + H_5Y^+$$

$$H_5Y^+ \rightleftharpoons H^+ + H_4Y$$

$$H_4Y \rightleftharpoons H^+ + H_3Y^-$$

$$H_3Y^- \rightleftharpoons H^+ + H_2Y^{2-}$$

$$H_2Y^{2-} \rightleftharpoons H^+ + HY^{3-}$$

$$HY^{3-} \rightleftharpoons H^+ + Y^{4-}$$

在 pH<1 时，EDTA 主要以 H_6Y^{2+}形式存在；在 pH 为 2~6 的溶液中，主要以 H_2Y^{2-}形式存在；在 pH 6~10 的溶液中，主要以 HY^{3-}形式存在；在 pH>10 的碱性溶液中，主要以 Y^{4-}形式存在。

由于 EDTA 与金属离子具有广泛的络合性，大多数金属离子都能与 EDTA 形成多个五元环结构的螯合物，因此各金属离子间干扰影响较大，造成测定结果误差较大。一般用加入掩蔽剂的方法消除，测定水硬度可用 1∶1 的三乙醇胺溶液掩蔽 Fe^{3+}、Al^{3+}。

在配位滴定中，需用一种能与金属离子生成有色配合物的显色剂来指示滴定过程中金属离子浓度的变化，这种显色剂称为金属离子指示剂。它应具备下列条件：显色配合物的稳定性要适当、易溶于水，并与指示剂的颜色显著不同；显色反应灵敏；金属离子指示剂较稳定，便于储藏和使用。金属离子指示剂也是一种有机络合剂，颜色变化受溶液 pH 的影响较大，很多指示剂在不同的酸度条件下呈不同颜色，溶液的酸度控制在适当范围，可使指示剂颜色变化适合滴定终点的要求。

下面以铬黑 T 为例说明金属离子指示剂的选择和作用原理。铬黑 T 属于 *O,O'*-二羟基偶氮类染料，简称 EBT，化学名称是 1-(1-羟基-2-萘偶氮基)-6-硝基-2-萘酚-4-磺酸钠，其结构见图 9-7。

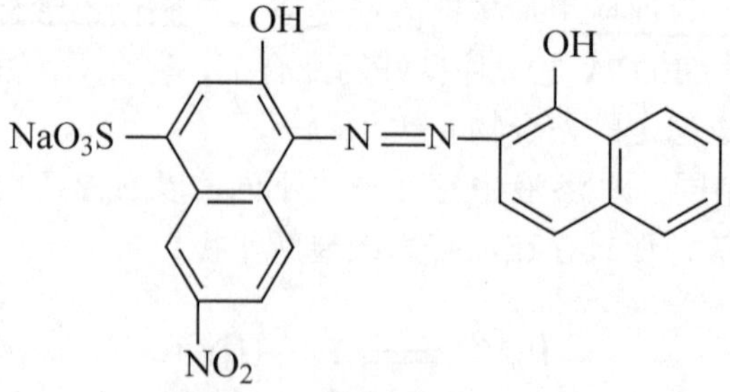

图 9-7　铬黑 T 的结构式

铬黑 T 溶于水时，磺酸基上的 Na^+ 全部离解，形成 H_2In^- 形式，它在溶液中有下列酸碱平衡：

$$H_2In^-(紫红) \xrightleftharpoons{pK_{a2}=6.3} HIn^{2-}(蓝) \xrightleftharpoons{pK_{a3}=11.55} In^{3-}(橙)$$

铬黑 T 在不同 pH 下的颜色可近似估计如下：当 $pH=pK_{a2}=6.3$ 时，$[H_2In^-]=[HIn^{2-}]$，呈现蓝色与紫红色的混合色；当 pH<6.3 时，$[H_2In^-]>[HIn^{2-}]$，呈紫红色；pH=6.3~11.55 时，呈蓝色；pH>11.55 时，呈橙色。铬黑 T 与金属离子的配合物显红色，由此可知，在 pH<6.3 和 pH>11.55 的条件下，指示剂本身接近红色，不能使用；使用铬黑 T 作为指示剂的最适宜的 pH=9~10.5。

3. *以 EDTA 滴定水中 Ca^{2+}、Mg^{2+} 总量*

1) 所需试剂

①EDTA 标准溶液：0.02mol/L；②氨性缓冲溶液：pH=10.0(将 20g NH_4Cl 溶解于少量水中，加入 100mL 浓氨水，用水稀释至 1L)；③三乙醇胺溶液：1∶1；④HCl 溶液：1∶1；⑤铬黑 T(EBT)指示剂：0.05%(称取 0.5g EBT，加 20mL 三乙醇胺，加水稀释至 100mL)；⑥K-B 指示剂(0.2g 酸性铬蓝 K 和 0.4g 萘酚绿 B，加水至 100mL)。

2) 0.02mol/ L EDTA 标准溶液的配制

(1) 初配溶液：精确称取 2.0g 乙二胺四乙酸钠于 100mL 温水中，溶解后移入 250mL 容量瓶中，加水稀释至刻度，摇匀后转入聚乙烯塑料瓶中(因 EDTA 能使玻璃中的金属溶出!)。

(2) 溶液浓度的标定：移取 25.00mL $CaCO_3$ 标准溶液于锥形瓶中，加入 20mL 氨性缓冲溶液和 2~3 滴 K-B(酸性铬蓝 K-萘酚绿 B 混合指示剂)指示剂，用 0.02mol/L EDTA 溶液滴定至溶液由紫红色变为蓝绿色，即为终点。平行标定 2~3 次，计算 EDTA 溶液的准确浓度。

3) $CaCO_3$ 标准溶液的配制

准确称取 120℃干燥过的 $CaCO_3$0.52~0.55g，置于 250mL 烧杯中，用少量水湿润，盖上表面皿，慢慢滴加 1∶1 HCl 10mL，使其溶解，稀释后移至 250mL 容量瓶中，计算其准确浓度。

4) 测定步骤

量取水样 100mL 于锥形瓶中，加氨性缓冲溶液 5mL，1∶1 三乙醇胺溶液 5mL，EBT 指示剂 2~3 滴，用 EDTA 标准溶液滴定至溶液由紫红色变为蓝色，即为终点(滴定时，因反应速率较慢，在接近终点时，标准溶液应慢慢加入，并充分摇动)。平行测定 3~4 次，计算水的总硬度，以度(°)报告分析结果。

4. *有关水的硬度的计算*

用 EDTA 标准溶液滴定时，1mol EDTA 相当于 1mol CaO(为什么？)，故得

$$m_{CaO} = C_{EDTA} \cdot V_{EDTA} \times \frac{1}{1000} \times M_{CaO} \times 1000$$

$$水的硬度 = \frac{m_{CaO}}{10} \times \frac{1000}{V_{水}}$$

式中，m_{CaO} 为 CaO 的质量(mg)；C_{EDTA} 为 EDTA 浓度($mol \cdot L^{-1}$)；V_{EDTA} 为用去的 EDTA 体积(mL)；M_{CaO} 为 CaO 的摩尔质量($g \cdot mol^{-1}$)。

5. 水硬度测定的其他方法

除配位滴定法测定水的硬度外，还有分光光度法、火焰原子吸收法和目视比色法等。若水样有干扰离子存在时，用掩蔽法消除。

参考文献

陈荣三，张树成，黄孟健，等. 1995. 无机及分析化学(第二版). 北京：高等教育出版社: 452-517.

华中师范大学，东北师范大学，陕西师范大学，等. 2001. 分析化学(上册，第三版). 北京：高等教育出版社: 152-195.

刘淑萍，苏秀运，张晓丽.1996. 一种快速测定离子交换硬度的方法——铬黑 T、甲基红目视比色法. 工业水处理, 16(2): 19, 27-28.

文庆城. 2003. 化学实验教学研究. 北京：科学出版社: 186-191.

张文会，卢抗美，储黎娟. 2000. 火焰原子吸收法间接测定水中硬度. 中国卫生检验杂志, 10(1): 57-58.

张艳华. 2001. 络合滴定实验中滴定条件的控制. 辽宁师专学报, (3): 98-100.

周宁怀. 1998. 微型无机化学实验. 北京：科学出版社: 215-216.

实验 23 污水中化学耗氧量(COD)的测定

[实验目的]

(1) 了解化学耗氧量(chemical oxygen demand, COD)的基本含义及其在环境监测中的应用。

(2) 掌握 $KMnO_4$ 法测定水样中 COD 的原理和方法。

(3) 通过实验探究，提高师范生的实验设计能力和运用知识解决日常社会生活问题的能力。

(4) 学习和体验研究性学习实验，探讨组织中学生进行该研究性实验学习的教学方法。

[实验原理]

化学需氧量又称化学耗氧量，是表示水体或污水污染程度的重要综合性指标之一，也是环境保护和水质监测中经常需要测定的项目。通常可利用化学氧化剂(如高锰酸钾)将废水中可氧化物质(如有机物、亚硝酸盐、亚铁盐、硫化物等)氧化分解，然后根据残留的氧化剂的量计算出氧的消耗量。COD 的值越高，说明水体污染程度越重。COD 的测定方法，不仅有高锰酸钾氧化法，还有高锰酸钾低温氧化法(氧吸收量)和重铬酸钾氧化法。化学需氧量常由于氧化剂的种类、浓度及氧化条件等的不同，导致对有机物质的氧化率不同。因此，在排水中存在有机物的情况下，COD 必须在同一条件下测定才可进行对比。

本实验采用酸性高锰酸钾法测定 COD。在酸性条件下，向被测水样中定量加入高锰酸钾溶液，使高锰酸钾与水样中有机污染物充分反应，过量的高锰酸钾则可加入一定量的草酸钠还原。最后用高锰酸钾溶液返滴过量的草酸钠(对于反应较慢或溶解较慢的固体试样采用“返滴定”法可以得到较满意的结果)。

计算水样的耗氧量所涉及的主要化学反应方程式如下：

$$4MnO_4^-(\text{过量})+5C+12H^+ = 4Mn^{2+}+5CO_2\uparrow+6H_2O\ (100℃)$$

$$2MnO_4^-(\text{剩余})+5C_2O_4^{2-}(\text{过量})+16H^+ = 2Mn^{2+}+10CO_2\uparrow+8H_2O\ (65\sim85℃)$$

$$5C_2O_4^{2-}(\text{剩余})+2MnO_4^-(\text{滴定液})+16H^+ = 2Mn^{2+}+10CO_2\uparrow+8H_2O$$

[实验内容与问题讨论]

在个人搜集有关资料、预习及思考的前提下，以研究小组为单位讨论解决下列问题：

(1) 化学耗氧量的含义是什么？

(2) 生活污水与工业污水的测定方法是否一样？

(3) 实验开始时对高锰酸钾溶液标定的原因是什么？

(4) 高锰酸钾溶液过量后采用哪种试剂进行处理？

(5) 如何进行准确滴定？

(6) 水样加入高锰酸钾溶液加热后，若紫红色消失说明什么？应采取什么措施？

(7) 水样中 Cl^- 含量高时对测定有何干扰？应采用什么方法消除？

(8) 清洁地面水、轻度污染的水源、严重污染的水源，COD 值有何区别？

(9) 为了使滴定反应能够定量、较快进行，应该控制好哪些主要条件？并逐一分析。

[实验用品]

器材：酸式滴定管、锥形瓶、250mL 容量瓶、分析天平、电炉、移液管。

药品：3mol/L 硫酸、高锰酸钾溶液、5%硝酸银溶液、草酸钠固体。

[实验研究步骤]

1. 实验研究方案的设计

研究小组在“实验内容与问题讨论”的基础上，设计出本课题实验研究的初步方案。

设计实验方案时应注意：

(1) 设计一个生活污水中化学耗氧量测定的具体操作实验方案。

(2) 在使用有关溶液滴定时，要准确记录溶液的用量。

(3) 移液和滴定的过程中注意操作细节。

2. 实验研究方案的介绍与评析

由组长或组员代表介绍本组设计的实验方案，教师组织学生评析。本实验对研究方案的评议应重点围绕以下内容进行：

(1) 选择的实验条件是否合理。

(2) 实验操作过程是否科学。

(3) 在移液和滴定的过程中是否注意规范、正确的操作。

(4) 实验数据是否进行表格化处理。

3. 实验探究

各研究小组按评析后调整的研究方案进行实验探究，教师参与一个小组的实验研究或巡视指导。

4. 实验研究结果的表达交流

各研究小组汇报本组实验研究的方法、结果及存在的问题，并展示最后测定的结果。教师组织学生讨论、评议，并在此基础上，进行小结，评优，强化和激励研究性学习活动，以促进学生探究精神的培养和实践能力的提高。

5. 实验教学研究结果报告

结合实验报告重点总结如下内容：

(1) 列表计算出草酸钠溶液和高锰酸钾溶液的浓度，正确记录高锰酸钾溶液用量，正确计算出化学需氧量(COD)。

(2) 分析本实验的成败关键及注意事项。

(3) 组织中学生进行此研究性学习实验。方案应包括实验的组织形式、对实验研究方案设计的要求、教师指导内容、学生讨论交流的内容与形式、研究结果的表达方式等；

(4) 本次实验的最大收获或体会。

[相关资料链接]

COD 的测定目前多采用 $KMnO_4$ 和 $K_2Cr_2O_7$ 两种方法。对于工业废水，我国规定用重铬酸钾法测定，测得的值称为 COD_{Cr}。对于地表水、地下水、饮用水和生活污水，则可以用高锰酸钾法进行测定。根据测定时溶液的酸度可以将高锰酸钾法分为酸性高锰酸钾法和碱性高锰酸钾法，分别记作 COD_{Mn}(酸性)、COD_{Mn}(碱性)。以高锰酸钾法测定的 COD 值，有文献又称为“高锰酸盐指数”。清洁地面水中有机物的含量较低，COD 小于 $3\sim4mg\cdot L^{-1}$。轻度污染的水源 COD 可达 $4\sim10mg\cdot L^{-1}$，若水中 COD 大于 $10mg\cdot L^{-1}$，认为水质受到较严重的污染。清洁海水的 COD 小于 $0.5mg\cdot L^{-1}$。

本实验主要讨论用酸性 $KMnO_4$ 法测定生活污水中的 COD。

1. 标定高锰酸钾溶液

(1) 准确称取 0.42g 左右的草酸钠溶液于少量蒸馏水中，转移至 250mL 容量瓶中定容，计算此草酸钠标准溶液的浓度。

(2) 取 20.00mL 的草酸钠标准溶液置于 250mL 锥形瓶，加 10.00mL 3mol/L 的硫酸酸化，加热至 70~80℃，趁热用高锰酸钾滴定，记录高锰酸钾的用量，根据反应方程式计算高锰酸钾溶液的浓度。

2. 水样的测定

视水质污染程度准确移取 10~100mL 水样于 250mL 锥形瓶中，用蒸馏水稀释至 100mL，加 10mL 3mol/L 的硫酸，再加入 5%的硝酸银溶液 5mL 以除去水样中的 Cl^-(当水中 Cl^-浓度很小时，可以不加硝酸银)，摇匀后准确加入已标定的高锰酸钾溶液 10.00mL(V_1)，将锥形瓶置于沸水浴中加热 30min，氧化需氧污染物。稍冷却后(约 80℃)，加草酸钠标准溶液 10.00mL，摇匀(此时溶液为无色)，在 70~80℃的水浴中用高锰酸钾溶液滴定至微红色，30s 内不褪色即为终点(终点时溶液温度不应低于 60ºC)，记录高锰酸钾溶液用量(V_2)。

在 250mL 锥形瓶中加入蒸馏水 100mL 和 3mol/L 的硫酸 10mL，移入草酸钠标准溶液 10.00mL，摇匀，在 70~80℃的水浴中，用高锰酸钾溶液滴定至微红色，

30s 内不褪色即为终点(终点时溶液温度不应低于 60℃)，记录高锰酸钾溶液用量(V_3)。

3. 空白实验

在 250mL 锥形瓶中加入蒸馏水 100mL 和 3mol/L 的硫酸 10mL，也在 70~80℃下，用高锰酸钾溶液滴定至微红色，30s 内不褪色即为终点(终点时溶液温度不应低于 60℃)，记录高锰酸钾溶液用量(V_4)。

按下式计算化学需氧量 COD_{Mn}：

$$COD_{Mn}=\{[(V_1+V_2-V_4)\cdot f-10.00]\times c(Na_2C_2O_4)\times 16\times 1000\}/V_s$$

式中，$f=10.00/(V_3-V_4)$，即每毫升高锰酸钾相当于 f mL 草酸钠标准溶液；V_s 为水的体积；16.00 为氧的相对原子质量。

[注意事项]

(1) 在常温下高锰酸钾和草酸钠之间的反应速率缓慢，因此滴定的速度不宜过快，若滴定过快，部分高锰酸钾将来不及跟草酸钠反应，从而在酸性溶液中分离。

$$4MnO_4^-+4H^+ = 4MnO_2+3O_2\uparrow+2H_2O$$

为加快反应，可加热溶液(但温度不宜过高，温度过高易引起草酸钠的分解)。此外，Mn^{2+}对高锰酸钾和草酸钠的反应有促进作用，所以反应速率逐渐加快。

(2) 高锰酸钾的颜色较深，液面的弯月面下沿不易看出，滴定管读数时应以液面上沿最高线为准。

(3) 本实验在加热氧化有机污水时，完全敞开。如果水样中易挥发性化合物含量较高，应使用回流冷凝装置加热，否则会使结果偏低。此外，水样中 Cl^-在酸性高锰酸钾中能被氧化，会使结果偏高。

污水水样中有机物的种类繁多。主要含有烃类、脂肪、蛋白质以及挥发性物质(如乙醇、丙酮等)的生活污水和工业废水中 90%以上的有机物可以被氧化，但像吡啶、甘氨酸等有机物则难以氧化。在实际测定中，氧化剂种类、浓度和氧化条件等对测定结果均有影响，所以必须严格规定操作步骤，并在报告结果时注明研究所用的方法。

[拓展迁移]

水体需氧有机物污染指标。需氧污染物一般指本身无毒，但在微生物作用下分解时需要消耗大量溶解氧的物质，主要是有机物，如碳水化合物、脂肪、蛋白质、氨基酸等。需氧污染物的存在，有可能使水中溶解氧大量减少甚至耗尽，使水质恶化。这是由于水中缺氧时，厌氧菌大量繁殖，在无氧条件下利用有机物作养料，在厌氧呼吸等一系列复杂的过程中，常伴有硫化氢、氨等带有恶臭的气体产生。

人们通常用单位体积的水中需氧物质生化分解过程所消耗的氧量，即生化需氧量(biochemical oxygen demand, BOD)或在对规定条件下用强氧化剂处理水样时，有机物所需要消耗该氧化剂的量——COD 作为水体中需氧有机物含量的指标。

生化需氧量是指一定条件下，水中有机物由微生物作用进行生化氧化，在一定时间内所消耗溶解氧的量，单位为 $mg \cdot L^{-1}$。微生物分解有机物的过程缓慢，若将可分解的有机物全部分解，需要 100 天以上的时间，温度不同，分解速度也不一样。目前国内外普遍采用的标准为：20℃，生化氧化时间为 5 天，这样测得的结果称为五日生化氧化量，以 BOD_5 或 BOD_5^{20} 表示。BOD_5 小于 $1mg \cdot L^{-1}$ 表示水体清洁；$3\sim4mg \cdot L^{-1}$ 表示已受污染，数值越大污染越严重。

化学需氧量指水样在规定条件下用强氧化剂处理时，有机物所需要消耗该氧化剂的量，以氧的 $mg \cdot L^{-1}$ 表示。根据所用氧化剂的种类，在测定 COD 时，可分为 $KMnO_4$ 法和 $K_2Cr_2O_7$ 法，报告 COD 时，一定要注明测定方法。

中华人民共和国国家标准(污水综合排放标准) (GB8978—1996，1999 年 12 月 15 日批准)规定 1997 年之前的城镇二级污水处理厂处理后水的 COD 值一级标准为 $60mg \cdot L^{-1}$，二级标准为 $120mg \cdot L^{-1}$，其他排污单位的 COD 值一级标准为 $100mg \cdot L^{-1}$，二级标准为 $150mg \cdot L^{-1}$，三级标准为 $500mg \cdot L^{-1}$，我国某些工业废水、城市污水中 BOD_5 与 COD 值如表 9-5 所示。

表 9-5 我国某些工业废水、城市污水中 BOD_5 与 COD 值

污水类型	$BOD_5/(mg \cdot L^{-1})$	$COD/(mg \cdot L^{-1})$
石油加工厂	200~250	75~200
焦化厂	1420~2070	5245~7778
皮革厂	220~2250	
造纸厂	2077~2767	
印染厂	350	1100
一般城市污水	38~65	111~162
混有工业废水的城市污水	83~207	395~828

与 BOD 相比，COD 的测定不受水质条件限制，测定时间短，而 BOD 时间长，对毒性大的废水因微生物活动受到限制而难以测定。但 COD 不能表示微生物所能生化氧化的有机物量，而且化学氧化剂不能氧化全部有机物，反而把某些还原性无机物也氧化了。所以采用 BOD_5 作为有机污染程度的指标较为合适，在水质

条件受到限制不能做 BOD 测定时，可用 COD 代替，在水质相对稳定的条件下，COD 与 BOD 之间有一定关系：K_2CrO_7 法 COD＞BOD_5＞$KMnO_4$ 法 COD。

参考文献

郭红梅. 2005. COD 速测仪测定工业污水中的化学耗氧量. 内蒙古石油化工, (6): 31-32.
李广洲, 陆真. 2010. 化学教学论实验. 北京: 科学出版社: 150-153.
唐圣钧, 石磊, 赵由才. 2005. COD 测定方法的发展与研究动态. 四川环境, 24 (1): 40-43.
王冬梅. 2002. 分析化学实验. 武汉: 华中科技大学出版社: 123-130.
于丽艳, 董海泉. 2002. 水中化学需氧量测定方法的改进——快速开管法. 黑龙江环境通报, (1): 80-81.

第 10 章　现代信息技术在化学实验教学中的应用

实验 24　传感器在化学实验中的应用

[教学目标]

(1) 了解中学化学实验中常用的传感器及其使用原理。

(2) 训练在化学实验中使用传感器的实验操作技能。

(3) 探讨组织学生使用传感器进行实验的教学方法。

[问题研讨]

(1) 电离度的影响因素有哪些？溶液电离度的测定方法有哪些？通过测 pH 求算溶液的电离度是否可行？

(2) 溶液 pH 的测定有几种方法？每种方法的基本原理、实验关键是怎样的？

(3) 用 pH 传感器测量溶液 pH 的优缺点各是什么？

(4) 本实验对学生能力的发展有什么促进作用？

(5) 如何组织学生开展本实验探究？本实验对中学生的情感、态度、价值观有何作用？

[实验方案设计]

三个人一组，每人从影响溶液电离度的温度、浓度和外加电解质三种因素中选择一种进行探究。根据后面的“相关资料链接”和自己查阅的相关资料，自己设计所选择将要探究的电离度的影响因素实验方案。测定数据共享，实验结束后三人共同完成“电离度的影响因素的实验探究”的实验报告。

[实验过程]

(1) 根据自己所选择的影响电离度的因素的实验设计方案进行实验操作。

(2) 实验操作过程中，根据前面[问题研讨]里的讨论要点，尽量减少实验失误。

[实验教学反思]

1. 实验报告

(1) 本次实验研究的结果及其温度、浓度、外加电解质三种影响因素的比较；

(2) 自己在本次实验中的成功经验或失败教训；

(3) 结合自己的实验操作过程，重新修改实验方案，制订出你认为最佳的实验方案；

(4) 影响溶液电离度的其他因素或测定电离度的其他方法。

2. 教师对学习者的总体表现进行评价(一般放在下次实验之前)

教师从学习态度、方案设计、实验操作技能、实验结果、实验报告等方面进行总结，对探究过程设计优秀者予以肯定、鼓励，对探究过程设计不合理者分析原因。

[相关资料链接]

1. 手持实验技术简介

手持实验技术是一套先进的便携式数据采集系统，可以利用它对许多自然现象和科学实验进行探究性学习。

图 10-1 是一个简单而又典型的利用手持技术进行科学探究的装置，主要由两部分组成：Multilog 数据采集器和传感器(sensor)。

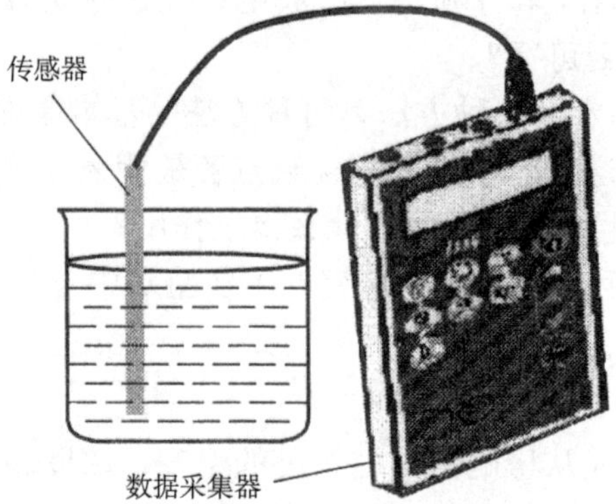

图 10-1　简单的数据采集装置

传感器是一系列根据一定的物理化学原理制成的物理化学量的感应器具，它们能把外界环境中的某个物理化学量的变化以电信号的方式输出，再经数据模拟装置转化成数据或图表的形式在数据采集器上显示并存储起来。中学化学教学中进行科学探究常用到的传感器，有温度传感器、pH 传感器、溶解氧传感器、电导率传感器、压力传感器、色度传感器等。

手持技术集数种优点于一身，最突出的优点如下。

(1) 便携。数据采集器和传感器都较小，在手掌上就可以操作。其便携性可让师生们能随时随地进行探究活动，并储存实验的过程和结果，利用科学的手段进行分析，使得学生局限于在传统实验室用传统方法进行传统实验的现状得到彻底改变。

(2) 实时。数据变化过程与实验过程同时进行。如果与计算机连接，就能将变化过程中的各种形式同时演示出来。另外，通过微型摄像机还可以将实验的整个操作过程演示并储存起来，以后可以实时演示并可在网上传播。

(3) 准确。既可以由机器或电脑自动收集实验数据，时间间隔从 1s 到 1h 任意选择，又可以人工控制收集。

(4) 综合。可以与各种探头连接，进行物理、化学、生物、体育、环境、气象等学科的实验和探索研究。

(5) 直观。可以用图像、指针、刻度计、表格等多种形式动态实时地显示实验的变化过程。可以从自己喜欢的一种显示方式中任意查看某一刻、某一段时间或整个过程的实验数据。

与手持实验技术配套的快速实验数据处理程序——DB-Lab，是一种基于 Windows 操作系统的简便、功能强大的应用程序，利用它我们可以处理数据、绘制图表和进行数学建模，还可以把数据输出到 Excel 进行更复杂的处理。DB-Lab 实现了手持技术与多媒体计算机和 Internet 的连接，可以通过计算机来处理和反复多重的演示实验现象。对于难度较高、具有危险性或无条件做的实验，可以通过 Internet 网上操作远程实验室来实现。这是一个融教育性和娱乐性于一身的科学实验系统，如图 10-2 所示。

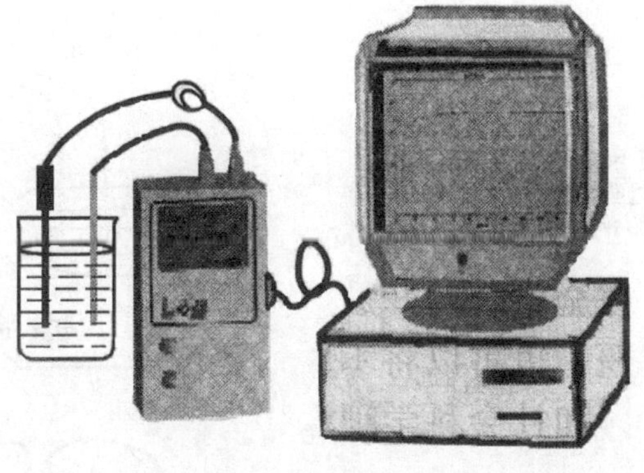

图 10-2　传感器和多媒体组成的实验系统

DB-Lab 软件是与数据采集器配合使用的可在 Windows 系统中安装使用的应用软件，其主要功能总结如下：

(1) 可与数据采集器联机，设置数据采集的有关参数，完成数据采集器界面上所有按键具有的功能。

(2) 可下载数据采集器中存储的实验数据，可以将采集到的数据绘制成图表，以 100s 或更高的速率重现数据变化过程，模拟实时显示。其较高版本还可以将实验过程拍摄下来转化成视频文件，与实验数据的变化过程同步播放，重现实验过程，形象(视频)、直观而且真实，数据、图像、形象可在网络上传播，便于远程实验教学。

(3) 可以对绘制成的图表的显示方式进行编辑，也可以对图表的尺寸进行调节。

(4) 可以对所得数据进行求平均值、求导、线性回归、微分、积分等函数计算。

表 10-1 为国内外进行的具有典型代表意义的手持技术在化学学习中的研究课题。

表 10-1　国内外手持技术在化学学习中的研究课题

实验课题及简介	实验装置
酸碱滴定——氢氧化钠和盐酸的反应：用温度传感器和 pH 传感器跟踪酸碱中和反应过程中溶液温度和 pH 的变化，得到统一坐标系中的 pH 和温度的变化曲线	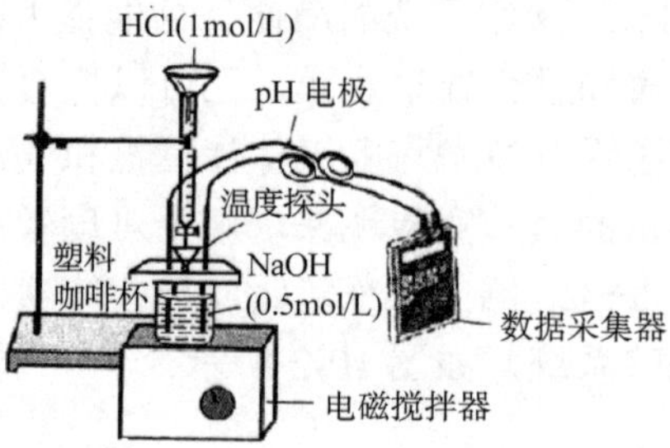
放热反应——氢氧化钠溶于水：用温度传感器和 pH 传感器跟踪氢氧化钠溶解过程中温度和 pH 的变化，探讨氢氧化钠溶解过程的热效应和 pH 变化的影响因素	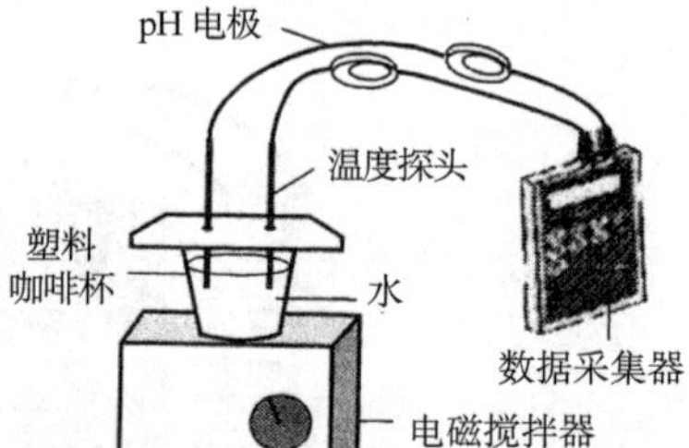
化学催化作用——二氧化锰存在时的双氧水分解：用压力传感器分别跟踪两瓶加与不加二氧化锰时双氧水分解过程中的压力变化，通过分析所得压力的变化曲线，探讨催化剂对反应速率的影响	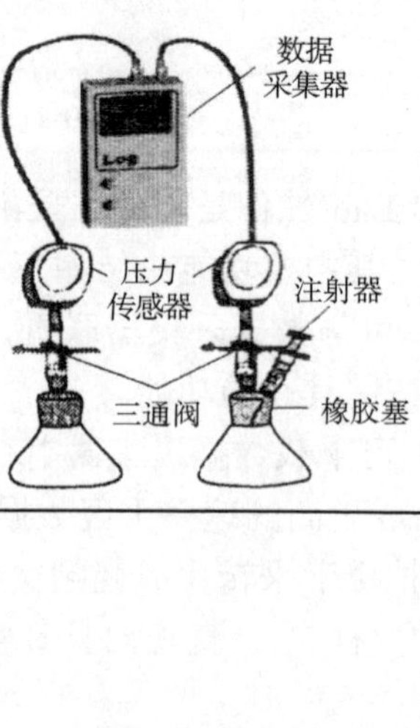

续表

实验课题及简介	实验装置
盐水电导率：用电导率传感器跟踪盐溶解于水的过程中溶液电导率的变化，通过分析得到的电导率变化曲线，并进行数学建模，得到不同盐的溶解方程，进一步讨论盐的溶解速率和影响因素	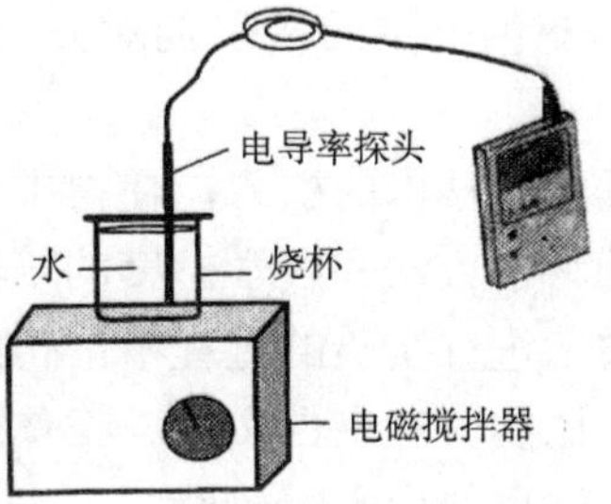
二氧化碳使蜡烛火焰熄灭：点燃烧杯中的蜡烛，将 CO_2 缓缓倒入烧杯中，利用光强度和二氧化碳传感器分别跟踪燃烧过程的变化。通过分析光强度和二氧化碳浓度的变化，定量地体验二氧化碳使蜡烛熄灭的过程	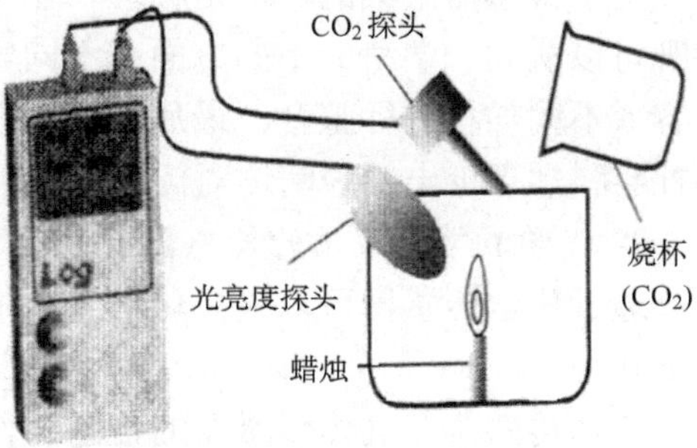

2. 传感器技术在新课程化学实验教学中的应用

传感器技术引入之前，在进行一些实验内容教学时，只能选取某些有特定现象的反应来进行演示，然后根据特定的现象来定性地推断反应的实质，传感器技术的引入，使类似的演示上升到定量地揭示反应实质的层次，它通过具体测定数据来客观地呈现反应实质。例如，在进行化学(必修 1)“离子反应的本质”的教学时，如何让学生理解“离子反应的实质是反应总是朝着某些离子浓度减少的方向进行”，传统实验是通过演示“向 $CuSO_4$ 溶液里加入 $BaCl_2$ 溶液”，通过观察溶液中 Cu^{2+} 的颜色无明显变浅来证明 Cu^{2+} 没有参加反应，显得比较牵强，如果遇到一些无颜色变化的离子反应时学生就更难理解了。又如，在研究“往 NaCl 溶液中滴加 $AgNO_3$ 溶液”的离子反应本质时，就很难证明 Na^+ 没有参加反应。如果利用离子选择性传感器，问题就会变得简单明了，可用 Na^+ 选择性传感器测定 Na^+ 浓度没有明显减小，也可用 Ag^+ 选择性传感器测定 Ag^+ 浓度在沉淀量达到最大时几乎为零，两种离子浓度的变化充分证明该反应的实质是 $Ag^+ + Cl^- \xlongequal{} AgCl\downarrow$。所以，有了传感器技术后，单纯依靠特定的实验和特定的现象来解释反应实质的局面得到扭转，实验内容和实验对象有了很大的拓宽。再如，原来一些常见的问题，采用了新的思考问题的方法，可能会有全新的解决方案。例如，酸碱中和滴定，使用 pH 传感器，不断测量标准液滴入待测液过程中的 pH，通过图形计算器记录测得的 pH 并绘制 pH-V 曲线，从曲线中判断等当点并找出对应的体积，并可直观地获得酸碱中和滴定“突跃”曲线，反过来，学生对传统方法中“选用不同变色范围的指示剂对滴定终点的判断的影响是很小的”的理解就更加透彻了。

传感器技术的引入，使得中学教育能更多地引入定量化学实验，使新课标所强调的科学方法和科学态度的培养有了更多、更合适的切入点。例如，在应用传感器技术进行实验的过程中，传感器技术可以逐步使学生掌握控制变量的研究方法、对比实验和空白实验、工作曲线法等科学实验的方法，使学生思考、处理问题的方法也得到不断拓展。

由于传感器采集的可以是物理、化学、生物、环境、气象等学科的数据，因此既可以从同一学科的不同方面或不同学科的多角度来研究问题，又可以将不同内容或不同学科进行整合，最后还可以建立数学模型来分析，从自然科学实证或从社会科学理论出发来阐述对问题的解释，为跨学科综合实践教学开辟了新道路。

3. 化学教学中常用的传感器

通过化学传感器可以采集化学实验中所需的各种数据，常见的化学传感器有以下几种。

气体传感器：气体传感器的传感元件多为氧化物半导体，有时在其中加入微量贵金属作增敏剂，增加对气体的活化作用。对于电子给予性的还原性气体如氢、一氧化碳、烃等，用 N 型半导体；对接受电子性的氧化性气体如氧，用 P 型半导体。传感元件是将半导体以膜状固定于绝缘基片或多孔烧结体上做成的。气体传感器又分为半导体气体传感器、固体电解质气体传感器、接触燃烧式气体传感器、晶体振荡式气体传感器和电化学式气体传感器。

湿度传感器：湿度传感器是测定气氛中水汽含量的传感器，又分为电解质式、高分子式、陶瓷式和半导体式湿度传感器。

离子传感器：离子传感器是对离子具有选择响应的离子选择性电极。它的测量是基于对离子选择性响应的膜产生的膜电位。离子传感器的感应膜有玻璃膜、溶有活性物质的液体膜及高分子膜，使用较多是聚氯乙烯膜。

温度传感器：温度传感器可测量环境的温度，根据不同的待测温度需选择不同的温度传感器。不同的温度传感器有不同的测量范围，最高可测量 1000℃左右的高温。

电流传感器：电流传感器可测量电流，常用于电化学实验。

电压传感器：电压传感器可测量电压，常用于在电化学实验中测电动势。

pH 传感器：pH 传感器可快速、精确地测量出溶液的 pH(精确到小数点后两位)。

电导率传感器：电导率传感器可测出溶液的电导率，了解溶液的导电能力。

溶解氧传感器：溶解氧传感器可测出水体中的溶解氧，常用于水质分析。

离子选择性传感器：目前有 Ca^{2+}、NH_4^+等各种特定离子的选择性传感器，通过这些传感器，可以测出相应离子的浓度。

二氧化碳传感器：二氧化碳传感器可测量环境中的二氧化碳浓度。

滴数传感器：滴数传感器可测出从滴定管等容器中滴出的液滴的数量，常用于自动滴定。

气压传感器：气压传感器可用于监测实验环境的气压。

4. *电离度影响因素*

电离度就是当弱电解质在溶液里达到电离平衡时的百分数[溶液中已经电离的电解质分子数占原来总分子数(包括已电离和未电离的)]。同一电解质在不同的外界因素影响下电离度是不同的，不同的因素对电离度有不同的影响。

通常影响电离度的因素可能有以下 3 方面：温度、浓度、外加电解质。下面以乙酸为例(0.2mol/L)，利用 Multilog 数据采集系统实时跟踪溶液 pH 的变化，分析电离度的变化，探究以上 3 个因素对电离度的影响。

温度的影响：当电解质电离成离子时，一般需要吸收热量，所以温度升高，平衡一般向电离的方向移动，从而使电解质的电离度增大，溶液的 pH 会逐渐减小。

浓度的影响：同一电解质，通常是溶液越稀，离子互相碰撞而结合成分子的机会越少，电离度就越大，溶液的 pH 就会逐渐减小。

加入乙酸钠的影响：乙酸溶液中存在电离平衡 $HAc \rightleftharpoons H^+ + Ac^-$，加入乙酸钠固体后，溶液中的 Ac^-浓度迅速增大，平衡向电离的反方向移动，使电离度减小，溶液的 pH 会增大。

电离度三种影响因素的探究过程(仅供参考)

1) 温度对电离度的影响

实验设置：采集速率为 1 个/s；采样总数为 500 个。

实验步骤：

(1) 将一个温度传感器和一个 pH 传感器分别插入一台数据采集器的两个插孔中，并将数据采集器和计算机连接起来；

(2) 将一盛有适量稀乙酸的烧杯放在搅拌器上，将温度传感器和 pH 传感器插入溶液中的合适高度；

(3) 搅拌并打开加热开关加热；

(4) 开启数据采集器，采集数据。

2) 浓度对电离度的影响

实验设置：采集速率为 1 个/s；采样总数为 500 个。

实验步骤：

(1) 将一个 pH 传感器插入一台数据采集器的插孔中，并将数据采集器和计算机连接起来；

(2) 将一盛有适量稀乙酸的烧杯放在搅拌器上，将 pH 传感器插入溶液中的合适高度；

(3) 在烧杯的旁边固定一根滴定管，滴定管内盛有蒸馏水；

(4) 开始搅拌，并打开滴定管的活塞，让蒸馏水缓缓流下；

(5) 开启数据采集器开始采集数据。

3) 加入乙酸盐对乙酸电离度的影响

实验设置：采集速率为 1 个/s；采样总数为 500 个。

实验步骤：

(1) 将一个 pH 传感器插入一台数据采集器的插孔，并将数据采集器和计算机连接起来；

(2) 将一盛有适量稀乙酸的烧杯放在搅拌器上，将 pH 传感器插入溶液中的合适高度；

(3) 搅拌片刻后，迅速加入适量的乙酸钠固体，继续搅拌；

(4) 开启数据采集器，采集数据。

参考文献

黄碧芸, 钱扬义. 2011. 手持技术与化学整合的研究进展——以中国知网 CNKI2003 年至 2010 年文献为例. 中国电化学教育, (11): 95-101.

黄晓东. 2006. 试论信息技术与化学课程整合的三种模式. 中国电化教育, (4): 32-33.

钱扬义, 邓峰. 2006. 数字化化学探究实验室的建设与学生探究能力的培养. 中国电化学教育, (11): 49-52.

袁廷香. 2011. 浅谈信息技术与化学教学的整合. 中国科教创新导刊, 1: 12-14.

赵呈领, 杨琳, 刘清堂. 2010. 信息技术与课程整合. 北京: 北京大学出版社: 2-6.

朱鹏飞, 马宏佳, 杜静. 2009. 一种有效的实验研究模式——利用传感技术对吸热反应热效应的实验研究. 化学教育, (12): 62-63.

左伯莉, 刘国宏. 2007. 化学传感器原理及应用. 北京: 清华大学出版社: 1-4, 10-13.

实验 25　计算机模拟实验教学

[教学目标]

(1) 学习化学实验的多媒体教学课件设计、计算机辅助教学(CAI)课件的制作。

(2) 探讨利用计算机模拟实验辅助实验教学的方法，训练演示技能。

(3) 掌握计算机模拟实验在化学实验教学中的作用及其应用范围。

(4) 探讨组织中学生进行计算机模拟实验教学的教学策略。

[问题研讨]

(1) 在中学化学演示实验中，哪些类型的实验使用计算机模拟演示更有意义？

(2) 与普通实物实验相比，计算机模拟演示实验有哪些优点和缺点？

(3) 利用计算机模拟实验进行教学时，应注意哪些问题？

(4) 本实验对中学生能力的发展有什么促进作用？

(5) 如何组织中学生开展本实验探究？对中学生的情感、态度、价值观有何作用？

[实验方案设计]

在阅读本实验中“相关资料链接”及与计算机模拟实验教学内容有关的文献的基础上，依据自己所选实验内容和计算机应用软件，设计制作计算机模拟实验的中学教学课件。

(1) 从适合计算机模拟演示的实验类型中，自选一类相应的实验，设计制作一个计算机辅助教学(CAI)课件，并进行模拟实验演示教学。

(2) 根据实验目的、内容，设计利用自己制作的模拟实验课件制作演示教学的微型教案。

(3) 模拟实验课件的设计制作报告和设计的演示教案应在课前完成并交给老师审阅。

设计时应注意：

(1) 制作教学课件应在掌握一定的计算机和课件制作知识和技能的基础上进行。

(2) 设计制作计算机模拟实验课件时，应根据每个实验的原理、目的和内容，尽可能使演示的内容生动、有趣，能逼真地反映真实的实验内容；尽可能便于学生观察、理解和接受，并要注意演示实验的科学性、可接受性和创新性。

(3) 设计制作的软件要遵循中学生的思维特点和认知发展规律，通过颇具连续性和层次性的动画演示和说明，让中学生轻而易举地认识实验的本质和规律。

[实验过程]

(1) 根据自己制作的计算机模拟实验演示课件和设计的计算机模拟实验教学

方案进行计算机模拟实验演示教学。

(2) 在演示教学过程中，根据前面讨论的在演示教学过程中应注意的事项，尽量减少犯错。

[实验教学反思]

1. 实验研究报告

主要包括如下内容：

(1) 适合计算机模拟化学实验的内容。

(2) 制作计算机模拟实验课件的一般步骤。

(3) 计算机模拟实验课件的自我完善。

(4) 自己在本次实验中的成功经验或失败教训。

2. 教师对学习者的总体表现进行评价

教师从学习态度、课件制作、方案设计、演示教学技能、实验研究报告等方面进行总结。

评价实验课件制作的方案时应重点围绕以下几点进行：

(1) 模拟实验的科学性，是否有伪科学的地方。

(2) 模拟实验的可接受性，是否生动、有趣，易于被学生接受。

(3) 模拟实验的逼真性，是否逼真地反映了变化的实质。

(4) 模拟实验是否与启迪思维相结合，引导学生透过现象看本质。

(5) 对于某些实验，是否可以将实物实验和模拟实验相结合。

(6) 演示技能的运用如何。

[相关资料链接]

以下资料可供参考，你还可以继续查阅有关资料。

1. 计算机模拟化学实验的适宜内容

化学是一门以实验为基础的学科。现代化学教学要求加强实验教学，而有些贵重、有毒、有危险的化学药品与化学实验以及常规方法难以实现的化学反应无法在课堂上向学生演示。另外，有些化学实验现象不明显或虽然明显，但主要现象却转瞬即逝；同时，传统的化学实验在具体操作时还有可能得不到期望的结果或者完全失败。而计算机模拟化学实验能够利用计算机技术根据教学的需要不受时空限制地任意进行调控，帮助学生更好地观察和分析实验。

1) 模拟疑难实验

中学化学中有许多疑难实验，如木炭还原 CuO 的实验、溴苯制备实验、N_2 与 H_2 合成氨的实验、SO_2 催化氧化为 SO_3 的实验、温室效应实验、酸雨形成实验等，虽然有很多有识之士对这些实验进行了研究，但效果仍不十分理想，上课演示时要么不成功，要么现象十分模糊。将这些实验采用多媒体 CAI 模拟，不仅可以达到与实际演示同样逼真的效果，而且还可以防止实际演示可能的失败，提高课堂教学效率。

2) 模拟有毒、贵重、危险系数高的实验

课堂化学实验特别是学生实验一般总尽量选择较安全的实验，然而在中学化学中有许多危险的实验，如 H_2 与 F_2 的反应、HF 的制备、氢气与氧气混合爆炸实验、一些碱金属与水的反应等，在反应过程中反应剧烈，容易爆炸，造成器皿损坏，人员伤亡。同时还有一些实验药品有剧毒，造成环境污染，人员中毒，如 H_2S 的性质与制取实验，CO、SO_2、Cl_2 等毒性实验。并且一些实验需要的药品、仪器贵重，学校难以负担，如银镜反应、黄金溶于王水的实验。这些实验采用多媒体 CAI 模拟，或用视频播放一些实验(主要是学校实验条件不能完成的实验，或不适宜学生实验和教师演示的危险实验)，既考虑了实验安全因素，又增强了学生的感性认识，还可以节约教学成本。

3) 模拟现象模糊，需反复观察的实验

中学化学中有许多化学实验现象并不明显或实验现象虽然明显，但由于需观察的现象比较复杂，学生在实际观察时不能一下子较全面地观察清楚，如压强对 N_2O_4 与 NO_2 平衡混合气影响的实验。利用多媒体 CAI 在演示过实验后再反复模拟，并在学生易疏忽的细节处采用放大、定格、重复等手段，动态地、对比地模拟化学实验，不但可以提供鲜明的视觉信息，还能使学生学会从不同视点、不同层次观察事物，有助于其养成良好的观察习惯。

4) 模拟反应速率过慢或过快的实验

受时间因素及课堂节奏的制约，一些反应过慢的实验如 Zn 和稀 H_2SO_4 的反应实验、$Fe_2(SO_4)_3$ 的生锈实验、胶体的电泳实验等无法在课堂上演示。同时有些化学反应瞬间完成，对其过程很难分步观察与判断，通过多媒体技术，教师可以模拟控制反应变化的速率，调整教学进度，从而便于学习者观察和思考。

5) 模拟重要的化学史实验

化学史也是一部思维史，模拟化学史实验不仅可以使学生了解化学的发展过程，而且可以让学生学会化学家的分析、思维方法，培养学生的创造能力和严谨的科学态度，如拉瓦锡发现氧气的实验、稀有气体的发现、α 粒子散射实验等。

6) 模拟化学实验原理

化学是一门宏观现象背后隐藏着微观现象的自然科学。传统的化学实验只能给学生提供物质发生变化的宏观现象，而多媒体模拟化学实验不仅可以提供物质变化的宏观现象，还可以向学生展示宏观现象中肉眼看不见的微观变化过程。例如，演示电解 $CuCl_2$ 溶液的实验后，再利用多媒体模拟其微观变化过程：通电前离子在溶液中自由移动；通电后，阴离子(Cl^-、OH^-)向阳极移动，阳离子(Cu^{2+}、H^+)向阴极移动，然后 Cl^-在阳极放电生成黄绿色气体从溶液中溢出，同时 Cu^{2+} 在阴极放电生成红色的 Cu 附着在阴极碳棒上，学生还可以看到电解过程中电子流动方向。利用多媒体模拟电解、电镀、原电池等实验，用三维动画的形式向学生提供溶液中离子运动电极上的反应以及电子的流动方向等，使学生能“看清”实验的原理和本质，突破和化解教学难点。

7) 模拟化学实验错误操作的后果

一些化学实验违规操作会引起不良后果，在传统教学中这些只能靠教师口头讲解，学生凭空想象。若用多媒体模拟违规操作，将产生的不良后果展示给学生，让学生看到错误操作的严重性，给学生以强有力的刺激，可以有效地防止错误操作的发生。例如，浓 H_2SO_4 的稀释，可以模拟将水加入浓 H_2SO_4 后，液体四处飞溅；氢气还原 CuO 的实验应先通氢气后加热，利用多媒体可模拟出先加热后通入 H_2 即发生爆炸的现象；实验室制 HCl 时，用水吸收多余 HCl，可以模拟导管伸入水中的装置，水被倒吸入烧瓶，烧瓶炸裂；用启普发生器制乙炔引起爆炸等。利用多媒体模拟错误操作的后果，使学生获得鲜明的印象，对规范操作的重要性有更加深刻的体验和认识。

8) 模拟化学实验设计

化学实验的设计与仪器的组装是中学化学的重要知识点，是培养学生实践能力的有效途径。给计算机预先设置某个实验操作的有关程序，利用计算机提供的化学仪器、药品，让学生组装仪器并进行必要的操作。学生通过鼠标或键盘来控制实验过程，不仅可以激发学生兴趣，提高学习效率，还可以最大限度地利用教学资源。

2. 计算机模拟实验教学应注意的一些问题

(1) 计算机模拟实验的地位是“辅助”，而不是“代替”，不可盲目地、不加分析地用模拟实验代替实物实验。

(2) 一切可以用实物实验去研究的教学问题决不应脱离真实的实物实验。

(3) 模拟分析与启迪思维相结合，教师应引导学生观察与思考同步，引导学生透过现象看到变化本质属性及变化规律。

(4) 避免让学生的注意力从实验本身转移到计算机上，这款软件怎么这么神奇，是怎么制作出来的？这就偏离了原先的实验目的了。

3. 制作计算机模拟实验教学多媒体课件一般步骤简介

(1) 多媒体创作工具：制作化学实验的多媒体教学软件有两种编制手段，一种是用高级程序语言(如 Visual Basic、Delphi、C++语言等)，另一种专用的工具软件，被称为多媒体创作工具。目前用的较多的多媒体创作工具有：PowerPoint、flash、authorware、director、Toolbook 以及方正奥斯多媒体创作工具、蒙泰瑶光多媒体编著系统、洪图多媒体编著系统等。前者的计算机语言专业性强，适合于专业程序员制作用。后者是专门为制作多媒体软件而设计的，这些多媒体创作工具大多数都具有可视化的创作界面，并且具有直观、交互能力强和无需编程、简单易学的特点，很适合化学专业师生使用。

(2) 化学实验的多媒体课件类型：制作化学实验的多媒体教学软件时，根据教学内容和教学目的可将课件类型分为课堂模拟演示型、学生个别学习型、练习与测验型和游戏型。

(3) 制作化学实验的多媒体教学软件的一般步骤：①选题与分析。根据演示实验的内容和目的，确定制作课件的框架和表现方法，选择合适的多媒体创作工具。②脚本设计。确定课件的具体内容后，根据实验教学目标，研究如何表现实验教学内容的方法、手段、交互方式与画面连接等。③素材收集。为了多媒体模拟演示实验效果的生动、逼真，易于观察和理解实验现象，采用文字、图像、声音、动画、影像等原始素材，这些基本素材需要通过一定的方法采集或制作，有些还需要预处理和编辑。④创作。根据脚本设计的要求，运用创作工具把各种媒体素材集成创作为一个化学实验教学课件。制作完成后，试运行检验、对实验教学课件进行修改。

(4) 所创作的多媒体课件能否达到预期的效果，取决于所用的多媒体创作工具和制作者对软件使用的熟悉程度。所以，制作课件前，了解各种多媒体创作的功能、使用方法、运行环境要求等，选好合适的多媒体创作工具并学会熟练使用，这些对所制作的多媒体课件有没有创意以及课件的最终质量有很大的决定作用。

参考文献

曹铁平, 李跃军. 2005. 多媒体模拟教学软件在化学实验教学中的作用. 白城师范学院学报, (5): 92-93.
段玉山, 吴沛林. 2002. 多媒体课件制作实践. 上海: 华东师范大学出版社.
何思荣. 1999. 计算机在中学化学教学中的应用初探. 中学化学教学参考, (6): 26-27.
李广洲, 陆真. 1999. 化学教学论实验. 北京: 科学出版社.
王志庚. 2001. 计算机辅助化学教学原则的构建. 化学教学, (1): 18-19.
王志敏, 朱施南. 2000. 多媒体课件素材的设计与制作. 武汉: 华中理工大学出版社.
文庆城. 2002. 化学课堂教学技能训练教程. 桂林: 广西师范大学出版社.
张宝辉, 葛微, 杨武. 1998. 计算机能帮助化学教师做什么. 化学教育, (2): 29-31.

实验 26 投影实验设计

[教学目标]

(1) 了解投影器及视频实物展台的构造。

(2) 学会投影器及视频实物展台的使用与维护方法。

(3) 探讨投影器及视频实物展台在演示实验教学中的应用及演示技能。

(4) 探讨组织中学生进行投影实验教学的教学策略。

[问题研讨]

(1) 在中学化学演示实验中，哪些类型的实验适合使用投影展示？

(2) 与普通实物实验相比，投影实验展示有哪些优点和缺点？

(3) 利用投影或电化教学实验展示教学时，应注意哪些问题？

(4) 如何组织中学生开展本实验探究？对中学生的情感、态度、价值观有何作用？

[实验方案设计]

(1) 自制投影实验教具：投影片、投影实验仪器。

(2) 用自制或实验室现有玻璃仪器在投影仪上演示简单的中学化学实验操作。

(3) 用视频实物展台演示镁在加热条件下与水的反应。

[实验过程]

(1) 在阅读本实验中“相关电化教学设备的使用资料链接”及与投影实验教学内容有关的文献的基础上，依据自己所选实验内容和投影实验，设计制作教学用投影片并设计简便易操作的投影展示实验。

(2) 由 4~5 位学生组成教学小组(教师有目的地指定或学生自己报名)，分别进行以下投影演示实验教学，要求从实验目的出发，围绕演示技能的构成要素，学习和探讨实现投影演示实验教学的方法，训练以演示技能为主的教学技能。

(3) 通过讲解与操作不时地提出问题，引导学生观察与思考，激发他们的创造性思维和兴趣；注意实验与投影结合，突出所设计的投影实验是真实实验的放大，且利用其现象鲜明、易操作、易观察等优点，使学生由现象到本质进行科学抽象，整理得出结论。

1. 投影教具的制作

为了使投影演示实验现象在银幕上清楚、不发生变形和完整、清楚地再现，对化学实验的投影器皿有一些特殊要求：一是教具面积不能超过投影仪的工作面；二是制作教具的材料为透明的玻璃或有机玻璃；三是立体器件设计成平面形式。

制作投影教具的一般步骤：①按所需尺寸和形状裁制材料；②将裁制好材料的剖面依次用粗砂纸、细砂纸打磨、抛光；③用黏合剂黏结；④检漏。若要制作点滴板、U 形管等，在黏结前，对已加工好的材料进行成型。

1) 投影片

制作投影片的材料可以是透明胶片、透明的玻璃纸，也可以是无色透明玻璃。以这些材料为载体，把实验原理、步骤、实验仪器的示意图等教学内容事先写好，以便讲课时用，或用作黑板边讲边写教学内容。

2) 投影实验反应器

投影实验反应仪器一般为实验室常见玻璃或者有机玻璃仪器，如图 10-3、图 10-4、图 10-5 所示。特殊仪器可以用玻璃片黏合成一定形状的仪器和器材。图 10-3 中(a)~(d)的样式为设计制作的方形试管、并连方试管、方 U 形管和扁方水槽。

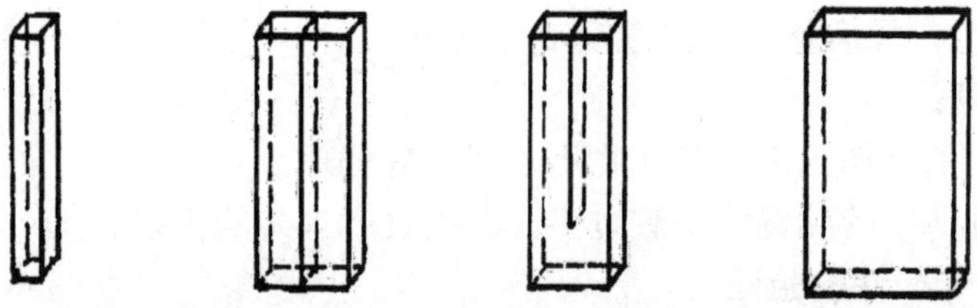

(a) 方形试管　(b) 并连方试管　(c) 方 U 形管　(d) 扁方水槽

图 10-3 投影实验反应器皿

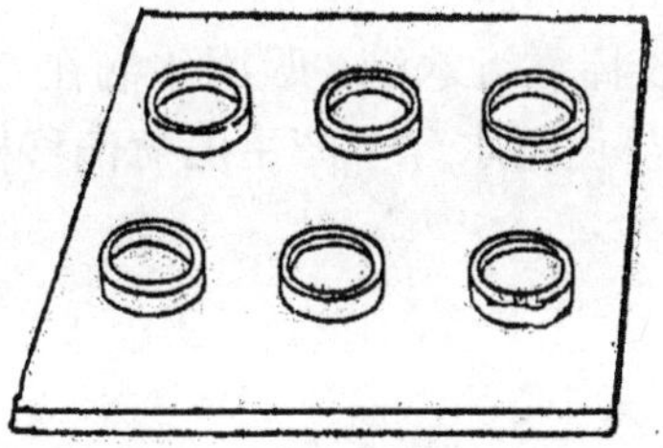

图 10-4 投影实验点滴板

图 10-5 投影实验培养皿

2. 简便易操作的中学化学实验投影展示

采用投影仪将实验现象投影到银幕上，由于能把实物放大 15~20 倍，可以使原来看不清楚的实验现象看得十分清晰，如少量气体的产生、阴极上析出金属、晶体的生长过程等。用常规方法难以短时间完成的实验，经过投影放大，能够有效地节约反应时间和实验药品的用量，从而极大地提高了实验演示效率。

投影实验并非适用于每一个实验，对于现象比较明显的实验，不必再投影。有色溶液浓度较小时，经过投影，会在银幕上得到比较准确而清晰的有色影像。如果在反应中有少量的气体生成，则在银幕上出现许多生动的小黑点(小气泡的影像)，这类实验的投影效果较好。如果反应物和生成物是不透明的，或者是浓度较大的有色物质的溶液时，在银幕上得到的则是黑色影像。这类实验就不适合采用投影法。

1) 金属钠与水的反应

(1) 用品：培养皿(Φ100mm)、玻片、镊子；金属钠、酚酞试液、蒸馏水。

(2) 操作(水平投影)：在培养皿中注入约 20mL 蒸馏水，然后滴入 2 滴酚酞试液，置于投影仪载物台上。

用镊子取出一小块金属钠，用滤纸吸干其表面上的煤油，并切去金属钠表面的氧化膜，然后切成绿豆粒大小的钠粒。

将切下的钠粒用镊子夹持投入培养皿中，并用玻片盖好。金属钠与水剧烈作用，并熔成小球，在水面上不断游动，并发出嘶嘶的响声。凡是钠球经过的地方，溶液变为红色，最后整个溶液逐渐变为红色。

注意事项：

(1) 切下的金属钠表面氧化物用水或乙醇处理。

(2) 培养皿中的蒸馏水不宜过多，否则会产生光的折射。

2) 水分子极性的验证

(1) 用品：培养皿(Φ100mm)、胶棒、毛皮；CCl_4、蒸馏水。

(2) 操作(水平投影)：在培养皿中注入约 20mL CCl_4，置于投影仪载物台上，然后滴 1 滴水在 CCl_4 的表面上。

用毛发摩擦胶棒，使胶棒摩擦起电，将胶棒靠近水滴，吸引水滴在 CCl_4 表面进行有规则的运动。带电的胶棒靠近水分子，使得水分子产生电荷偏移极化，验证水分子为极性分子。

注意事项：

(1) 带电的胶棒不能接触水滴。

(2) 探讨水分子被极化并被吸引的原因。

3) 电解饱和食盐水

(1) 用品：石墨电极、铁棒电极、低压直流电源、有机玻璃 U 形投影槽、双孔有机玻璃板、导线；饱和 NaCl 溶液、酚酞试液、碘化钾-淀粉试纸、0.1%品红溶液。

(2) 操作(竖直投影)：装置如图 10-6 所示。

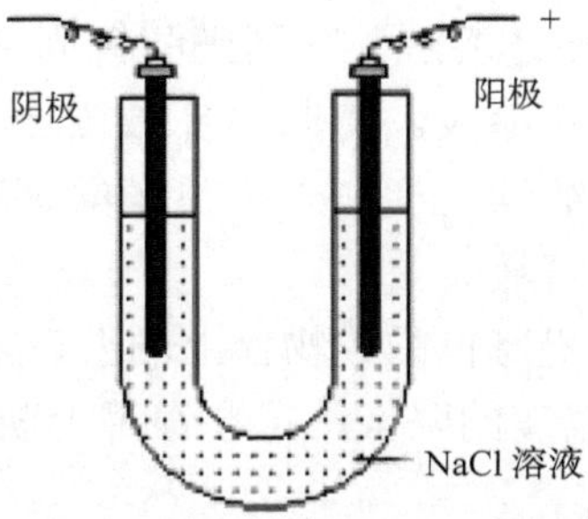

图 10-6　电解装置示意图

将饱和食盐水注入 U 形投影槽内，液面离管口约 2cm。将石墨和铁棒电极插入 U 形管的两个管内，在接阴极(铁棒)的管口滴入几滴酚酞试液，在接阳极的管口滴入几滴品红溶液。用导线将两电极与低压直流电源相接，调节电压至 8~10V。用湿润的碘化钾-淀粉试纸悬放在阳极管口，以检验逸出的气体。可看到阴、阳极上均有气泡产生。阴极附近溶液逐渐从无色变为红色，阳极附近溶液红色逐渐褪去，碘化钾-淀粉试纸变为蓝色。

注意事项：

(1) 电极可采用废干电池中的石墨棒，将此棒伸入电解液的一端磨尖，以利于观察气泡的生成和逸出。

(2) 在这个实验中，如果选用两臂较短的 U 形管，则 NaCl 溶液不要装得过多，以便使两电极之间离子移动的路程缩短，可降低所用电源的电压，缩短实验的时间。

4) 电解硝酸铅溶液

(1) 用品：铅电极、低压直流电源、导线、培养皿(Φ100mm)；0.5mol/L 的 $Pb(NO_3)_2$ 溶液。

(2) 操作(水平投影)：在培养皿中注入 10mL 0.5mol/L 的 $Pb(NO_3)_2$ 溶液，分别把金属铅电极与低压直流电源正负极相连作为电解池的阴极和阳极，以硝酸铅溶液为电解液，两只电极距离尽量远离，接通电源开关，进行铅的沉积投影实验。阴极发生以下反应：$Pb^{2+}+2e^- = Pb$，阳极发生以下反应：$Pb-2e^- = Pb^{2+}$。

注意事项：

(1) 电解池的阴阳两极必须以金属铅为电极、电解质溶液为硝酸铅溶液。

(2) 两个电极应尽量远离，不得接触，防止电源发生短路。

5) KNO_3 的结晶实验

(1) 用品：培养皿、量筒、小烧杯、酒精灯、三脚架、石棉网；硝酸钾、蒸馏水。

(2) 操作(水平投影)：在小烧杯中盛 20mL 水，将研细的 20g 硝酸钾粉末分次加入烧杯中，不断振荡，使之溶解，直到硝酸钾固体不再溶解，并稍有剩余，即得硝酸钾在该室温时的饱和溶液。将此烧杯微微加热并不断振荡，原来剩余的硝酸钾固体完全溶解。再继续分次加入少量硝酸钾粉末到不再溶解，即得高于室温条件下的硝酸钾饱和溶液。

将 Φ12cm 的培养皿放在投影仪的载物台上。把高于室温的硝酸钾饱和溶液小心地倾倒在培养皿中。随着温度的降低，可在银幕上观察到硝酸钾晶体慢慢析出和自然成长的过程。

注意事项：

(1) 在制取热饱和硝酸钾溶液时，控制溶液的温度在 75~80℃，并控制加热不要太快，加入硝酸钾时，宜少量多次。

(2) 将热饱和硝酸钾溶液转移至培养皿中时要用玻璃棒引流，防止溶液溅出，并且转移速度尽量要快，防止转移过程中热饱和溶液过饱和析出晶体。

教师组织学生围绕以上演示实验的目的、演示投影的效果、投影实验演示操作的熟练性、演示技能等对演示实验教学进行评议。最后，指导教师给予总结评定。

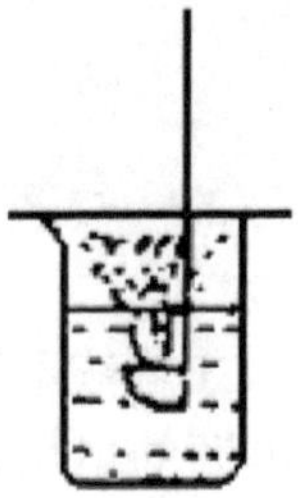

图 10-7 镁粉在水中燃烧实验装置

3. 用视频实物展台演示镁在加热条件下与水的反应

(1) 用品：酒精灯、石棉网、三脚架、500mL 的烧杯，燃烧匙、角匙、硬纸板、视频实物展台；镁粉、蒸馏水、酚酞指示剂。

(2) 操作：装置如图 10-7 所示。

将仪器和药品放在视频实物展台上，在燃烧匙柄上穿上一个比烧杯稍大的硬纸板，硬纸板离匙的高度约为烧杯的高度；然后在燃烧匙内装满镁粉，并用角匙将镁粉压实，加热燃烧匙将镁粉引燃，待镁粉燃烧起来以后，将燃烧匙插入 2/3 容积水的烧杯中(注意勿使燃烧匙接触烧杯，以免烧杯炸裂)。同时将纸板迅速盖严。反应结束后，向烧杯内的溶液中滴入酚酞指示剂，可看到溶液变红，说明溶液显碱性。

注意事项：

(1) 镁粉在水中燃烧的反应速率与水的温度有关。

(2) 燃着的镁粉和水反应比较剧烈，常常使水飞溅。

[实验教学反思]

1. 实验研究报告，重点包括如下内容：

(1) 适合电化投影教学的化学实验内容。

(2) 制作幻灯课件的一般步骤。

(3) 投影实验基本操作及展示的注意事项。

(4) 自己在本次实验中的成功经验或失败教训。

2. 教师对学习者的总体表现进行评价

教师从学习态度、课件制作、方案设计、演示教学技能、实验研究报告等方面进行总结。

评价实验展示的方案时应重点围绕以下几点进行：

(1) 展示实验的可接受性，是否生动、有趣，易于被学生接受。

(2) 投影演示实验对投影教具的要求。

(3) 普通演示实验、投影演示实验、视频实物展台演示实验的效果与特点。

(4) 投影实验演示教学应注意之处。

(5) 本次实验的最大收获。

[相关资料链接]

以下资料可供参考，你还可以继续查阅有关资料。

电化教育是指在教育教学过程中，运用投影、幻灯、录音、录像、广播、电影、电视、计算机等现代教育技术，传递教育信息，并对这一过程进行设计、研究和管理的一种教育形式。我国电化教育技术的发展始于 20 世纪 20 年代，在电化教育逐步发展和完善的过程中，幻灯机、投影仪、计算机等媒体仪器逐步被应用，将现代教育媒体与传统教育媒体恰当结合，传递教育信息，以实现教育最优化。

1. 投影器的构造和使用

投影器又称投影幻灯或白昼幻灯，它的构造如图 10-8 所示。

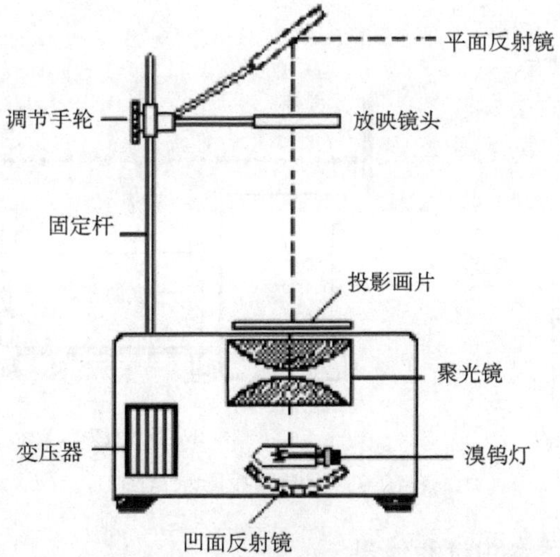

图 10-8　投影器结构示意图

构造特点：投影器的光源是采用体积小、发光效率高、光色好的溴钨灯，因此一般可以在室内无需遮光的条件下将内容放映到几米远的屏幕上；投影器的聚光镜较大，特别是采用先进的螺纹透镜作聚光镜时，由于其聚光性能好，投影面积大，且能很好地消除像差，因此屏幕上的影像大而清晰。在投影器中聚光镜是水平放置的，其上放有书写玻璃板，它除可用来放映透明图片外，还可作书写投影之用。投影器的投影系统(放映镜头和平面反射镜)是装置在机座的固定杆上的，其间可以放置投影实验器具，进行实验投影。可见，投影器适用范围较广，是化学教学中最常使用的一种电化教具。

投影器的使用方法：在使用投影器前要认真阅读使用说明书。常用到的如调节屏幕映射面的高低，可由转动放映镜头上方的平面反射镜来调节；放映镜头的位置，可由旋动固定杆上的调节手轮来调节。使用投影器放映画片时，可将画片正面向上放在书写玻璃板上。若要进行书写投影，可用专用水笔直接书写在书写玻璃板或透明胶片上。若要进行实验投影，可根据具体情况采用竖放投影或卧放投影。

所谓竖放投影，就是指投影器在竖直放置的情况下，将实验器具直接放在书写玻璃板上进行的实验投影[图 10-9(a)]，演示时，只要将实验器具放在书写玻璃板上，就可以将所发生的实验现象和化学变化投射到屏幕上。一般在培养皿、表面皿或烧杯等实验器具中进行的演示实验，都可用此法投影。

所谓卧放投影，就是指投影器在横卧放置的情况下，将实验器具放在聚光镜或螺纹透镜前所进行的实验投影。投影时，为了在屏幕上得到正像，还须在投影器的前上方再装置一块平面反射镜[图 10-9(b)]。通常实验器具为试管或 U 形管的实验，宜采用卧放投影。

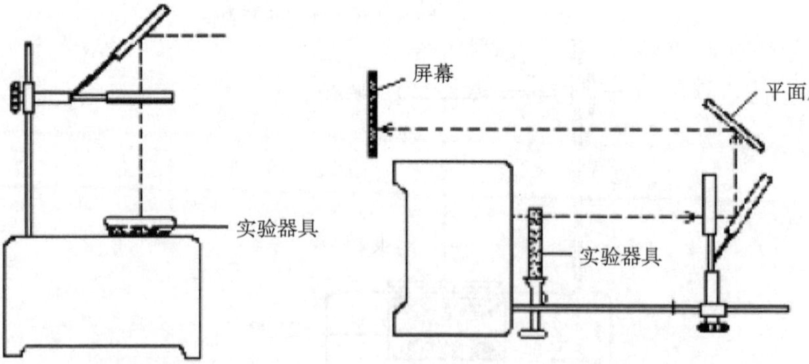

(a) 竖放投影示意图　　(b) 卧放投影示意图

图 10-9　投影器投影示意图

2. 视频实物展示台构造和使用

视频展示台是一种新型的视觉媒体设备，它是通过电视摄像技术将实物、照片、图片、透明投影胶片、幻灯片、图书资料、讲义等转换成电信号，然后通过高分辨率液晶投影将其展示在屏幕上的一种技术。

视频展示台可以进行的投影，可以取代传统的胶片投影仪和幻灯机的大部分功能，可外接多媒体计算机等。视频展示台不但能将胶片上的内容投到屏幕上，而且可以将各种实物，甚至可活动的图像投到屏幕上。但是视频展示台只是一种图像采集设备，它输出视频、数字信号，最终通过多媒体投影机的投影或电视机的显示将图像展示出来，实物视频展示台的优点在于使用方便、亮度高，展台备有上、下灯作为补偿光源，如果补偿光源打开时图像效果仍不理想，可进行背光补偿，由镜头进行信号处理，以达到最佳的效果；对于不同的展物，可选用自动或手动聚焦；当展示物为负片时，可利用正负片转换键切换到负片；根据不同展示物的要求，可选择彩色或黑白，当选用彩色时，还可进行色彩调整；当展示有反应过程的实验时，用图像冻结功能能锁定任意所需的瞬间状态。视频实物展台有多种规格、型号，其功能也不断完善，但它们的构造基本相同。例如，TV-1106 型主机外形图及主件如图 10-10 所示。

视频实物展示台的连接：专业人员已完成这部分工作。使用之前，把接线仔细检查一遍，如无误，可接通各设备的电源。

(1) 展开视频展示台的主杆、伸缩杆、辅光灯、摄像头等。注意不要用蛮力去扳动，扳不动时注意按下锁定按钮，扳到位后听到“咔嚓”声即可。

(2) 按下展示台的电源开关按钮。

(3) 将要演示的资料或实物或底片放在本机平台上，选择相应的菜单按钮，看着显示屏幕用变焦按钮调整图像大小，使画面大小适合。

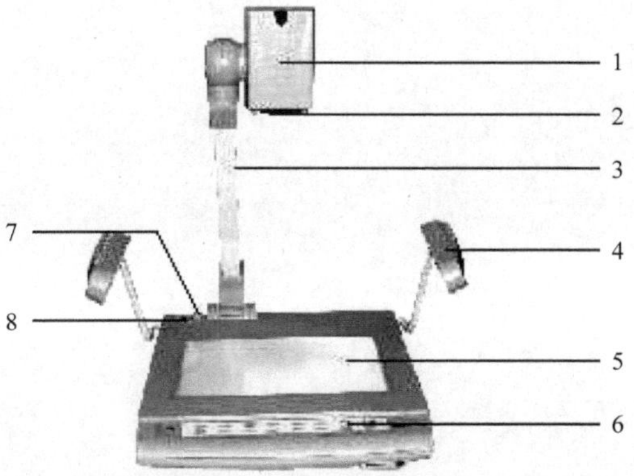

图 10-10　视频实物展示台构造示意图

1-摄像头；2-镜头盖；3-支撑杆；4-侧光灯；5-底光源；6-控制键盘；7-支撑杆锁定键；8-开关

(4) 按放大或缩小键，选择要显示物体的大小。自动调焦或手动调焦，直到图像清晰为止。

(5) 展示不透明资料时，打开照明灯光。

(6) 展示透明资料(投影片、幻灯片)时，打开底箱电源开关。

(7) 使用之后关电源，把它折叠好。

3. 电化教学仪器的维护与保养

使用电化教学设备前认真阅读仪器使用说明书，了解仪器的结构和性能，熟练地掌握操作方法后，通电启动使用。日常维护与注意事项：①电化教学设备属精密仪器，存放温度和相对湿度分别为：0~40℃和小于75%，不要在高温、潮湿、多尘或震动的环境下使用；②使用时应将仪器放置在坚固的平台上，不要放在倾斜或不稳定的表面上；③清洁时请用干丝绸、镜头纸轻轻擦拭，切勿使用稀释剂、挥发性汽油等有机溶剂、洗涤剂等化学溶剂；④长期不用时请将仪器用布或塑料盖好；⑤如有故障，请先按常见问题与处理方法检查解决，如果仍有问题请与专业维修人员联系。

参 考 文 献

毕华林, 傅尚奎, 韩庆奎. 1998. 化学实验教学研究. 青岛: 青岛海洋大学出版社: 194-199.

金道一. 1992. 新编中学化学实验大全. 成都: 四川教育出版社: 541-551.

李广洲, 陆真. 1999. 化学教学论实验. 北京: 科学出版社: 84-86.

牛钟峣. 1985. 镀锌演示的两种方法. 化学教育, (4): 44-45.

王希通. 1990. 化学实验教学研究. 北京: 高等教育出版社: 149-156.

文庆城. 2002. 化学课堂教学技能训练教程. 桂林: 广西师大出版社: 25-41.

文庆城. 2003. 化学实验教学研究. 北京: 科学出版社, 9: 192-199.

西南师范学院化学系. 1986. 中学化学教学法实验. 北京: 高等教育出版社: 117-139.

第 11 章　自主设计性实验的教学

本章的内容主要用于期末考查学生实验设计、实验教学和实验技能等综合能力运用的情况。教师提前 2 周布置实验设计的题目，学生根据题目自行查阅资料，写出实验设计报告，提前 1 周交给教师批阅，教师批阅后，在学生进行自主实验前返回设计报告，让学生进行修改或调整方案。

自主设计性实验是指在教师的指导下，学生根据自己选定或教师给定的实验题目和实验设计要求，自己查阅文献资料，独立设计实验方案，确定实验方法，选择实验药品和仪器，拟定实验操作程序，进行实验探索并对实验结果进行分析处理的实验。在自主设计实验的过程中，教师的指导主要从两个方面进行：一是要对学生设计的实验方案把关，看学生设计的实验方案是否科学、可行、简略、安全，所用到的药品和仪器实验室是否拥有；二是在进行独立实验探索时，出现学生自己解决不了的问题要及时引导启发，使实验顺利进行。引导学生自主设计实验，有利于激发学生学习的兴趣和自主性，培养学生的创新思维和独立工作能力。

11.1　自主设计性实验案例

实验设计以装置结构简单、操作方便、药品用量少、实验现象明显、实验时间短、无环境污染为最佳方案，如“浓硫酸和木炭反应实验”的设计。学生实验设计报告的内容如下。

[实验题目]　浓硫酸和木炭反应实验。

[实验目的]

(1) 熟练掌握浓硫酸和木炭反应的原理。

(2) 明确反应物和生成物的性质。

(3) 根据反应物和生成物的性质，设计不同的实验方案，并通过分析比较选择出最佳方案。

[实验原理]

$$2H_2SO_4(浓)+C \xlongequal{高温} 2SO_2\uparrow+CO_2\uparrow+2H_2O$$

[实验仪器和药品]　圆底烧瓶、分液漏斗、集气瓶、烧杯、酒精灯、试管、双球干燥管、具支试管；浓硫酸、木炭、石蕊试液、品红溶液、澄清石灰水、NaOH、

蓝色石蕊试纸等。

[实验装置图]　见表 11-1。

[实验步骤]　以方案六为例设计如下。

(1) 在试管中盛 0.5g 木炭和 2mL 浓硫酸，支试管中盛 2mL 澄清石灰水，在破底废试管中依次放入干棉团、湿润的蓝色石蕊试纸、浸有品红溶液的滤纸条；然后，用滴管吸取浓 NaOH 溶液，从破底废试管底端向干棉团滴几滴浓 NaOH 溶液，使其湿润，以吸收多余的气体。

(2) 按方案六图连接各部分。

(3) 加热试管，观察现象。

[实验关键和注意事项]

(1) 浓硫酸的量不要加太多。

(2) 加热时注意控制火焰。

(3) 棉团滴的浓 NaOH 溶液不宜过多。

表 11-1　几种设计方案及评述

方案	实验装置	特点评述
一	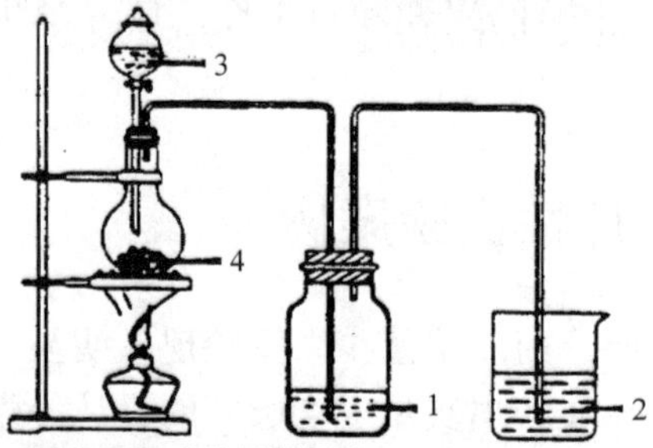 1-石蕊试液(或品红溶液) 2-澄清石灰水；3-浓硫酸；4-木炭	1. 最基本、最普通的一种实验装置； 2. 装置较复杂、药品用量多； 3. 有少量气体溢出、污染环境； 4. 现象明显。
二	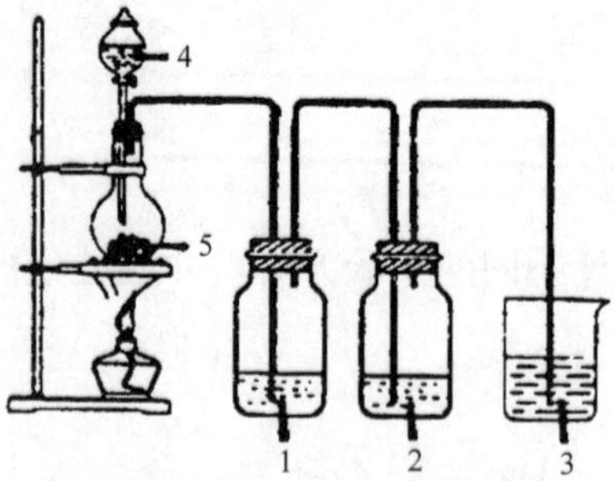 1-石蕊试液(或品红溶液)；2-澄清石灰水； 3-浓 NaOH 溶液；4-浓硫酸；5-木炭	1. 装置较复杂、操作较烦琐； 2. 药品用量多； 3. 增加尾气吸收装置，无环境污染； 4. 现象明显。

续表

方案	实验装置	特点评述
三	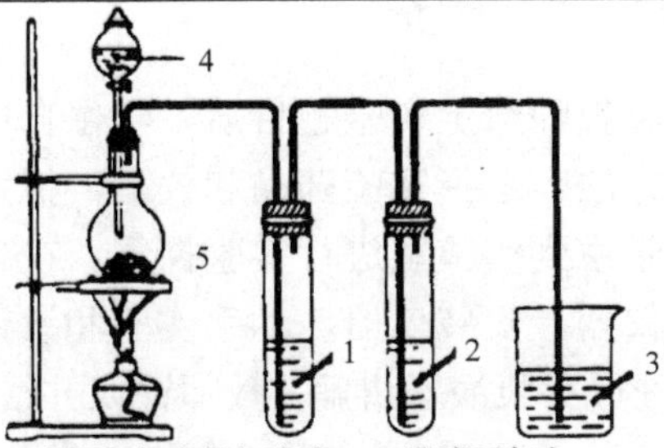 1-石蕊试液(或品红溶液)；2-澄清石灰水； 3-浓 NaOH 溶液；4-浓硫酸；5-木炭	1. 装置较复杂、操作较烦琐； 2. 药品用量较少； 3. 无环境污染； 4. 现象明显。
四	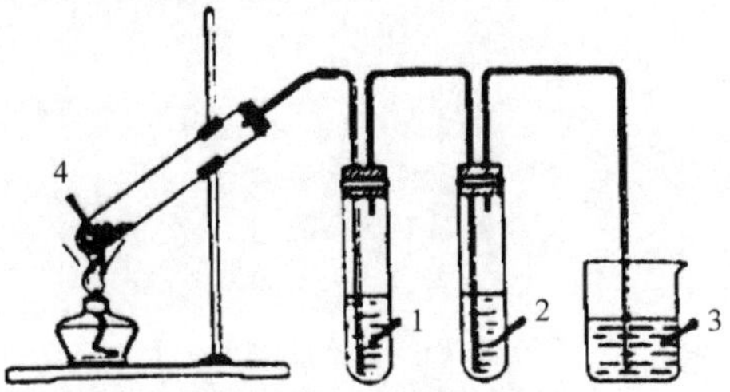 1-石蕊试液(或品红溶液)；2-澄清石灰水； 3-浓 NaOH 溶液；4-浓硫酸和木炭	1. 装置结构较简单，便于操作； 2. 节约时间和药品； 3. 无环境污染； 4. 现象明显。
五	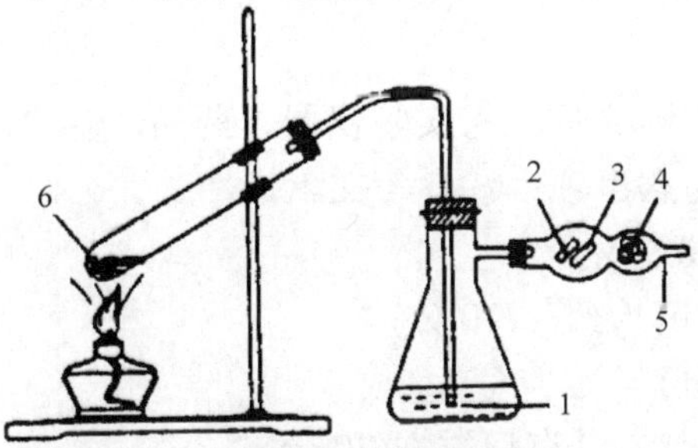 1-澄清石灰水；2-湿润的蓝色石蕊试纸； 3-浸有品红溶液的滤纸条； 4-蘸有浓 NaOH 溶液的棉团； 5-双球干燥管；6-浓硫酸和木炭	1. 结构简单，操作方便； 2. 用两种试纸代替溶液有创意； 3. 双球干燥管既做性质检查装置，又做尾气吸收装置，具有创新意识； 4. 现象明显； 5. 无环境污染； 6. 药品用量少。
六	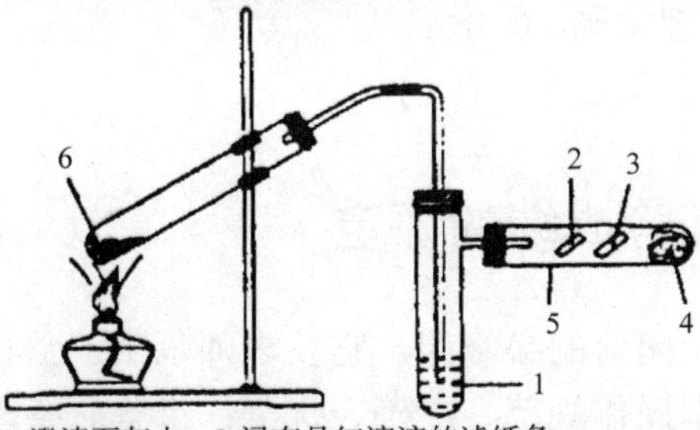 1-澄清石灰水；2-浸有品红溶液的滤纸条； 3-湿润的蓝色石蕊试纸； 4-蘸有浓 NaOH 溶液的棉团； 5-破底废试管；6-浓硫酸和木炭	1. 使用具支试管，结构更简单，操作更方便； 2. 用废试管既做性质检查装置，又做尾气吸收装置，有创新意识； 3. 废试管的使用，收到了废物利用的效果； 4. 现象明显，成功率高； 5. 药品用量少且无环境污染。

11.2　自主设计实验的实施

教师提供以下设计实验，学生抽签或教师给定实验题目后，学生自己查阅文献资料，独立设计实验方案，确定实验方法，选择实验药品和仪器，拟定实验操作程序等，教师批阅实验设计报告后，学生到实验室进行实验探索。在自主设计实验的探索过程中，学生通过自制部分仪器，安装仪器，动手实验和设计讲解内容等一系列过程来解决有关问题，最后进行实验演示讲解，教师评议并给出成绩。

实验设计的题目：

(1) 氨氧化法制硝酸

(2) 接触法制硫酸

(3) 硫酸亚铁铵的制备

(4) 氨的合成

(5) 氨在氧气中燃烧

(6) 喷烟喷泉联合实验

(7) 铜与稀硝酸的反应

(8) 氢氧化亚铁的制备

实验设计报告的内容：

①实验题目；②实验目的；③实验原理；④实验仪器、药品；⑤绘出实验装置图；⑥实验步骤；⑦实验关键和注意事项；⑧参考文献。

实验设计考核评分标准(总计 100 分)：

(1) 仪器装置合理，整齐美观，节约药品(10 分)

(2) 操作规范、熟练、安全(20 分)

(3) 讲解准确、熟练、全面、清楚，具有启发性(20 分)

(4) 实验现象明显快速(20 分)

(5) 改进创新(15 分)

(6) 实验前准备充分，实验后处理得当(10 分)

(7) 保持实验仪器的干净和实验台面的整洁(5 分)

11.3　实验成绩的评定

化学实验教学论是化学师范生上岗前的必修课，它要求师范生加强自身的实验技能训练，在演示实验时做到基本操作规范、准确、优美；讲解时条理清楚；讲做结合娴熟；引导启发等教学方法运用得当；有创新意识，勇于创新等。据此，对学生的实验总成绩可分为平时考核和期末考核两部分，各占总成绩的 50%。平时考核 50 分，分配如下：预习讨论、实验操作、实验报告 (或微型教案)各 10 分，模拟示教(要求在讲台上边讲边实验)20 分。期末考试可采用自主设计性实验，包括设计实验方案和上述考核内容，共计 50 分。这样的考核方式充分体现了评价学生的全面性。坚持讲做结合，注重引导启发、激发兴趣等教学方法和教学技能的应用，注重学生实验技能的提高及设计实验、改进实验、探究实验等能力的锻炼。考核的目的不是划分等级，而是激励学生从以上各方面努力，在紧迫的学习和备研中能精力集中地上好课，更好地完成培养合格教师的任务。

参 考 文 献

毕华林, 傅尚奎, 韩庆奎. 1998. 化学实验教学研究. 青岛: 青岛海洋大学出版社.
刘宝国. 2002. 浓硫酸和木炭反应实验方案设计. 化学教学, (6): 4-6.
文庆城. 2003. 化学实验教学研究. 北京: 科学出版社.
郑长龙. 2003. 化学实验教学新视野. 北京: 高等教育出版社.

第四篇　中学化学实验室的建设与管理

加强化学实验室的建设和管理，充分发挥实验室在化学教学中的作用，是提高化学教学质量和人才素质的重要环节。《全日制义务化学课程标准(实验稿)》指出，要重视化学实验室的建设和投入，“力求做到每个学生都能动手实验，实验室建设的标准化和管理人员的配备与培训应当跟上条件较好的学校，仪器配备应做到人手一套，应在课余时间向学生开放实验室，鼓励学生自主地开展实验”。因此，学校要重视实验室的建设和管理。

“中学化学实验室的建设与管理”部分，主要介绍了现代化的中学化学实验室的建设和管理。目的是方便中学化学实验室的建设与规范管理，使中学化学实验室的建设与管理符合新时期基础教育化学课程改革的要求，跟上时代的发展。“附录”部分主要是提供一些常用的指示剂、化学试剂的配制方法、物理数据等，目的是方便中学化学教师及实验员进行化学实验准备。

第 12 章　中学化学实验室建设与管理

12.1　中学化学实验室建设

12.1.1　化学实验室设计的总体要求

设计和建设化学实验室的总体要求是：既要规范化、现代化，做到布局合理、设计科学，具有较好的实用性和通用性，还要注意因地制宜，着眼于实用和可能。具体地说：

(1) 化学实验室宜选择空气流畅、常年供水充足的地方，注意环境绿化并尽可能远离生活区、教学区、行政区和运动场，以免相互干扰。若因条件限制，化学实验室需与教学区安排在一起，也应将化学实验室安排在教学楼的一侧，不应夹杂在教室和办公室之间。

(2) 化学实验室应尽量安排在实验楼的底层，这样有利于安装供水、供气、排污等管道，有利于气体的扩散，万一出现意外事故，也有利于学生的疏散。

(3) 化学实验室不宜西向或西南向坐落，应避免强烈光线的照射。若条件有限，实验室只能采取西向或西南向，则应配置遮阳设施，如房外植树、安装茶色玻璃或遮阳伞等。

(4) 完整的化学实验室应包括实验教室、实验准备室、仪器储藏室、药品储藏室、天平室和化学教研室等。若化学教学班超过 10 个，则至少应有两个以上的实验教室。

(5) 化学实验室的设计和建设应有超前意识，应考虑发展需要。那些因经济条件所限实验室建设不能一步到位的，设计时一定要使化学实验室具有易扩充性，以便条件成熟时进行扩充、改建。

12.1.2　化学实验室的构成

中学化学实验室包括：实验教室、实验准备室、仪器室、药品室、管理人员办公室等。规模较大的学校应单独设置精密仪器(如天平)室。它们在完成中学化学教学任务中，分担着不同的具体任务，对于它们的建设和管理的要求也不相同。

1. 实验教室

实验教室是供学生上分组实验和边讲边实验课使用的。它应该既是进行实验教学的主要场所，又能供学生进行化学课外科技活动。在条件允许的情况下，应力求实验教室的建设符合现代化、科技化的要求，如图 12-1、图 12-2 所示。图 12-1 实验台上有放药品的试剂架，并安上旋臂式吸风罩。图 12-2 实验教室两边各安装两个通风橱，既可做有毒气体的实验，又起到室内通风作用。实验教室的具体要求如下。

(1) 实验教室要比较宽敞。实验教室的面积以 80~90m^2 为宜，不可太长或太宽(长与宽之比可为 3∶2)，以保证全部学生能够看清楚黑板上的字迹和教师演示的实验现象。实验教室一般容纳学生人数不超过 50 人。

(2) 实验教室应设有黑板、屏幕(卷型的)、讲台、教师演示桌、学生实验台等设施。讲台一般应高出地面 20~30cm，教师演示桌、水池设在讲台附近，演示桌与黑板间应有 0.7~1m 的距离，以便教师活动。屏幕可安放在黑板上方或右侧的空墙上，以供投影使用。学生实验台要能放下比较复杂的实验仪器和装置，并便于两名学生进行实验活动。学生实验台之间要有足够的距离，以保证学生实验能安全、顺利地进行。

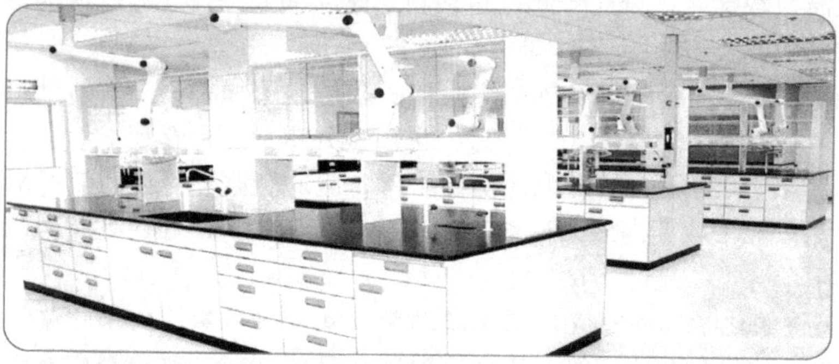

图 12-1　带有悬臂式吸风罩实验台的实验室

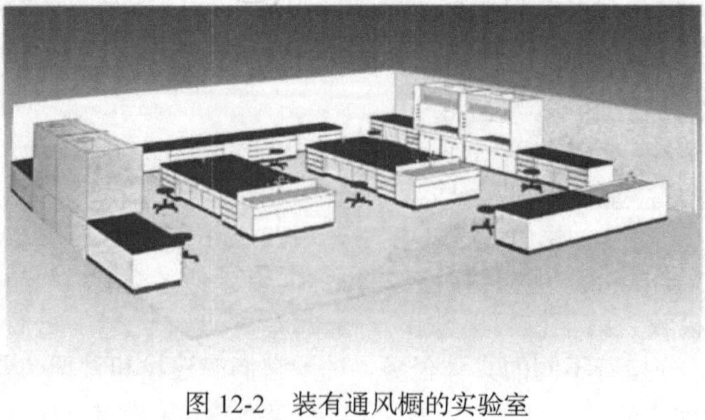

图 12-2　装有通风橱的实验室

(3) 实验教室要有完备的供水和排水系统。学生实验可两组共用一个水池，每个水池至少有两个水龙头；每个学生实验台都应配有上水管与下水道，使学生在不离开自己实验台的情况下，就能及时清洗仪器，这既方便、节省时间，又能保证实验秩序。

(4) 实验教室要有交、直流配电系统，教师演示台和学生实验台都要配有交、直流电源插座。交流 220V 电源，供照明、排风和实验使用；直流电源一般为 0~24V 即可，主要供学生分组实验使用。

(5) 实验教室要保证空气流通。除门窗位置和大小要合适外，还要有必要的通风设备(如通风橱、排气扇等)，以便能在较短的时间内把实验中产生的有刺激性气味或有毒的气体排出室外。

(6) 实验教室必须配有充足的防火设备，如灭火器、砂箱等。它们应放在便于取用的地方，且师生都会使用。

2. 实验准备室

实验准备室是实验工作人员和教师准备实验的场所。因此，室内必须设有实验员办公桌、准备实验台、试剂柜和玻璃器皿架等，配有相应的电源、水源、通风设备，以及必要的仪器和试剂。实验准备室一般和仪器药品室或实验教室有便门相通，便于仪器药品的更换和取用。

实验准备室内应设有实验工作中常使用的一些仪器设备和器具，如烘箱、离心机、钻孔器、玻璃工灯具、电工器具、纯水制备装置以及各种常用工具、仪表等。

实验准备室是教师做预试实验和化学实验研究的场所。因此，准备室中应有教师的实验桌。条件好的学校可以为每个化学教师准备一个实验桌和一套实验用品。这不仅给教师的化学实验教学工作带来方便，而且也为教师的科研工作创造了条件。

实验准备室的数量根据平行班级和实验教室的数量来确定，一般学校有一个准备室即可，规模较大的学校，一般每两个实验教室配有一个准备室。准备室的面积以 50~60m^2 为宜。

3. 仪器药品室

仪器药品室为储放待用的仪器、材料和一般试剂的专门用房。化学实验仪器中属于玻璃器皿的可以和一般药品放在同一室内。其他仪器如天平、电学仪器以及铁制品等应和化学药品分开存放。仪器药品室内应放有药品橱、仪器橱和器皿架。室内应保持通风、干燥、避光；并应备有消防栓、灭火器、砂箱等消防设备。

凡属于易燃、易爆、剧毒以及大包装药品，均应存放于药品室中。规模较大的学校可建立药品地库，地库应建在安全、干燥、距化学实验室较近的地方。一般学校危险药品和库存药品数量不多，不必单独建药品库，可以在药品室内建一个简易危险品专柜。

仪器药品室的数量应根据学校规模和实验教室的数量来确定，一般每一个实验教室应配有一个仪器药品室。每一个仪器药品室的面积不小于 $50m^2$。

4. 天平室

中学化学教学的更新、定量实验的增多和课外化学科技活动的开展，对称量的要求提高了，有必要建立天平室放置精密天平(千分之一和万分之一)，供师生及实验员进行准确称量。

为使室内放置较多的天平和容纳较多的学生同时进行称量，应在室内四周沿墙修建宽 55cm、高 85cm 的水磨石平台，中央也应修建同样高度但更为宽大的水磨石平台。每架天平配一个坐凳置于台下。室内应保持干燥、无灰和避免阳光直接照射。

5. 化学教研室

化学教研室是化学教师备课、批改作业、研究教学中的问题的地方。根据化学课实验占有重要地位的特点，化学教研室应和实验室靠近或在一起，这样才能充分利用并发挥其作用。

室内除配备 2~4 盏 40W 的日光灯、一个水槽和两个书柜外，每个教师还应有带柜三屉办公桌一张、椅子一把；每室 1~2 台计算机，并连上网线，供教师查阅资料等。

12.1.3　化学实验室的主要设备

1. 教师演示实验桌

为了便于教师进行实验操作，便于使用大型仪器或进行较复杂的装置的实验，演示实验桌的面积应该稍大一些。实验桌的一侧装有交直流电源插座，另一侧备有上水管、水池和下水管，并在水池下放一废液缸。实验桌要设有能存放常用仪器、工具材料等物品的小柜和抽屉。条件好的学校，教师演示实验桌可以设计高级一些，如部分桌面可以活动拆卸，可以安装投影仪、收录扩音设备、电视机、电脑等；条件差的学校，也可以用结构比较简单的桌子代替。

2. 学生实验桌

如果学校条件较差，学生实验桌一般为两人用实验桌，桌的长和宽以满足两人同时做实验而又互不影响为宜。桌子最好固定在地面上或水槽的两边，避免因桌子摇晃和移动而影响实验。学生实验桌的样式有多种。单组式学生实验桌，桌面的前端装有挡板，以防放在桌上的物品滑下；桌面下设有抽屉板，供学生放置书籍和文具。双组式学生实验桌，两桌中间装有水槽，水槽的下面有一个存放仪器的小橱。普通中学实验教室多采用双组式学生实验桌。

条件比较好的、现代化程度较高的学校，可采用图 12-3 所示的带有通风装置和水槽的实验台。

图 12-3　学生实验台

1-旋臂式吸风罩；2-试剂架；3-气阀；4-台面(实芯或贴面理化板)；5-抽屉及柜体；6-功能组合架；7-可调节脚盘；8-紧急洗眼器；9-多用途冲洗器；10-三联水嘴；11-水槽；12-电源插座盒

学生实验台和教师演示实验台的台面最好使用塑料板铺面。市售的塑料板具有耐磨和耐酸碱腐蚀等优点；也可以用市售塑料胶涂在木质台面上，起到保护台面不被腐蚀的作用。

3. 化学仪器柜

通用仪器柜，用于存放化学仪器。为便于移动，可做成组合式。顶板、裙板、底板和搁板间的距离不等，便于放置高度不同的仪器；柜门可为双开式玻璃门。

4. 化学药品柜

图 12-4 为通用化学药品柜和试剂柜。药品柜体分上下两节，下节有 0.18~0.2m 的台面，便于临时放置取出的药品。上节采用玻璃拉门，搁板为阶梯式，查找和存放药品都很方便，同时可以充分利用橱内空间。下节用木板门，用于存放避光药品和大包装药品。试剂柜可以采用玻璃门，也可采用木质门，搁板是阶梯式或平板式。

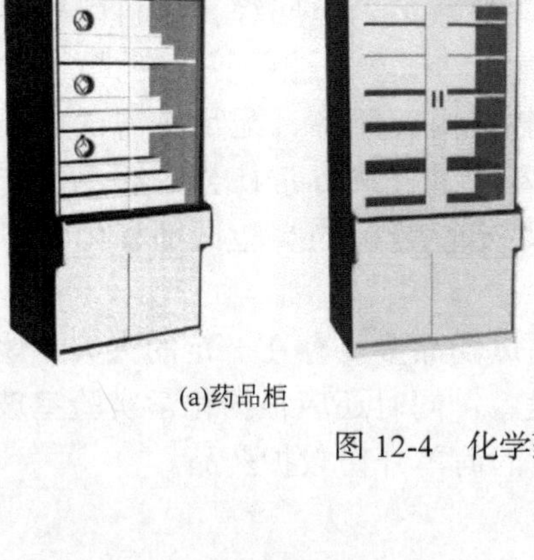

(a)药品柜

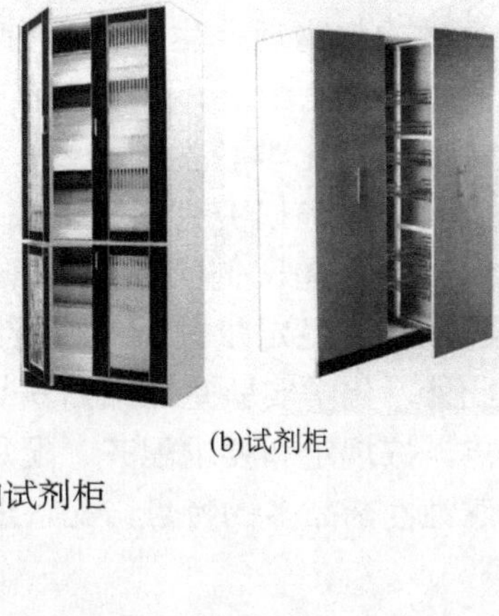

(b)试剂柜

图 12-4　化学药品柜和试剂柜

5. 通风试剂橱

实验室内除了使用换气扇和通风橱外，要使试剂橱内的挥发气体、腐蚀性气体及时排出室外，始终保持室内空气的新鲜，需要建通风试剂橱。

通风试剂橱一般沿墙建造。橱内用水泥贴瓷砖砌成，外罩木质或塑料橱罩。每只橱的靠墙一边都留有一条孔道，这些孔道最后集中到装有鼓风机的通道。只要开启鼓风机，就能把所有试剂橱内的挥发气体全部排出室外，保持室内空气新鲜。

6. 标本模型橱

一般实物标本较小，而模型较高大。放标本模型的橱可按模型的大小和规格制作。一般上部放标本，下部放模型。橱内都用活动隔板，可以任意调节层间高度。也可以利用学生实验室后墙，沿墙设计制作标本模型橱，让学生经常看到标本、模型，以提高学生学习兴趣。

12.1.4　中学化学仪器、试剂的配置

化学实验室是重要的化学课程资源，要重视对化学实验室的建设和投入。《全日制义务教育化学课程标准(实验稿)》指出："化学实验室应配备必需的仪器、设备和实验防护用具，对药品的质和量要定期检查，及时补充易耗品，以保证实验探究活动的顺利进行……条件较好的学校，仪器配备应做到人手一套。"因此，中学化学实验室仪器、试剂的配置，从内容上应能满足新的中学化学课程标准的教学及其"活动与探究建议"的要求，考虑开展化学课外活动、研究性学习以及教师进行科研的需要；从数量上应能满足"每个学生都能动手实验"或"人手一套"的需要。在仪器类别上，既要有足量的常规仪器，又要考虑研究性学习的需要，配备适量的非常规仪器，如注射器、叉形管、横口管、H 管、W 管、微型仪器等；既要有足量的普通仪器，又要有少量的精密仪器供定量分析研究之用，如分析天平、pH 计等；既要有足量的化学学科的仪器，又要有少量的与物理、生物教学内容有关的仪器，以适应综合学科问题解决的需要。同时应注意配足与教学内容有关的模型、标本、挂图等。在试剂的配置上，既要考虑满足化学教学的需要，依化学教学内容配齐、配足所需试剂，又要考虑开放实验室和研究性学习的需要、配备适量解决日常社会生活、生产问题的药品和试剂；在试剂的规格上既要有满足定性分析的实验试剂和化学纯试剂，又要有适量满足定量分析的分析纯试剂。

此外，化学实验室应根据其易燃、易爆物品多，存在一定的火灾、爆炸隐患的特点，按规定和要求配齐、配足消防设备，同时还应根据化学实验室玻璃仪器多，腐蚀性药品多的特点，配备适量相应的简单外伤救护药品。

12.2　化学实验室的科学管理

有了一个设备完善的实验室后，还必须有一套科学的管理方法和必要的规章制度，才能高效率、高质量和确保安全地开展实验教学活动，否则会因管理不善，制度不严而出现混乱局面，既无法保证实验教学的正常进行，也易造成安全事故和财产的浪费、损失。所以，对实验室进行科学管理是教师尤其是实验员的一项重要工作，学校领导也应经常关心和检查。实验室的管理主要包括以下内容。

12.2.1　设备的管理

中学化学实验常用的仪器除成套设备和精密仪器外，一般可分玻璃仪器、瓷器、金属器具等，总的储存和保管原则是保持仪器的完好、洁净、干燥，排放整齐，各有固定的位置，取用便利。具体分述如下。

1. 精密仪器

主要指天平和电学仪器(稳压直流电源、pH 计等)。应存放在通风、干燥、无其他腐蚀性气体或药品的室内。还要注意保持它们的灵敏性、防尘、防震，要加套或加罩保护，以保证准确度和延长使用寿命。有条件的学校可建立天平室或精密仪器室。

2. 玻璃仪器

玻璃仪器是中学实验使用最多的仪器，应清楚它们的性能和使用方法。玻璃仪器不易被一般化学试剂所侵蚀，耐酸性很强，又是透明的，在玻璃仪器内进行化学反应，很容易看清楚所发生的现象，所以化学实验常在玻璃仪器内进行。玻璃仪器的主要缺点是容易破损，故使用、洗涤和保管时都必须很谨慎。

玻璃仪器的数量和品种比较多，在保管使用过程中应注意以下几点。

(1) 磨口仪器以及配有玻璃活拴的仪器，不能盛碱性物质。用完之后一定要洗涤干净，在磨口处加纸条，然后塞上瓶盖或玻塞，以防止磨口处黏结(若磨口玻塞打不开时，可在酒精灯火焰上转动着均匀的烤一烤，利用热胀冷缩将其打开，切不可用劲拧)。

(2) 学生实验用配套玻璃仪器，使用完后洗涤干净，存放于学生实验仪器橱中，切勿任意取走或调换，这样可以减轻准备工作的负担。

(3) 教师演示用的仪器应和学生用的仪器分别存放。根据课本中演示实验的内容和顺序，把仪器配套后存放于固定的地点。也可以按年级把演示用的仪器集中存放。

3. 瓷器

瓷器是由高岭土烧制而成，软化温度很高，可以耐高温。由于表面上涂有一层釉，可以耐酸，但不耐碱，如果长时间被浓碱溶液浸渍，釉层会被腐蚀。实验室内常用的瓷器有蒸发皿、坩埚和研钵及研杵等。蒸发皿用以蒸发液体，加热时应垫以铁丝网，瓷坩埚可以直接灼烧。瓷器的热膨胀系数虽小，但也不耐骤冷骤热，容易破碎，储存时不可撞击；用后也应将它们内外都洗干净，以防底部粘有污垢，灼烧时发生破碎。瓷研钵使用时只能用杵研磨，不可敲打。

4. 金属仪器

金属仪器(如铁架台、铁夹、铁圈、弹簧夹、滴定管夹、打孔器、镊子等)的保管，往往不被重视。由于酸碱性溶液和酸性气体的侵蚀以及没有固定存放地点，因此损坏较多。例如，铁架台上的铁杆固定不牢，螺丝生锈无法转动，铁圈及铁架不配套等现象普遍存在。因此，所有金属器具都应该有固定的存放地点。铁架台及附件用完之后，应擦拭干净。管理人员进行检查后将附件卸下，把铁架台和附件，分别放入专用的橱中。

另外，还应定期检查金属制品表面的油漆是否脱落，要及时上漆，以延长使用寿命。各种金属附件的螺旋部分应加胶垫和涂润滑油，经常检查是否生锈或脱落。不能使用的附件应及时报废。

5. 橡胶制品

如橡皮塞、乳胶管、橡皮手套、球胆、塑料杯等。这些物品容易老化黏结，使用完后一定要洗涤干净，晾干后按不同的规格存放于塑料袋或较密闭的容器内，久存时可撒上少量滑石粉以延长使用寿命，有时还在放有橡胶制品的容器内放一杯清水，防止其日久干裂。所有橡胶、塑料制品、都应和化学药品分开存放。

6. 模型

教学用的各种模型，一般使用次数不多，应放入指定的仪器柜中。有条件的学校可设模型展览橱，既有利于模型的保管，又可以组织学生参观。

12.2.2 化学试剂的管理

化学试剂是指实验室里用来发生化学反应的物质，中学里的化学试剂主要有固体和液体两类，气体都是临时制备的。

1. 化学试剂的规格

化学试剂的规格是根据不同的纯度来决定的。我国生产的通用化学试剂，按国家颁布标准主要分为四个等级，见表 12-1：

表 12-1　我国化学试剂的规格

纯度规格	标签颜色及代号	特点	使用范围
一级 (优级纯试剂)	绿色　GR	有效成分高 (杂质含量低)	用作基准物质,主要用于精确的科学研究和分析鉴定
二级 (分析纯试剂)	红色　AR	有效成分较高 (杂质含量较低)	主要用于一般科学研究和分析鉴定
三级 (化学纯试剂)	蓝色　CP	质量略低于二级	用于一般无机和有机实验,也能用于要求较低的分析化学实验
四级 (实验试剂)	黄色　LR	质量略低于三级 但高于工业品	用于一般中学化学实验

除上述一般试剂外，还有专供特殊用途的试剂，如生化试剂、光谱纯试剂、工业纯试剂和指示剂等，都在标签上注明。

由于各种不同等级的化学试剂包装上常用不同颜色的标签，所以一般只要看到标签的颜色，就可以知道是哪一等级的试剂。近年来，由于装潢设计的改进，不少采用颜色画成各种图样来表示。例如，二级试剂应用红色标签，现在有的在标签四周印上红色的粗线框，有的将试剂的名称用红色字印，有的在试剂名称下衬以红底，也有的用红色画成各种图案。四级试剂一般用黄色，也有用棕色或其他颜色的，生化试剂有时也用黄色，所以取用化学试剂时，不能单凭颜色分级，而应以标明的文字为准。

试剂的等级不同，价格相差较大，采购和使用时都必须厉行节约。只要能达到应有的实验效果，原则上就应尽量采用级别较低的试剂，中学化学实验一般用四级，少数情况用三级，有时甚至还可以用工业品。

2. 化学试剂的分类

化学试剂各有特性，有易燃的、易爆的、易潮解的、易风化的、受光照后容易变质的等，保管时特别要注意分类分放、注意安全。

化学试剂的分类原则一般是把有机物与无机物、强氧化剂与强还原剂、危险品与非危险品分开。其分类方法多种多样，每一大类中的排列顺序也各有其规律。中学里较为有效的方法是先按试剂的状态分为固体和液体两大类，再以试剂本身所属的物质类别为准，按一定的顺序规律排列。无机物一般分为单质、氧化物、酸、碱、盐。单质又分为金属与非金属，金属按活动顺序或统一按周期表中的族分类；盐类可按照酸根分为卤化物、硫酸盐、硝酸盐、碳酸盐等。有机物一般按官能团分为烃、醇、醚、醛、酮、酸、酯、糖、含氮化合物、含卤化合物、含硫化合物等。指示剂集中放置。

3. 一般药品的管理

除易燃、易爆、剧毒药品外，一般药品均可存放于化学药品室。药品购入后，应立即登记建账，并按照一定的分类方法，存放在固定的橱中，在橱门上贴上醒目的卡片，卡片上写明存放药品的类别、名称、数量和购入日期。平时实验中配制和使用的化学试剂都应存放在试剂瓶里，并盖紧瓶盖。粉末或粒状固体药品，应放在大口试剂瓶中；液体药品，应放入细口试剂瓶中。盛碱性的试剂瓶应使用胶塞而不能用玻璃塞。各试剂瓶都应有标签。标签上除写清名称、化学式外，还应标明纯度，溶液要注明浓度和配制日期，如图 12-5 所示。为防止标签受试剂污染和腐蚀，标签外应涂一薄层石蜡。

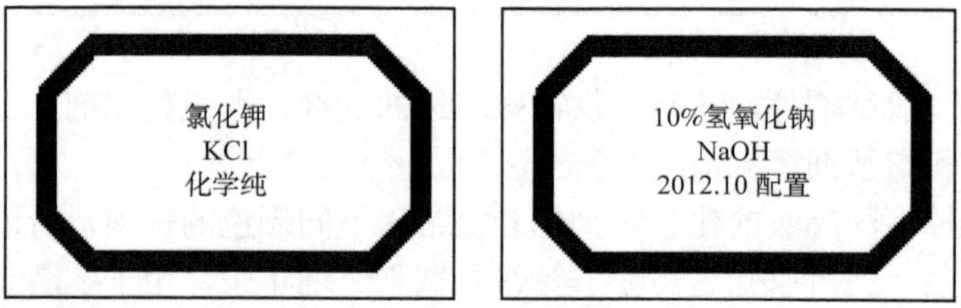

图 12-5　涂有石蜡的标签

4. 易变质药品的管理

有些药品在存放过程中易吸水而潮解或发生强烈水解，如氯化锌、氯化钴、氯化钙、氯化亚锡、氯化亚铁、氯化铁、硝酸铵、硝酸钙、硫化钠以及五氧化二磷、氯化磷、五氯化磷、无水氯化铝等，必须存放于干燥的室内，瓶口盖紧后用蜡或火漆封闭。在存放的柜中，应放入干燥剂。

有些药品见光易分解，如硝酸银、过氧化氢、碘化钾、溴化钾、甘汞、升汞、亚铁盐、漂白粉、碘、亚硝酸盐、染料等，都应盛于棕色瓶中并放在阴凉、避光处保存。

5. 易燃药品的管理

中学化学实验中常接触到的易燃药品大体有以下几种。

易燃气体：氢气、一氧化碳、硫化氢、甲烷、乙烯、乙炔、氯乙烷、氯甲烷、乙胺等。

易燃液体：汽油、乙醚、乙醛、二硫化碳、甲醇、乙醇、丙酮、苯、甲苯、二甲苯、氯苯、苯胺、乙酸乙酯、松节油、石油醚等。

易燃固体：无机物如红磷、白(黄)磷、硫、镁粉、镁条、铝粉等，有机物如二硝基甲苯、二硝基苯酚、硝化棉、樟脑等。

遇水或在空气中能自燃的药品：金属钠、金属钾、磷化钙、碳化钙、黄磷等。

易燃药品在保管和使用中应注意以下几点。

(1) 药品室或准备室内，不能存放大量的易燃药品。不能在存放易燃药品的室内生火或用电炉取暖。

(2) 金属钠、钾必须保存在煤油或液体石蜡中。瓶中的煤油如果挥发，应及时补充。如发生燃烧现象，应用沙子或石棉布扑灭，不能用水、四氯化碳或二氧化碳作灭火剂。

(3) 黄磷应存放于盛水瓶中，并将瓶放在金属筒或密封的塑料袋中。切割黄磷应在水中进行操作。

(4) 可燃性液体试剂，主要是有机试剂，极易挥发成气体，着火点都很低，容易着火，如遇明火就会燃烧，应单独存放在阴凉通风处，特别要注意远离火源。使用时不能直接加热，而要用水浴、油浴进行加热。

(5) 转移、分装或使用易燃性液体溶解其他物质时，附近不能有明火。

6. 易爆药品的管理

中学化学实验中常用的易爆药品有：硝酸铵、硝化甘油、硝化纤维、苦味酸、三硝基甲苯、高氯酸铵、雷酸汞、乙炔的金属化合物等，另外，一些强氧化剂与还原剂的混合物也易发生爆炸。这些易爆药品在保管和使用中，应注意以下几点。

(1) 所有易爆药品均应单独保存于地库或简易地库中。检查和取用时，切勿碰撞。各种强氧化剂禁止与有机物及其他可燃物放在一起。苦味酸应放入盛水的瓶中保存。

(2) 乙醚应放在阴凉、远离火种的地方密封保存。使用前一定要检查有无过氧化物(可用碘化钾或亚铁盐、硫氰化钾进行检验)生成。

(3) 易爆的残渣或废液，不能随意乱丢，不得倒入下水道，应进行回收或化学处理。

7. 强腐蚀性药品的管理

浓酸、浓碱、液溴、甲酸、甲醛、苯酚等强腐蚀性药品，应存放在有塞的细口瓶中，有挥发性的应用带有磨砂玻璃塞或有耐酸衬盖的细口瓶。浓酸、浓碱不要放在高位架上，以防碰翻造成烧伤事故。大量强腐蚀性药品应放在靠墙的地面上。

8. 强氧化剂的管理

具有强氧化能力的含氧酸盐或过氧化物如氯酸钾、硝酸钾、硝酸钠、亚硝酸钠、硝酸银、硫酸铜、硝酸铅、过氧化钠、过氧化氢(30%)等，本身不会燃烧，但在受热、撞击、受强光照射，或与还原剂接触，或与酸、碱、水发生作用，就能分解出氧气并产生热量，使可燃物着火燃烧或与可燃物构成爆炸混合物就会发生危险。因此，保管时必须放在阴凉通风处，并和还原性物质或可燃物质分开存放。

9. 有毒药品的管理

对人体造成毒害作用的化学药品主要有以下几种。

有毒气体：氯气、溴蒸气、氟气、氟化氢、氯化氢、溴化氢、氢氟酸、二氧化硫、硫化氢、二氧化氮、一氧化碳、光气等。

有毒药品；汞、液溴、碘、黄磷、亚硝酸盐、有机溶剂、苯胺及其衍生物、苯酚、芳香硝基化合物、硫酸二钾酯等。

剧毒药品：氰化物、氟化物、三氧化二砷和其他砷化物、升汞和其他汞盐等。

保管和使用有毒化学药品，应注意以下几点。

(1) 对有毒药品要分级储存并有专人负责管理，剧毒药品要放在铁制的保险柜里。

(2) 汞在常温下就能挥发，如果液汞散落地上，可用硫粉、锌粉或氯化铁溶液清除。

(3) 液溴可致皮肤烧伤，溴蒸气刺激黏膜，严重者可使眼睛失明。因此，必须密封后放在金属罐中，外用塑料袋密封。取用时要有防护措施并在通风橱中进行。

(4) 有机溶剂均对皮肤黏膜和神经系统有刺激作用，如苯能刺激皮肤，引起顽固性湿疹，对中枢神经及造血系统均有损害。甲醇对视神经有害。某些烷化剂、芳香胺类、硫酸二甲酯等有致癌作用。因此，使用时一定要在通风橱中进行，并要有一定的防护措施。禁止用有机溶剂洗手或擦洗衣服上的油污等。

12.2.3　实验室规章

实验室内必须建立各项规章制度以确保安全和顺利地进行工作，如实验室规则、学生实验规则、安全守则、试剂取用规则等。这些规则可由实验室工作人员和教师一起拟定后向学生公布，要求严格遵守。下面介绍实验室的几项规则以供参考。

实验室规则

1. 实验室是进行实验教学和存放仪器、药品的重要场所。未经实验管理人员允许，任何人不得擅自进入。

2. 实验室应保持肃静、文明、清洁的工作环境和良好秩序。不得高声谈话，不准在实验室内吸烟、用餐，也不准在实验室内会客或召开会议。

3. 使用仪器、药品，应先确认仪器、药品与标签是否相符，失去标签或潮解变质的药品不得使用。贵重仪器使用前应阅读说明书，按规定程序进行操作。

4. 进行易燃、易爆、剧毒物品等实验时，应有一定的安全措施。严禁乱放，防止意外事故发生。使用剧毒药品时，应在有两人在场的情况下进行操作，废物、废液应立即进行妥善处理。

5. 实验室人员和学生在实验前应做好充分准备，熟悉仪器设备操作规程，实验时应注意安全，按操作规程进行。若发生事故立即停止操作，及时报告处理。

6. 学生实验时，要认真按照课本或实验指导进行操作。未经教师或实验室工作人员同意，不得任意改变或进行与本实验内容无关的实验操作。

7. 实验结束后，应及时洗涤器皿。仪器、药品要放回原处。仪器和各种备品如有损坏或丢失，应及时通知管理人员按规定处理。

8. 爱护公共财物，节约水电和药品。实验室内一切备品未经管理人员同意，不得私自带出。

安 全 规 则

1. 实验室的安全工作，是教学和科研工作的保证。各实验室工作人员要树立“安全第一”的观点，贯彻“预防为主”的方针。实验管理人员对本室的安全要认真负责，经常进行安全检查，确保人身和财产安全。

2. 实验室应根据自己的特点，制订仪器设备的操作规程和防火、防盗等安全措施，并严格贯彻执行。发现问题，及时处理解决。

3. 实验前应认真预习，了解实验中安全操作的规定，在实验过程中应仔细按规定操作。未经教师同意，不得任意改变规定的操作。

4. 实验室内严禁饮食或把餐具带进实验室。实验完毕，必须洗净双手后，再离开实验室。

5. 绝对不允许任意混合各种化学药品，以免发生事故。

6. 能产生有刺激性有毒气体的实验，必须在通风橱内进行。

7. 浓酸、浓碱、有强腐蚀性的药品，切勿溅在皮肤或衣服上，更要注意保护眼睛。稀释酸、碱时，特别是浓硫酸，应将它慢慢地倒入水中，切勿将水注入浓酸中。

8. 加热或倾倒液体时，切勿俯视容器，以防液滴飞溅，造成事故。

9. 使用易燃试剂，必须远离火源。

10. 闻气体时应用“招气入鼻”法，即用手轻拂气体，将气体扇向鼻孔，不可将鼻子凑在容器上闻气味。

11. 有毒药品如重铬酸钾、钡盐、铅盐、砷的化合物、汞的化合物，特别是氰的化合物，不得进入口内或接触伤口。剩余的废液也不得随便倒入下水道。

12. 使用电器时要谨防短路，不要用湿手接触电器。用电结束应拔掉连接电源的插销。

13. 实验完毕必须检查实验室，关好水龙头，拉开电闸，切断电源，做好清洁工作，关好门窗以确保安全。

学生实验守则

1. 学生必须按教学计划规定的时间来实验室上实验课，不得迟到、早退或中途退出。迟到十分钟以上者，不得参加本次实验。无故不参加实验者，以旷课论处。

2. 学生实验前应认真预习，明确实验的基本原理、目的、要求、实验的内容、方法和操作步骤。如有疑问，必须弄清后才可进行实验。

3. 进入实验室或实验场地，必须衣着整齐，保持安静，严禁谈笑、喧哗、抽烟、随地吐痰和乱丢杂物。不得随便串走，更不得动用与本实验无关的其他仪器设备，保持室内整洁。

4. 实验开始前，应检查实验所用的仪器、药品是否齐全、完好。如果对某些仪器的使用方法或试剂的性质不明了时，不得开始实验，以免发生事故。

5. 实验时应认真操作，仔细观察，认真记录，周密思考。

6. 注意安全，严格遵守操作规程，爱护仪器设备及其他公共财产，节约使用材料。若发生异常现象或意外事故时，应立即向指导教师报告，及时妥善处理。损坏的仪器或药品要报告实验管理员，并进行登记处理。

7. 实验完毕后，应主动整理好仪器设备、工具，借用的仪器及时归还，要回收的药品倒入回收容器里，固体废物应倒入废物箱内，废液应倒入废液缸内。全部收齐后应立即处理，清除废物箱和废液缸，并打扫好卫生，关闭电、水源，经指导教师检查后，方可离开。

8. 根据原始记录，认真做好实验报告，准时交给教师审阅。凡是不符合要求者，必须进行补做或重做。

试剂取用规则

1. 取用试剂，先要看清瓶上的标签。取用时先将瓶盖倒放在桌面上。取用完毕，应立即把瓶盖紧，切勿盖错瓶盖。

2. 取用固体试剂必须用干净的药匙，用过的药匙必须洗净擦干才能再使用。取液体试剂应把贴有标签的一面握向手心，逐渐倾斜瓶子，沿着容器或量器的内壁倒入。

3. 用滴管或移液管取用试剂时，不可用未经洗净的同一滴管或移液管取用其他试剂。

4. 必须按规定的用量取用试剂，不得随意增减。多取的试剂不可放回原瓶内，可倒入指定的容器内供他人使用。

5. 有毒药品要在教师指导下取用。

参考文献

毕华林, 傅尚奎, 韩庆奎. 1998. 化学实验教学研究. 青岛: 青岛海洋大学出版社.
马建峰. 2006. 化学实验教学论. 北京: 科学出版社.
王希通. 1990. 化学实验教学研究. 北京: 高等教育出版社.
文庆城. 2003. 化学实验教学研究. 北京: 科学出版社.
西南师范学院化学系. 1986. 中学化学教学法实验. 北京: 高等教育出版社.
中华人民共和国教育部. 2001. 全日制义务教育化学课程标准(实验稿). 北京: 北京师范大学出版社.

附　　录

一、化学常用指示剂的配置

1. *石蕊溶液*

方法一　将1g石蕊溶入50mL水中，静置一昼夜后过滤，在滤液中加入30mL 95%的乙醇，再加水稀释至100mL即可。

方法二　将5~10g石蕊加入100mL 85%的乙醇中，在水浴上加热，并搅拌，倾去溶液以除去其中的有色杂质。将残渣用1L热水浸煮，并不断搅拌，滤去不溶物，便得石蕊溶液。

用蒸馏水配制的石蕊溶液滴入酸性溶液中，呈明显的红色。但滴入中性溶液和碱性溶液时，两者的区别往往不明显，都有一定程度的蓝中略带紫色，改进的办法是：用蒸馏水配制好以后，用滴管取1mol/L的乙酸溶液，逐滴加入锥形瓶中，并不断振荡，严格控制乙酸的用量，并随时从锥形瓶中用滴管取出数滴溶液分别加入酸性氯化铵溶液、中性蒸馏水和碱性碳酸钠溶液中，至分别呈红、紫、蓝三色且清晰可辨为宜。

如不小心调节过头，可用1mol/L氨水反调。

经过调节的紫色石蕊溶液对一般酸碱溶液反应敏感，对盐类水解所呈的酸碱性也反应明显。

2. *酚酞溶液*

将1g酚酞溶于1L 60%~90%的乙醇中即得。或者取医药用的无色酚酞片(又名“果乐比”，是一种轻泻剂)两粒，放入约50mL的乙醇中溶解，过滤即得酚酞溶液。

3. *甲基橙溶液*

取甲基橙1g，加蒸馏水1L，溶解过滤后即得。

4. *品红溶液*

品红是一种人工合成的红色染料，成分是盐酸蔷薇苯胺。配制时可将0.1g品红溶于100mL水中即可。

5. *淀粉溶液*

将1g可溶性淀粉加少量水调成糊状，倾入100mL沸水中，煮沸片刻，即得1%的淀粉溶液。这样配制的淀粉溶液不可久藏，因为久置后，检查碘分子时其颜色不是天蓝色而是蓝紫色，甚至不起作用。若加入少量(约1g)氯化锌或碘化汞作防腐剂，可放置较久。

6. 淀粉碘化钾溶液

将0.5g淀粉加水1mL，在试管中加以振摆调成浆状，然后倒入100mL沸水，维持煮沸1~2min，冷却后，将0.5g碘化钾及0.5g结晶碳酸钠溶于少量水，加入此试管中，振荡得无色溶液。该溶液要临时配制，不能久藏。

7. 甲基红溶液

将1g甲基红溶入1L 60%的乙醇中即可。

二、常用试纸的制备

附表1

试纸名称及颜色	制备方法	用途
石蕊试纸(红色或蓝色)	用热的乙醇处理市售石蕊以除去夹杂的红色素。倾去浸液，残渣1份与6份水浸煮并不断振荡，滤去不溶物。将滤液分成两份，一份加稀H_2SO_4至变红，另一份加稀NaOH至变蓝，然后将滤纸条分别在其中浸湿取出后在避光、没有酸、碱蒸气的室内晾干，便得红色和蓝色石蕊试纸。	红——在碱性溶液中变蓝色 蓝——在酸性溶液中变红色
淀粉碘化钾试纸(白色)	将0.5g淀粉加水1mL，在试管中加以振荡调成浆状，然后倒入100mL沸水，维持煮沸1~2min，冷却后，将0.5g碘化钾及0.5g结晶碳酸钠溶于少量水，加入此试管中，振荡得无色淀粉碘化钾溶液。将滤纸条浸入淀粉碘化钾溶液中，取出晾干，即得淀粉碘化钾试纸。可储于密闭容器中备用。	用以检出氧化剂(特别是游离卤素)，作用时变蓝色。
酚酞试纸(白色)	溶解1g酚酞于100mL 95%的乙醇溶液中，振荡溶液，同时加入100mL水，将滤纸条浸入溶液，取出后置于无氨蒸气处晾干即可。	在碱性溶液中变成深红色。
乙酸铅试纸(白色)	将滤纸条浸入3%乙酸铅溶液中，取出后在无硫化氢气体的房间中晾干。	用以检出痕量的H_2S，作用时由白色变成黑色。
刚果红试纸(红色)	溶解0.5g刚果红于1L水中，加5滴乙酸，滤纸条在温热溶液中浸湿后，取出晾干。	与无机酸作用变蓝(甲酸、一氯醋酸及草酸等有机酸也使它变蓝)。pH为3.0~5.2：由蓝变红。
淀粉试纸(白色)	将0.5g可溶性淀粉放入小烧杯中，加水5mL调成糊状，边搅拌边加入100mL沸水，继续加热煮沸2~3min，直到溶液转清时加入0.1g氯化汞。放入滤纸，浸透后取出晾干，即得淀粉试纸。	遇碘由白色转变成蓝色。
碘酸钾-淀粉试纸(白色)	将KIO_3 1.07g溶于100mL 0.05mol/L硫酸中，加入新配制的0.5%淀粉溶液100mL，将滤纸放入该溶液中浸透后取出晾干。	检验NO、SO_2等还原性气体，它们和试纸作用时变蓝色。
铁氰化钾(及亚铁氰化钾)试纸(淡黄色)	将滤纸浸入饱和铁氰化钾(或亚铁氰化钾)溶液中，浸透后取出晾干。	试纸跟铁离子(或亚铁离子)作用呈蓝色。

三、常用酸、碱、盐溶液的配制

1. 酸溶液

附表 2

酸的名称和化学式	相对密度(20℃)	溶质质量分数/%	物质的量浓度/(mol · L^{-1})	配制方法(体积比)
浓盐酸 HCl	1.19	38	12	
稀盐酸 HCl	1.10	20	6	浓盐酸(38%)：水 = 1：1
稀盐酸 HCl	—	—	3	浓盐酸(38%)：水 = 1：3
稀盐酸 HCl	—	7.2	2	浓盐酸(38%)：水 = 1：5
浓硝酸 HNO_3	1.41	68	16	
稀硝酸 HNO_3	1.20	32	6	浓硝酸(68%)：水 = 10：17
稀硝酸 HNO_3	—	—	2	浓硝酸(68%)：水 = 1：7
浓硫酸 H_2SO_4	1.84	98	18	
稀硫酸 H_2SO_4	1.18	24.8	3	浓硫酸(98%)：水 = 1：5
稀硫酸 H_2SO_4	—	—	1	浓硫酸(98%)：水 = 1：17
冰醋酸 CH_3COOH	1.05	99.5	17.5	
稀乙酸 CH_3COOH	—	35.0	6	冰醋酸(17.5%)：水 = 10：19
稀乙酸 CH_3COOH	—	—	2	冰醋酸(17.5%)：水 = 10：77

2. 碱溶液

附表 3

碱的名称和化学式	物质的量浓度/(mol · L^{-1})	配制方法
浓氨水 $NH_3 \cdot H_2O$	15	d = 0.90　28%(质量分数)
稀氨水 $NH_3 \cdot H_2O$	6	浓氨水(28%)：水 = 1：1.5(体积比)
稀氨水 $NH_3 \cdot H_2O$	2	浓氨水(28%)：水 = 1：6.5(体积比)
稀氨水 $NH_3 \cdot H_2O$	1	浓氨水(28%)：水 = 1：14(体积比)
氢氧化钠 NaOH	6	溶 240g NaOH 于水中，稀释至 1000mL。
氢氧化钠 NaOH	2	溶 80g NaOH 于水中，稀释至 1000mL。
氢氧化钾 KOH	3	溶 168g KOH 于水中，稀释至 1000mL。
氢氧化钡 $Ba(OH)_2$	0.2	$Ba(OH)_2 \cdot 8H_2O$　63g/L，过滤。
氢氧化钙 $Ca(OH)_2$	0.02	饱和石灰水澄清液

3. 盐溶液

附表 4

盐的名称和化学式	相对分子质量	物质的量浓度/(mol · L^{-1})	配制方法
硝酸银 $AgNO_3$	169.87	0.25	溶解 42.5g $AgNO_3$ 于水中，稀释至 1000mL。
硝酸银 $AgNO_3$	169.87	0.1	溶解 17g $AgNO_3$ 于水中，稀释至 1000mL。
氯化钡 $BaCl_2 \cdot 2H_2O$	244.3	0.25	溶解 61g $BaCl_2 \cdot 2H_2O$ 于水中，稀释至 1000mL。
硫酸铜 $CuSO_4 \cdot 5H_2O$	249.9	0.25	溶解 62g $CuSO_4 \cdot 5H_2O$ 于水中，稀释至 1000mL。
氯化铁 $FeCl_3 \cdot 6H_2O$	270.3	0.2	溶解 54g $FeCl_3 \cdot 6H_2O$ 于水中，稀释至 1000mL。
硫酸亚铁 $FeSO_4 \cdot 7H_2O$	278.0	0.5	溶解 139g $FeSO_4 \cdot 7H_2O$ 于水中，稀释至 1000mL。
氯化汞 $HgCl_2$	271.50	0.25	溶解 68g $HgCl_2$ 于水中，稀释至 1000mL。
氯化钾 KCl	74.56	0.5	溶解 37g KCl 于水中，稀释至 1000mL。
溴化钾 KBr	119.01	0.5	溶解 60g KBr 于水中，稀释至 1000mL。
碘化钾 KI	166.01	0.5	溶解 83g KI 于水中，稀释至 1000mL。
氰化钾 KCN	65.12	0.5	溶解 33g KCN 于水中，稀释至 1000mL。
硝酸钾 KNO_3	101.11	0.5	溶解 50g KNO_3 于水中，稀释至 1000mL。
硫酸钾 K_2SO_4	174.26	0.25	溶解 44g K_2SO_4 于水中，稀释至 1000mL。
硫氰化钾 KSCN	97.18	0.5	溶解 49g KSCN 于水中，稀释至 1000mL。
高锰酸钾 $KMnO_4$	158.04	0.01	溶解 1.6g $KMnO_4$ 于水中，稀释至 1000mL。
氯化钠 NaCl	58.44	0.5	溶解 29g NaCl 于水中，稀释至 1000mL。
硝酸钠 $NaNO_3$	84.99	0.5	溶解 43g $NaNO_3$ 于水中，稀释至 1000mL。
碳酸钠 Na_2CO_3	106.0	1.5	溶解 159g Na_2CO_3 于水中，稀释至 1000mL。
硫代硫酸钠 $Na_2S_2O_3 \cdot 5H_2O$	248.2	0.05	溶解 12.4g $Na_2S_2O_3 \cdot 5H_2O$ 于水中，稀释至 1000mL。
乙酸钠 $CH_3COONa \cdot 3H_2O$	136.1	3	溶解 408g $CH_3COONa \cdot 3H_2O$ 于水中，稀释至 1000mL。
硫酸钠 Na_2SO_4	142.04	0.25	溶解 35g Na_2SO_4 于水中，稀释至 1000mL。
乙酸铅 $Pb(AC)_2 \cdot 3H_2O$	379	0.5	溶解 189.5g $Pb(AC)_2 \cdot 3H_2O$ 于水中，稀释至 1000mL。
氯化亚锡 $SnCl_2 \cdot 2H_2O$	225.6	0.25	溶解 56g $SnCl_2 \cdot 2H_2O$ 于水中，稀释至 1000mL。
氯化锌 $ZnCl_2$	136.28	0.25	溶解 34g $ZnCl_2$ 于水中，稀释至 1000mL。
硫酸锌 $ZnSO_4 \cdot 7H_2O$	287	0.25	溶解 72g $ZnSO_4 \cdot 7H_2O$ 于水中，稀释至 1000ml。

四、常用洗液的配制及其使用

附表 5

洗液名称	配制方法	洗液特点	使用注意事项
铬酸洗液	一般浓度为 5%~12%。工业品重铬酸钾(或重铬酸钠)20g 溶于 40mL 水中，慢慢加入 360mL 工业浓硫酸，即得 5%洗液。洗液为红褐色。	强酸性，具有很强的氧化力。用于去除油污。	(1)使用时要特别小心以防腐蚀皮肤和衣服。 (2)废液不可随便排放，要进行处理*。 (3)洗液若呈绿色，则表示已失效。
碱性高锰酸钾洗液	4g$KMnO_4$溶于少量水中，加入 100mL 10%NaOH 溶液。	作用缓慢。适应于洗涤油腻及有机物。	洗后玻璃器皿上留有 MnO_2 沉淀物，可用浓 HCl 或 Na_2SO_3 溶液处理。
碱性乙醇洗液	1L95% 乙醇溶液，加入 157mL NaOH(或 KOH)饱和溶液(约 50%)。	遇水分解力很强适应于洗涤油脂、焦油和树脂等。	(1)具有易燃性和挥发性，使用时注意防挥发和防火。 (2)久放失效。 (3)对磨口瓶塞有腐蚀作用。
磷酸钠洗液	于 470mL 水中加入 57gNa_3PO_4 和 28.5g 油酸钠($C_{17}H_{33}COONa$)。	洗涤碳的残留物。	在洗液中浸泡几分钟，再刷洗。
纯酸或纯碱洗液	纯酸溶液：浓盐酸、浓硫酸和浓硝酸。纯碱溶液：10%以上的 NaOH、KOH 或 Na_2CO_3 溶液。	洗液的使用要根据器皿上污垢的性质。	用洗液浸泡或浸煮器皿，但用酸洗时温度不宜太高，防止酸挥发。
硝酸-过氧化氢洗液	15%~20%硝酸加入 5%过氧化氢。	洗涤特别顽固的化学污物。	(1)久存易分解，现用现配。 (2)储存于棕色瓶中。

* 简便的处理方法是在酸液中加入硫酸亚铁，使六价铬还原成三价铬(无毒)，再排放。

五、常用干燥剂的性能和适应范围

附表 6

干燥剂	1L 空气中残留水的质量/mg	性质和适应范围	备注
P_2O_5	2×10^{-5}	白色粉末，酸性，有强烈与水结合的能力，不仅能结合游离水，还能夺取化合物中的水。可以干燥 H_2、O_2、N_2、CO_2、CO、SO_2、CH_4、C_2H_4 等气体，不可以干燥氨、胺、卤化氢和硝酸等，也不可用来干燥醇、羧酸和酮等有机物。	和水形成水化物，不能再生。
$Mg(ClO_4)_2$	5×10^{-4}	白色固体，具有极强氧化性，易潮解，有强烈吸水作用。适用于干燥中性或酸性气体，不可以用于能被氧化的物质。严禁与有机物、碳、硫、磷等可燃物接触，以免引起爆炸。	吸水后形成含 2、3、4、6 个结晶水合物，在 190℃以上可烘干再生，温度不可过高，$Mg(ClO_4)_2$ 在 251℃时分解。

续表

干燥剂	1L 空气中残留水的质量/mg	性质和适应范围	备注
BaO	6.5×10^{-4}	白色固体，碱性氧化物，有毒！吸水性强，也能吸收酸性气体。用于干燥 O_2、N_2、NH_3 等。不可以干燥 HCl、H_2S、CO_2、SO_2 等酸性气体。	跟水化合成 $Ba(OH)_2$，不能再生。
硅胶	$(0.5\sim3)\times10^{-3}$	是半透明、内表面积很大的多孔性固体，属良好的吸附剂，对水有强烈的吸附作用。可干燥 O_2、N_2、NH_3 等气体。常用于干燥器中。含有钴盐的硅胶，称为变色硅胶，干燥时呈蓝色，吸水后呈粉红色。	吸附水后的硅胶可于 120℃下烘干再生。
Al_2O_3	3×10^{-3}	白色粉末，中性，是吸附性较强的多孔性吸附剂，适用于多数气体。	吸附水的氧化铝，可以在 175℃下烘干再生。
(100%)H_2SO_4 (95%)	3×10^{-2} 3×10^{-1}	氧化性酸。可以干燥 H_2、O_2、N_2、CO、SO_2、Cl_2、HCl、CH_4 等多种气体，不可用来干燥 NH_3、H_2S、HBr、HI 等碱性或易被氧化的气体，常在干燥器中使用。	与水结合成水合物，不能再生。
$CaSO_4$	4×10^{-3}	白色粉末。可干燥 H_2、O_2、N_2、CO_2、CO、SO_2、Cl_2、HCl、H_2S 等气体，也可干燥烷烃、醚、醛、酮、羧酸等液态有机物。不适用于干燥 HF、胺、乙醇等。	与水结合形成 $CaSO_4\cdot2H_2O$，加热到 230~240℃下脱水再生。
CaO	2×10^{-1}	白色固体，碱性氧化物。可干燥 O_2、N_2、NH_3 等气体，也可干燥低级醇和胺等液态有机物。常在干燥器中使用。不用来干燥酸性气体，如 CO_2、HCl、H_2S 等。	与水结合形成 $Ca(OH)_2$,加热到 450℃以上分解再生。
$CaCl_2$	$(1.4\sim2.5)\times10^{-1}$	白色多孔固体，有较强的吸湿性。可以干燥 H_2、O_2、N_2、CO_2、CO、SO_2、HCl、CH_4、C_2H_4 等多种气体。也可以干燥烃、卤代物、醚、酮、硝基化合物等液态有机物。不能用来干燥 NH_3 以及含有—OH 和—NH_2 的有机物。	吸水后形成结晶水合物，加热到 260℃以上脱水再生。
碱石灰		白色固体，呈碱性。可以干燥 NH_3 等气体，不能干燥酸性气体及醇、醛、酮、酸、酯、酚等液态有机物。常用于避免水或 CO_2 进入反应系统装置中。	碱石灰由 CaO 粉碎后加入 NaOH 溶液，经充分混合后，置铁皿中于 200~250℃下干燥而成。它的大致成分是：83%$Ca(OH)_2$，5% NaOH，12%H_2O。
$MgSO_4$		白色粉末。常用于干燥卤代物、醇、醛、酮、羧酸、酯、酚、硝基化合物等液态有机物。	与水结合成结晶水合物 $MgSO_4\cdot7H_2O$。
Na_2SO_4		白色粉末。使用范围同 $MgSO_4$。	与水结合成结晶水合物 $Na_2SO_4\cdot10H_2O$。
K_2CO_3		白色粉末，碱性。常用于干燥酮、酯、胺等液态有机物。	与水结合成水合物。

六、可燃性气体或蒸气和空气或氧气的混合物爆炸极限

附表 7

气体或蒸气	分子式	与空气混合体积分数/%		与氧气混合体积分数/%	
		低限	高限	低限	高限
一氧化碳	CO	12.5	75	12	96
氢气	H_2	4.1	75	4.5	95
氨	NH_3	15.7	27.4	14.8	79
甲烷	CH_4	5.0	15	5	60
乙烯	C_2H_4	3.0	33.5	3	80
乙烷	C_2H_6	3.0	14	4	50
乙炔	C_2H_2	2.3	82	2.8	93
硫化氢	H_2S	4.3	45.4	—	—
丙烷	C_3H_8	2.1	9.5	—	—
丁烷	C_4H_{10}	1.5	8.5	—	—
甲醇	CH_3OH	6.0	36.5	—	—
乙醇	C_2H_5OH	4.0	18	—	—
丙烯	C_3H_6	2.2	11.1	—	—
乙醚	$C_4H_{10}O$	1.8	40	—	—
苯	C_6H_6	1.4	8.0	—	—
乙醛	C_2H_4O	3.97	57.0	—	—
乙酸	$C_2H_4O_2$	5.40	–	—	—
丙酮	C_3H_6O	2.55	12.80	—	—

七、特种试剂的配制

附表 8

试剂名称	配制方法	备注
银氨试剂	1.5mL2%$AgNO_3$+(滴入)2%NH_3(aq)，振荡，至生成的沉淀完全溶解为止	现用现配，储于棕色瓶中
费林试剂	A 液：3.5g$CuSO_4 \cdot 5H_2O$+100mL 水 B 液：17g$KNaC_4H_4O_6 \cdot 4H_2O$+15~20mL 热水+20mL25% NaOH+水至 100mL	A、B 液分别储存；临用前取 A、B 液等量混合

续表

试剂名称	配制方法	备注
席夫试剂(品红亚硫酸溶液)	(1)0.50g 品红的盐酸盐晶体+100mL 热水，冷却后，通入 SO_2，使溶液呈无色+水至 500mL；(2)0.20g 品红的盐酸盐晶体+100mL 热水，冷却后，加入 2g$NaHSO_3$ 和 2mL 浓 HCl，搅匀后，至红色褪去	(1)、(2)法中当配制完毕时，如呈粉红色，可加入 0.5g 活性炭，搅拌后过滤；试剂储于严密的棕色瓶中
漂白粉溶液	1g 漂白粉+水(→100mL)→搅匀，取上层清液	现用现配
次氯酸钠溶液	含 10%~14%(质量浓度)有效氯	用时与等量水混合
钼酸铵试剂	45g$(NH_4)_6Mo_7O_{24}\cdot 4H_2O$ 或 40g 纯 MoO_3 +[70mLNH_3(aq)+140mL 水]；完全溶解后，再缓缓加入 250mL 浓 HNO_3 和 500mL 水的混合液中，随加随搅拌，最后，加水(→1L)。放置 1~2 天，倾取上层清液备用	
溴水 Br_2+H_2O	在带有良好磨口塞的玻璃瓶内，将市售溴约 50g(16mL)注入 1L 水中。在 2h 内经常剧烈振荡；每次振荡之后微开塞子，使积聚的溴蒸气放出。在储存瓶底总有过量的溴。将溴水倒入试剂瓶(倾倒溴和溴水时应在通风橱中进行)	为了操作时防止溴蒸气的灼伤，应戴上乳胶或橡胶手套，也可以将凡士林涂于手上
碘液 I_2+H_2O	将 1.3g 碘和 5g 碘化钾溶解在尽可能少量的水中，待碘完全溶解后(充分搅动)，再加水冲稀至 1L。如此所配成的碘溶液其浓度约为 0.01moL/L	